失地农民
乡城转型中的
参与研究

The Participation
of Land-lost Peasants
in Rural-urban Transformation

李琼英 —— 著

社会科学文献出版社
SOCIAL SCIENCES ACADEMIC PRESS (CHINA)

国家社科基金项目"被动城市化群体生存现状及其城市融入研究"(项目编号:13CSH033)
中共安徽省委党校(安徽行政学院)资助出版

摘　要

自20世纪90年代以来，我国城镇化、工业化迅速发展，城市建成区周边的农田被大量征收用于修建城市道路、工厂和商品房等，近年来大学城和高新技术产业园区的发展浪潮又进一步侵蚀了城郊的耕地。在政府的制度安排下，城郊乡村被动卷入市场化的浪潮之中，大规模的集体土地被征用或征收、房屋被拆迁，"征迁"这一事件不仅人为地加速了城镇化的进程，也带来了农村社会及其人口的巨大变迁，这一变迁是多维度的、深层次的。失地农民在短时间内被压缩进城市空间，面临着劳动形式、生活方式和心理等方面的变化，引起了社会各界的普遍关注。本研究采取定性研究方法，通过对H市五个市县（区）大量的访谈和观察，对失地农民的乡城转型过程进行了系统的探究，揭示了失地农民在此过程中参与行动所呈现的真实图景和运行逻辑。本书将失地农民作为行动主体，以"参与-融入"为分析框架，分别从结构维度和变迁维度，提供了一种相对较为全面的研究视角和分析路径。

失地农民的乡城转型包括两个特定阶段：一是城市迁移阶段，即由传统农民向失地农民的角色转型过程；二是城市融入阶段，即由失地农民向市民的角色转型过程。城市迁移是乡城转型的起点，而城市融入是乡城转型的最终结果，本书围绕这两个交替阶段的参与状况展开分析。

首先在结构维度上，本书分别从整体和个体两个层面进行探讨。从整体层面来看，失地农民作为一个特定的群体，在向城市迁移阶段话语权缺失，参与率较低，难以在制度化的渠道内全面参与利益协商和博弈，只能被动地接受政府的制度安排。在进入城市并逐步融入城市阶段，失地农民也难以调整角色以市民的姿态全面参与到经济、社会、政治和文化中，由此形成一个在文化堕距基础上进一步深化的差序化的城市融入格局。因参与的有限带来了一系列不协调的乡城转型图景，失地农民在土地收益分配链中始终处于底端，无法获得公平的土地红利和城市化福利，他们在主观认同和客观现实方面基本位于城市的中下层，成为城市的边缘群体，由于未能获得合理且预期的土地红利，失地农民围绕"利益"这一核心与其他主体展开争夺，从而诱发了一系列的社会矛盾。从个体层面来看，失地农民内部已经出现了分化，他们具有不同的参与意识和行动，基于此维度可将其分为三种类型：积极进取型、被动顺应型和守旧依附型。个体的内在主体差异是造成失地农民参与动力分化的一个重要方面，除此之外还有社会结构因素，尤其是政府、社区、社会组织、集体经济等外部力量的不均衡分布造就了不同区域失地农民不同的参与机会。以上两方面因素的共同作用，形塑了迥异的城市融入样态：在社会分层体系中一部分人向上流动进入了精英阶层，而大多数人水平流动保持不变，另有少数人向下流动跌入底层。再从变迁的维度看，征地是一个长时段的演进过程，在30年的发展历程中，失地农民的主体意识日趋强化，参与行动逐步扩大，由此带来的是共享的内容和形式等诸多方面的变化。该变化主要表现在两个方面：一是从剥夺型征迁走向福利型征迁，失地农民获得的土地红利和城市福利呈现渐进式上升趋势；二是从社区融入走向社区融合，失地农民不再盲目地被动顺从、全面放弃原有的文化，他们中的一部分人开始意识到乡村文化的价值，试图用行动坚守自己的文化并影响城市社会，从而使社区内的融合成为可能。基于以上两个维度的分析论证，可以发现虽然今天在乡城转型过程中一系列的参加形式不断涌现，但是参与格局不甚理想，存在个人利益导向型的参与动机、政府功利化的参与赋权、失衡的参与主体以及失序的参与方式等诸多难题，阻碍了失地农民的城市融入进程。不同的社会参与格局形塑不同的城市融入结果，积极地参与对城市融入具有极大的促进作用，参与有助于失地农民获得城市融入的物质资本和权力资源，有助于失地农民获得城市融入的心理资本和人力资本，有助于失地农民获得城市融入的社会资本等。因此，使参与在良性的轨道上运行尤为必要。本书在此背景下进行理论探索，将"合作型参与"作为参与阶梯的最高阶段。合作型参与是指双方或多方利益主体以合作者身份共同实施行动，相互施加影响，实现协同互惠、平等享有权利的过程，其包括各主体自愿自觉行为、地位平等、在制度框架内理性参与等三个构成要素。合作型参与的具体实践离不开参与主体的回应、社会结构的支撑和动力机制的刺激等生成条件，以此为失地农民的乡城转型提供了一种新的理论模型。

关键词： 失地农民　乡城转型　城市融入　社会参与

Abstract

Since the 1990s, with the rapid development of urbanization and industrialization in China, the farmland around urban built-up areas has been expropriated to build urban roads, factories and commercial houses. In recent years, the wave of development of university towns and the new high-tech industrial parks has further occupied the cultivated land in the suburbs. Following the institutional arrangement of the government, suburban villages are forced to be involved in the tide of marketization. Large-scale collective land has been expropriated and houses have been demolished and relocated. The "expropriation" not only accelerates the process of urbanization artificially, but also brings about great changes in rural society and its population. This change is multi-dimensional and deep. Land-lost peasants are compressed into urban space in a short time and they are facing great changes in the form of labor, life style and psychology. It has aroused widespread concern by social public. In this study, qualitative research method was adopted to systematically explore the process of rural-urban transformation of land-lost peasants through a large number of interviews and observations in five counties (districts) of H city, revealing the true scene and operational logic of land-lost peasants' participation in the process. Based on the theory and reality of "passive urbanization", regarding land-lost peasants as the action subjects and taking "participation-inclusion" as the main analysis framework, this paper provides a relatively comprehensive research perspective and analysis path from the dimensions of structure and transition.

The rural-urban transformation of land-lost peasants includes two specific stages. The first is the stage of urban migration, that is, the process of transformation from the role of traditional peasants to land-lost peasants. The second is the stage of urban inclusion, that is, the transformation process from the role of land-lost peasants to citizens. Urban migration is the starting point of rural-urban transformation, and urban inclusion is the final result of rural-urban transformation. This paper will analyze the participation status of these two alternating stages. From the structural dimension, this paper discusses from the overall and individual levels. On the overall level, land-lost peasants, as a specific group, lack the right to speak and have a low participation rate in the stage of urban migration. It is difficult for them to fully participate in interest negotiation and game in institutionalized channels, and they can only passively accept the institutional arrangements of the government. In the stage of entering the city and gradually integrating into the city, land-lost peasants have not been able to quickly change their roles or fully participate in the economy, society, politics and culture as citizens, thus forming a differentiated urban inclusion pattern which deepens on the basis of cultural lag. Limited participation has brought about a series of inconsistent scenarios of rural-urban transformation, where land-lost peasants are always at the bottom of the land income distribution chain, unable to obtain fair land dividends and urbanization benefits. Most of them are located in the middle and lower levels of the city in terms of subjective identification and objective reality, becoming marginal groups of the city. Not able to obtain reasonable and expected land dividends, so land-lost peasants compete with other main bodies around the core of "interests" which leads to a series of social contradictions. On the individual level, land-lost peasants have been differentiated and have different participation consciousness and actions. Based on this dimension, Land-lost peasants can be divided into three types: positive enterprising, passive adaptation and conservative adherence. Individual intrinsic subject difference is an important factor which drives their participation force discrepant. In addition, there are social structural factors, especially the unbalanced distribution of external forces such as government, community, social organization and collective economy, creating different opportunities for land-lost peasants' participation in different regions. Under the combined effect of the above, the shared picture of differentiation is shaped: in the social stratification system, some people move upward into the elite class and most people keeps the same horizontal mobility, while a few people move downward to the bottom. From the dimension of transition, land expropriation is a long-term evolution process. Over the course of three decades, land-lost peasants' subjective consciousness has been increasingly strengthened and their participation in action has been gradually expanded, resulting in changes in many aspects, such as the content and form of sharing. This change is mainly manifested in two aspects: first, from deprivation-type expropriation to welfare-type one, the land dividend and urban welfare of land-lost peasants show a gradual upward trend; second, from community inclusion to community integration, no longer blindly passive obedience, land-lost peasants stick to the original culture in a some-round way. Some people begin to realize the value of rural culture, and try to keep some of their own culture and influence urban society with their actions, thus making community integration possible. Based on the above two dimensions of analysis, we can find that although a series of forms of participation are emerging in the process of rural-urban transformation today, the pattern is not ideal. There are many problems such as personal interest-oriented motivation of participation, utilitarian participation empowerment of the government, unbalanced participants and disorderly ways of participation, which hinder the urban inclusion process of land-lost peasants. Different patterns of social participation shape different forms of urban inclusion, and positive participation plays an important role in promoting urban inclusion. Specifically, participation helps land-lost peasants to obtain material capital and power resources, psychological capital and human capital and social capital for urban inclusion. Therefore, the participation on a benign track is particularly necessary. Under this background, this paper carries out theoretical exploration and regards "cooperative participation" as the highest stage of participation ladder. Cooperative participation refers to the process in which two or more interested parties strive to achieve the goal of mutual benefit and equal rights by acting as participators and exerting influence on each other. It includes three elements: voluntary behavior, equal status and rational participation under the institutional framework. In practice, cooperative participation is bound with the active responses of participators, the support of social structure and the stimulation of the dynamic mechanism. This practice attempts to provide a new theoretical model for the rural-urban transformation involving land-lost peasants.

Key: Land-lost Peasants; Rural-urban Transformation; Urban Inclusion; Participation

第一章　导论 / 1
　第一节　研究的缘起 / 2
　第二节　文献综述 / 9
　第三节　理论与方法 / 35
　第四节　研究思路与结构 / 46

第二章　有限的参与行动：被动的乡城转型 / 52
　第一节　城市迁移中的低度参与 / 52
　第二节　城市融入中的差序参与 / 68
　第三节　不协调的乡城转型图景 / 86

第三章　分化的参与主体：差异化的转型路径 / 118
　第一节　基于参与维度的主体类型化 / 119
　第二节　参与主体分化的渊源 / 123
　第三节　迥异的城市融入样态 / 138

第四章　渐强的参与意识：走向共享型城市共同体 / 147
　第一节　从剥夺型走向福利型征迁 / 148

　　第二节　从社区融入走向社区融合 / 160

第五章　合作型参与：乡城转型的理想态 / 173
　　第一节　乡城转型中参与的现实格局 / 173
　　第二节　参与对城市融入的作用逻辑 / 191
　　第三节　合作型参与的建构 / 199

第六章　结论与探讨 / 211
　　第一节　结论 / 212
　　第二节　探讨 / 221

参考文献 / 235
附录一　访谈提纲 / 252
附录二　访谈对象信息列表 / 255
附录三　H市征收集体所有土地办法 / 257
附录四　H市被征收集体土地上房屋补偿安置办法 / 264

Chapter 1 Introduction / 1

   Section 1 Origin of the Research / 2

   Section 2 Literature Review / 9

   Section 3 Theory and Method / 35

   Section 4 Research Ideas and Structure / 46

Chapter 2 Limited Participation in Action: Passive Rural-urban Transformation / 52

   Section 1 Low-Level Participation in Urban Migration / 52

   Section 2 Differentiated Participation in Urban Inclusion / 68

   Section 3 Uncoordinated Scenarios of Rural-urban Transformation / 86

Chapter 3 Differentiated Subjects of Participation: Differential Path of Transformation / 118

   Section 1 Subject Categorization Based on Participation Dimension / 119

   Section 2 Origin of Differentiation in Subjects of Participation / 123

   Section 3 Different Forms of Urban Inclusion / 138

Chapter 4 Increasing Consciousness of Participation: Towards Shared Urban Community / 147

Section 1 From Deprivation - Type Expropriation to Welfare - Type One / 148

Section 2 From Community Inclusion to Community Integration / 160

Chapter 5 Cooperative Participation: The Ideal State of Rural - urban Transformation / 173

Section 1 Realistic Pattern of Participation in Rural - urban Transformation / 173

Section 2 Function Logic of Participation to Urban Inclusion / 191

Section 3 The Construction of Cooperative Participation / 199

Chapter 6 Conclusion and Discussion / 211

Section 1 Conclusion / 212

Section 2 Discussion / 221

References / 235

Appendix 1 Interview Outline / 252

Appendix 2 Information List of Interviewees / 255

Appendix 3 Methods for Expropriation of Collectively - owned Land in H City / 257

Appendix 4 Methods for Compensation and Resettlement of Houses on Expropriated Collective Land in H City / 264

第一章

导 论

法国学者 H. 孟德拉斯（Henri Mendras）曾指出，20 亿农民站在工业文明的入口处，这就是 20 世纪下半叶当今世界经济、社会发展局势向社会科学提出的主要研究议题。① 在发展中国家，城市化正在以异乎寻常的速度进行，第二次世界大战后，新的民族国家的出现开启了人口从农村向城市流动以寻求更好生活的新时代，这些城市成为政府、商业、教育、艺术、手工艺和知识生活的中心。② 中国亦不例外，新中国成立以来曾经历了三次城市扩张浪潮，分别始于 20 世纪 80 年代初、1992 年前后以及 2003 年前后。③ 尤其自 20 世纪 90 年代以来，我国城镇化、工业化迅速发展，城市建成区周边的农田被政府大量征收，用于修建城市道路、工厂、商品房等，而近年来大学城和高新技术产业园区的发展浪潮又进一步占用了郊区的耕地。21 世纪以来，城镇化已经取代

---

① 〔法〕H. 孟德拉斯：《农民的终结》，李培林译，社会科学文献出版社，2010，第 1 页。
② Akand, M. M. K., "Folk Culture and Urban Adaptation: A Case Study of the Paharia in Rajshahi", *Asian Folklore Studies*, 2005, 64 (1): 39 - 52.
③ He, S., Liu, Y., Webster, C., et al., "Property Rights Redistribution, Entitlement Failure and the Impoverishment of Landless Farmers in China", *Urban Studies*, 2009, 46 (9): 1925 - 1949.

工业化成为中国政治合法性和政策议程的基础,城市扩张的现实、由此带动的经济发展和与之相关的意识形态正在成为影响中国转型的逻辑主导。① 大规模的农村集体土地被征用或征收、房屋被拆迁,"征迁"成为人们生活中的常事,"征迁"这一事件不仅人为地加速了城镇化的进程,也带来了农村社会及其人口的巨大变迁,这一变迁是多维度的、深层次的,使失地农民面临着劳动形式、生活方式和心理等方面的嬗变,产生了相当多的社会矛盾和问题,引起了社会各界的普遍关注,学术界对此展开了广泛的研究。社会学家郑杭生认为:"在目前社会转型加速的历史场景下,八九亿中国小农正走向其历史的终结点,强调这一研究主题,记录这一历程并升华至理论层面,从而发现中国农民实现市民化的历史性规则可能会成为社会学中国学派在世界社会学舞台上独树一帜的重要标志之一。"② 失地农民的乡城转型历程是中国在这个特定时代就地城市化实践的一个缩影,在这一过程中,我们看到城郊乡村人口是如何实现身份和居住空间转型的,他们又是如何从懵懂走向意识自觉的,也看到乡域文化与城市文明的融合谐变。对这一特殊变迁过程的深入研究,不仅能够了解乡村社会在改造和转型过程中的运行逻辑,而且有助于寻求一种关于城市融入的解释模式。

第一节 研究的缘起

城镇化是我国现代化建设的历史任务,也是扩大内需的最大潜力。2019 年我国常住人口城镇化率已达到 60.6%③,今后一二十年我国城镇化率还将不断提高,据学者预测,到 2030 年中国将新增 3.1 亿城市居

---

① Hsing, Y. T., Hall, E. C., The Great Urban Transformation: Politics of Land and Property in China. *Oxford*, England OUP Catalogue, 2010: 2-3.
② 郑杭生:《农民市民化——当代中国社会学重要的研究主题》,《甘肃社会科学》2005 年第 4 期。
③ 国家统计局:《2019 年国民经济和社会发展统计公报》。

民，届时中国城市人口总数将超过10亿，城市化率将达70%。① 随着我国经济持续发展，城市化和工业化进程明显加快，城市规模越来越大，城市用地需求不断增长，地方政府为适应城市迅速扩张和开发园区建设对土地资源的巨大需求，不断盘活利用一些城乡接合部以及城中村闲置土地。与此同时，在土地财政的刺激下，各地都积极推行"圈地运动"，土地财政已经成为许多地方政府主要的财政收入来源，一些地方出于经济增长和财政收入的双重考量和追求，不同程度地出现了"卖地冲动"，其财政支出过度依赖于土地财政，甚至还将土地出让收入作为地方债务偿还的主要渠道。②《南方都市报》记者对数据进行梳理发现，2013年全国土地出让收入约4.1万亿元，2014年和2015年土地出让收入增速明显放缓，而2016年后又逐渐回升，2017年增速更是大大加快，土地出让收入突破5万亿元，中国指数研究院2018年1月2日发布的《2017年中国300城市土地交易情报》显示，2017年全国300个城市推出土地面积111907万平方米，同比增加8%。③ 近年来，随着中央对耕地保护力度的加大以及欠发达地区中小城市房地产市场不景气，一些地区为了继续获得巨大的土地收益，开始通过拆迁来赚取更多增减挂钩指标，转手卖给发达地区用于开发，使用土地指标跨区交易目前已经成为部分地方政府搞开发的潜规则，在一些地方政府突出政绩的背后是大量耕地被征。根据国家统计局发布的历年统计年鉴提供的数据，笔者查询了1996~2018年征用的土地面积情况（见表1-1），可清晰地呈现23年间我国土地征用情况。从数据来看，23年间全国共征用土地33628.9平方千米，约合50443万亩。从表1-1中历年征用土

---

① 联合国开发计划署驻华代表处和中国社会科学院城市发展与环境研究所：《中国人类发展报告2013：可持续与宜居城市——迈向生态文明》，中国对外翻译出版有限公司，2013。
② 刘德炳：《哪个省更依赖土地财政？本刊首次发布23个省份"土地财政依赖度"排名报告》，《中国经济周刊》2014年第14期。
③ 程思炜：《四年来增速最快 2017年全国土地出让收入增长超40%》，《南方都市报》2018年1月25日。

地面积的变动情况可以看出,全国土地征用面积大幅度增长始于2001年,这也客观印证了21世纪以来我国城镇化的加速推进。从表1-1中全国征用土地面积的变动数据可以发现,尽管国土资源部从2005年出台了城乡建设用地增减挂钩政策,并且从2006年开始试点实施,但是全国征用土地面积并没有减少,反而逐年增加,在2012年达到峰值,当年征用土地面积为2161.5平方千米。

表1-1 1996~2018年征用土地面积

单位:平方千米

年份	征用土地面积	年份	征用土地面积	年份	征用土地面积
1996	1018.1	2004	1612.6	2012	2161.5
1997	519.4	2005	1263.5	2013	1831.6
1998	515.5	2006	1396.5	2014	1475.9
1999	340.5	2007	1216.0	2015	1548.5
2000	447.3	2008	1344.6	2016	1713.6
2001	1812.2	2009	1504.7	2017	1934.4
2002	2879.9	2010	1641.6	2018	2003.7
2003	1605.6	2011	1841.7		

资料来源:1997~2018年《中国统计年鉴》。

2012年召开的中国共产党第十八次全国代表大会上提出"依法维护农民土地承包经营权、宅基地使用权、集体收益分配权……改革征地制度,提高农民在土地增值收益中的分配比例"[①]。之后国家对土地征用的政策有所收紧,2013年中国共产党第十八届中央委员会第三次全体会议通过的《中共中央关于全面深化改革若干重大问题的决定》中明确提出"缩小征地范围,规范征地程序,完善对被征地农民合理、规范、多元保障机制"[②]。国家对土地征用的控制,直接影响到征用土地

---

① 胡锦涛:《坚定不移沿着中国特色社会主义道路前进 为全面建成小康社会而奋斗》,《人民日报》2012年11月18日,第1版。
② 《中共中央关于全面深化改革若干重大问题的决定》,《求是》2013年第22期。

面积的变动。表1-1的数据显示，2013年和2014年征用土地面积与上年相比明显减少，但是从2015年到2018年的征用面积又出现了回升。征用土地面积的变动客观上反映了城镇对建设用地的巨大需求和地方政府的土地财政追求。为了获取更多的GDP和发展资金，地方政府不惜以行政手段低成本地征收农民土地，从而造成大规模的农村人口房屋被拆迁、土地被征收，在制度或政策性安排下被动地开始了城市化。一边是政绩和地方发展驱使下的政府圈地冲动，以土地出让获得财政支撑；另一边是城乡差距刺激下的农民对城市生活的向往，日夜祈盼土地被征一夜暴富，在这双重驱动力的激励下，大量良田被毁，乡村消亡，由此形成了一个特殊的群体，即失地农民。中国科学院地理科学与资源研究所研究员刘彦随表示，2014年我国城市建设用地达3500万公顷，约为5.25亿亩，但是农村建设用地是这一数字的4倍，与此同时，一年有1300万人口进城，这导致一年260万农民失地，到2014年我国有1.12亿失地农民。[①] 以近几年征收工作为例，初步统计，2017年前中国每年征收土地40万公顷左右，每年安置农业人口200多万，考虑到历史因素，涉及的被征地农民数量将更加庞大。[②] 这庞大的人口在短时期内失去了土地，失去了祖辈生存的空间，失去了低成本的生活条件，实现了身份的嬗变，他们在生存模式和文化心理等层面也将面临复杂且独特的演变过程。

改革开放以来，随着工业化的快速推进，城市建设对"工人"产生了强大需求，与此同时，随着农村生产力的发展，大量的剩余劳动力空余出来。在城市"吸力"和农村"推力"的双重作用下，"进城务工"成为农民的一个重要选择，从而促使我国社会出现了一个庞大的劳工群体，"农民工"由此产生，并对中国经济社会发展起到巨大的推动作用。在很大程度上讲，"农民工"是主动进城寻求发展机会的群

[①] 赵静：《专家：中国失地农民1.12亿 耕地保护迫在眉睫》，搜狐网，2015年11月21日，http://www.sohu.com/a/43367159_184627。

[②] 万静：《征地信息公开申请量居高不下，复议诉讼案件逐年攀升》，中国新闻网，2018年3月29日，http://www.chinanews.com/sh/2018/03-29/8478599.shtml。

体,他们瞄准城市发展的机遇,积极寻求就业机会,谋求更好的生活。与农民工的乡城迁移相比,失地农民的迁移具有完全不同的典型特征,即被动性,该"被动"并非主观意愿上的被动,而是客观行为方面的被动,也即失地农民由乡及城的转型不是自我选择的结果,而是制度作用的结果,且这一转型过程是一次性的,基本没有退路可言,无论他们愿意与否都只能迈向城市。中国失地农民乡城迁移的本质特征是由政府主导和经营,农民和村集体没有权利出售集体土地,只能由地方政府将土地的集体所有变更为国有性质才能进行转让用于工业或商业开发,因此政府在土地的一级市场中具有垄断权。在这一以政府为主导的乡城迁移过程中,作为迁移的主体,失地农民是严重缺位的,他们在整个征地拆迁安置过程中缺乏话语权,难以参与相关政策的制定与执行,因此这一转型过程是充满风险的。虽然一幢幢拔地而起的高楼取代了乡村看似落后的砖瓦房,回迁社区的布局趋向现代化,但是由于新社区缺乏集体记忆和共同的情感,忽略了人这个主体的内在需求,人们在短期内难以建立起对该社区的归属感。由乡村迁入城市后失地农民大多在城市郊区集中居住,受到城市文化的辐射相对较弱,居住的稳定性和同类集聚性使他们城市融入的内生动力和外在压力不足,难以全面参与城市生活,必然经历一个较为漫长的调适过程。土地对农村人口来说,不仅意味着一种生活来源和就业方式,而且承载着社会保障功能,是生存的最后屏障。失地农民却是"被"失去土地,"被"住进集中建设的楼房中,在由乡村向城市转型的各个阶段参与不足,迁入城市后的很长一段时间其生产和生活方式仍难以实现真正意义上的市民化。失地农民转化为市民也即融入城市的过程,不仅涉及其自身的生活幸福,也关涉社会的稳定和全面发展。《人民日报》曾报道了部分农民因拆迁一夜暴富后又因为赌博、吸毒等原因而返贫①,同时因拆迁安置款引发的财产纠纷、家庭

---

① 王慧敏、冯益华:《拆迁后"一夜暴富"是福是祸?》,《人民日报》2012 年 7 月 15 日,第 5 版。

纠纷这两年也在大幅增长。近年来在土地征收和房屋拆迁过程中引发了大量的上访和群体性事件，一些影响重大的失地农民群体性事件如苏州"通安事件"、广东"乌坎事件"等，已经严重威胁到社会的稳定与和谐。这一系列问题如果得不到足够重视和及时解决，将会影响到现有城市人口的生活质量，影响到潜在农民的城市化意愿，影响到城市化的健康可持续发展，进而影响到经济与社会发展。联合国前助理秘书长沃利·恩道（Worley Ndo）在《城市化的世界》中提到："城市化既可能是无可比拟的未来之光明前景所在，也可能是前所未有的灾难凶兆，所以未来社会怎样就取决于我们当今的所作所为。"① 李克强同志亦指出："城镇化不是简单的城市人口比例增加和面积扩张，而是要在产业支撑、人居环境、社会保障、生活方式等方面实现由'乡'到'城'的转变。"② 因此，使失地农民在这场城市化浪潮中彻底摆脱被动依附的地位，以主人的姿态主动而平等地参与其中，即成为未来降低城市化风险、推动失地农民乡城转型的重要议题。

中国城市化尚存较大的发展空间和动力，未来仍会有大量的农民失去土地迁入城市。随着城乡差距日益缩小，乡村基础设施和居住环境逐步改善，一部分农民对城市生活的热情也会相应地减弱，对征地不再充满狂热，开始理性地思考自己的利益得失。另外，随着失地农民权利意识不断增强，维权经验日益丰富，对利益的渴望愈加强烈，与此同时，政府的利益妥协和参与权开放反而刺激了失地农民，他们期待谋取更多的权益，从而进一步激发了他们的参与欲望。越来越多的人运用各种常规或非常规的、制度化或非制度化的手段寻求利益追加，一些人开始改变抗争策略，由"种房"转为"种厂"，征迁难度将越来越大。面对新的挑战，政府不得不调整策略予以应对，政府完全主导下的征迁模式显

---

① 戴中亮：《城市化与失地农民》，《城市问题》2010年第1期。
② 《李克强：破解城市二元结构难题》，《新京报》2012年9月26日。

然已无法延续，为此政府需要理性思考的是如何协调与被征地农民的关系，如果不能够充分尊重失地农民的意愿，不能和失地农民建立协商共建、合作互惠的关系，征迁矛盾和冲突将难以消解甚至会愈演愈烈。在现代社会，任何公共政策的制定都应当经过民主的决策过程，否则该政策的正当性就会遭到质疑，就无法得到民众的认同。而针对征迁这一关系失地农民切身利益的重大事件，必须保障失地农民的合法权益，使其主体地位得到充分体现。征地拆迁使失地农民彻底告别了乡村，举家迁入城市，大规模的征地运动不仅影响了失地农民这一特定群体，而且给城乡社会也带来了较大震动，如何缓解失地农民因迁移带来的不适，如何让骤然瓦解的乡村文化和断裂的社会关系能够重获生存空间，如何让城市化不再具有被动性从而使失地农民能够公平享有城市化的收益，这都将是我们未来城市化发展中不得不反思的问题。

被动的城市迁移打破了原有乡村社会的平衡关系，使整个社会系统不断地进行着变动和重组，在历经一个长时间的调整之后，又会建立一个全新的社会体系以实现平衡。通过对这一变迁过程的研究有助于解决两个问题：一是缩短调整周期，尽早建立新的平衡；二是避免或减弱在变迁中可能出现的震荡和风险。因此，对失地农民乡城转型过程的参与状况进行全面、系统的调查与研究，从实践层面来看有助于失地农民由被动转向主动，以积极的心态和行动参与城市社会，消解转型阵痛；有助于政府和社区等组织充分尊重失地农民的主体选择，合理规划征迁安置和社区发展工作，赋予失地农民更多、更加平等的权利；有助于减少社会矛盾和冲突，促进城市化公平健康发展。此外，从理论层面来看，通过总结失地农民乡城转型过程中的一些规律性认识，发掘影响其转型的决定因素，能够为失地农民乡城转型提供一个新的视角，探索失地农民从隔离到融入再到融合的演变路径，研究各因素的作用机制，为今后该领域的其他学术研究提供一定的理论支撑和智力支持。

第一章 导论

第二节 文献综述

  现代经济世界的起源在一定程度上可以看作从传统的农业社会向机会持续增长、人力和物质资本不断积累的社会的转变,这一转换过程必然引发大量的人口由乡村流向城市,因此这一过程亦可被看作劳动力从传统的土地密集型技术向具有无限增长潜力的人力资本密集型技术的转移。[①] 流动和迁徙是人类的生存选择,与此相伴的是移民问题的出现,引起了人们的广泛关注,大量学者展开了研究。有关移民的研究主要集中在两块:一是内部移民,指一个国家不同地区之间的人口迁移;二是外部移民,多指欠发达国家向发达国家的迁移。作为移民的主要迁入国,发达国家学者如欧美学者的研究多集中在外部移民领域,他们从不同的视角对此展开了多个学科的研究,提出了诸多相关的概念和理论,取得了丰硕的成果。中国关于移民的研究从20世纪90年代开始兴起,由于人口大规模地由乡村向城市迁移,因此国内研究便聚焦于由此产生的内部移民群体。近年来移民"融入"城市社会的问题以及这一转型带来的变化一直是人们研究最多的问题之一。早在20世纪60年代,法国社会学家孟德拉斯就预言了"农民的终结",中国目前正在经历这样的过程,伴随中国式"圈地运动"的推进,一批又一批的失地农民从身份上成为城市人,他们面临一系列的城市生活适应和融入问题,国内外众多学者对此展开了深入的讨论。考虑到本研究的研究对象为我国的失地农民群体,因此,本研究对以往研究的回顾,主要聚焦在国内外对城镇化过程中出现的移民问题或城镇化过程中农民市民化问题的研究,而不对跨国移民问题的研究进行回归。欲厘清以往研究对失地农民城市融入的分析和探索,必须首先对概念进行梳理,只有在明确概念的基础

[①] Lucas Jr, R. E., Life Earnings and Rural-urban Migration. *Journal of Political Economy*, 2004, 112 (S1): S29 – S59.

上，才能开展进一步的研究。就本研究的范畴而言，核心的概念包括：失地农民、乡城转型、城市融入以及社会参与。本研究将逐一梳理这些概念，并将它们与相关的概念进行比较分析，从而指出本研究所使用的概念具有怎样的内涵和外延，以此清晰界定核心概念。

一 失地农民和乡城转型的理论内涵

（一）失地农民抑或被动城市化群体

失地农民这一现象虽然最早并不是出现在中国，从世界范围来看，英国的圈地运动最早催生了失地农民的产生，但是，以"失地农民"这个词来指代失去土地的农民却是中国式的研究话语，经查阅相关文献，发现该词最早由李励华提出①。2000年以后由于新一轮的"圈地运动"使学者们开始对其进行了系统的研究。陈映芳等将失地农民定义为农民的土地被国家依法征收后而丧失土地的农民，部分失地农民按照相关政策完成了由农业户口向非农业户口的转化，又被称为"农转非人员"②，该定义强调了户籍在失地农民身份转变中的关键作用。这里不得不提及我国的户籍制度，新中国成立后，受当时的社会环境制约，人为地将居民分为城镇户口和农业户口，从事农业生产的农民自然而然地成为农业户口。与户籍制度相关联的就是城镇户籍所附带的各种福利，其中涉及个人权利方面的福利包括政治权利、教育权利、就业权利、社会保障等各个方面。因此，在当时，对农民而言，城市户籍是梦寐以求的身份标志，然而，获得城镇户籍的途径却异常狭窄，农民要想成为市民，只能通过升学、当兵和招工等实现。但改革开放后随着城乡壁垒的弱化、社会流动性的增加、户籍制度的改革，城乡流动变得频繁起来，附着在户籍之上的福利也逐渐被削弱，后期农村人口即使迁入城

---

① 李励华：《决策者在加快经济发展中的理性把握》，《经济工作导刊》1994年第12期。
② 陈映芳等：《征地与郊区农村的城市化——上海市的调查》，文汇出版社，2003，第149页。

市很多已不愿再转为非农业户口，因此，近年来对失地农民的定义已淡化了户籍的概念，这些在关于失地农民的研究中，表现得非常明显。刘翠霄认为，失地农民是指原来拥有土地并以土地收入为主要生活来源的农民，其土地被地方政府或开发商征用后，征用者仅提供给农民有限的补偿费而无法保障他们长期稳定的生活，那么这些没有稳定生活来源又失去了土地的农民被称为失地农民①，该定义突出强调了失地农民生存模式的改变及边缘化的处境。童星从空间角度对失地农民进行定义，他指出城市化进程的日益加快意味着城市空间的不断扩张，导致了大量郊区农村集体土地的被征用，使得农民失去土地，不得不进入城市社会求职谋生，被迫卷入了城市化进程，成为失地农民。②这一定义强调了失地农民城市化过程的被动性，他们不是主动寻求城市化的过程，而是因为赖以生存的土地资源被征收后，只能进入城市社会。

后来一些学者为了突出失地农民与农民工在城市融入方面的典型差异，提出一个新的概念——"被动城市化群体"。在中国的城市化中，既有为了追求更美好的生活而自愿进城的农民工等，也有因为制度或政策性安排而进入城市的群体，与前者相比，后者的城市化被称为"被动城市化"或"被动城镇化"。如何认识这一被动城市化或城镇化的过程，学者们进行了大量研究。张海波和童星通过以南京为案例进行的研究指出，农民大规模进入城市的方式有两种：一是由于城市经济的吸力和农村劳动力剩余的推力而造成的"民工潮"，即流动农民，也就是我们通常所说的农民工群体；二是政府行政命令主导的征地所造成的失地农民。从城市化的主观意愿上来看，由"民工潮"引起的农民工的城市流动，是他们个人的自愿选择，或曰主动选择，是个人在看到城市美好生活与就业机会的前提下，根据自身的情况所做出的、符合市场逻辑的"主动行为"，因此，他们的城市化可以称为"主动城市化"。与之

---

① 刘翠霄：《中国农民社会保障制度研究》，法律出版社，2006，第28页。
② 童星：《交往、适应与融合》，社会科学文献出版社，2010，第25页。

相比，还有一类城市化则并不是出于个人的主观意愿和主动选择，他们的城市化是政府的安排，而政府在做出这一行政命令时并未（充分）考虑他们的主观意愿，因此，这一遵循政府行政主导的逻辑而开展的城镇化，被称为"被动城市化"①。最初的被动城市化是由于城市本身的发展和扩张从而使处于城市周边的农村地区逐渐被消解和吸纳②，但随着城市的迅速扩张以及由于工程建设、采矿塌陷等诸多原因，这种被动城市化的范围在不断扩大，也因此使得被动城市化群体的来源逐步多元化。就被动城市化群体的来源问题，学界的研究发现，因城市空间扩张、重点项目建设等催生了大批城郊失地农民、工程移民等被动城市化群体。③ 也有研究指出，因改革户籍制度、征用或租借土地、促进职业转变和居住地变更等原因而产生了大量的"被市民化"群体④。综合学者对"被动城市化群体"的研究来看，"被动城市化群体"主要包括两类：其一为工程移民，其二为失地农民。我国地势西高东低、自然资源分布极其不均衡，为了平衡各地的资源状况、促进经济社会更好更快地发展，国家、地方都积极推动了大量的工程建设，如三峡大坝建设、南水北调工程等，这些大型的工程建设必然涉及移民，由此形成了工程移民。工程移民往往由于工程建设面临家园消失不得不接受政府的安置而搬迁到其他地区，因此也面临新生活的适应问题。从当前学界的研究来看，由于三峡大坝建设所占用的土地面积较大、涉及的人口数量多，因此，对工程移民的研究主要集中在对三峡移民的研究，形成了较为丰硕

---

① 张海波、童星：《被动城市化群体城市适应性与现代性获得中的自我认同》，《社会学研究》2006年第2期。
② 杨善华、王纪芒：《被动城市化过程中的村庄权力格局和村干部角色》，《广东社会科学》2005年第3期。
③ 章光日、顾朝林：《快速城市化进程中的被动城市化问题研究》，《城市规划》2006年第5期。
④ 文军：《"被城市化"及其问题——对城郊农民市民化的反思》，《华东师范大学学报》（哲学社会科学版）2012年第4期。

的研究成果。① 此外，改革开放以来，我国快速的工业化推动了城镇化的发展，产生了对土地的大量需求，因此出现了诚如上文指出的，从1996年至2018年有33628.9平方千米的土地被征用，相应地大量依附于这些土地而生存的农民开始逐渐走向城市化之路，因此出现了数量庞大的失地农民群体。从根本上讲，失地农民的核心问题是他们的最终出路和角色转换，也就是失地农民的市民化问题。② 围绕失地农民市民化这一核心问题，学界展开了大量研究③，对失地农民的市民化问题开展了较为全面的探究。本书不对工程移民进行专门讨论，将研究对象界定为：由于城市扩张、工程建设、采矿塌陷等原因造成农民失去集体土地、房屋被拆迁，从而在居住空间和身份等方面转化为城市居民的失地农民群体。

---

① 刘震、雷洪：《三峡移民在社会适应性中的社会心态》，《人口研究》1999年第2期。李华、蒋华林：《论三峡工程移民的社会融合与社会稳定》，《重庆大学学报》（社会科学版）2003年第2期。风笑天：《"落地生根"？——三峡农村移民的社会适应》，《社会学研究》2004年第5期。翁定军：《冲突的策略——以S市三峡移民的生活适应为例》，《社会》2005年第2期。风笑天：《生活的移植——跨省外迁三峡移民的社会适应》，《江苏社会科学》2006年第3期。许佳君、彭娟、施国庆：《三峡外迁移民与浙江安置区的社会整合现状研究》，《西南民族大学学报》（人文社科版）2006年第7期。风笑天：《安置方式、人际交往与移民适应：江苏、浙江343户三峡农村移民的比较研究》，《社会》2008年第2期。

② 沈关宝、李耀锋：《网络中的蜕变：失地农民的社会网络与市民化关系探析》，《复旦学报》（社会科学版）2010年第2期。

③ 浙江省人民政府研究室课题组：《城市化进程中失地农民市民化问题的调查与思考》，《浙江社会科学》2003年第4期。李生校、娄钰华：《失地农民市民化的制约因素分析及其对策研究》，《农村经济》2004年第9期。刘源超、潘素昆：《社会资本因素对失地农民市民化的影响分析》，《经济经纬》2007年第5期。路小昆：《资源剥夺与能力贫困——失地农民市民化障碍分析》，《理论与改革》2007年第6期。汤夺先、张莉曼：《城市化进程中失地农民市民化的路径选择——以合肥市滨湖新区X小区为例》，《济南大学学报》（社会科学版）2010年第5期。李永友、徐楠：《个体特征、制度性因素与失地农民市民化——基于浙江省富阳等地调查数据的实证考察》，《管理世界》2011年第1期。王慧博：《失地农民市民化社会融入研究》，《江西社会科学》2011年第6期。严静蓓、杨嵘均：《失地农民市民化的困境及其破解路径——基于江苏省N市J区的实证调查》，《学海》2013年第6期。李国梁、钟奕：《城镇失地农民市民化：现状、影响因素与对策——基于广西荔浦县的个案调查》，《人民论坛》2013年第20期。

(二) 乡城转型

与乡城转型相关的概念有城市化、城镇化、市民化等。城市化(urbanization)是一个国际通用的概念,在马克思的《政治经济学批判》中,使用了"城市化"这一概念,马克思指出:"现代的历史是乡村城市化,而不像在古代那样,是城市乡村化。"① 美国社会学家尹恩·罗伯逊把自城市产生开始的城市发展都称为城市化。郑杭生对城市化进行了详细的界定,他指出,城市化通常指随着人口集中,农村地区不断转化为城市地区的过程,这一过程促使城市数目增多,城市人口和用地规模扩大,城市人口在总人口中的比重上升,城市化亦包含城市文明不断向农村传播的过程,城市化的实质是消灭城乡差别,实现社会转型。② 我国的一些学者基于中国现实国情,又将城市化称为城镇化,强调乡村人口向包括小城镇在内的城市聚集过程。在《中华人民共和国城市规划基本术语标准》中亦明确指出:城市化是"人类生产和生活方式由乡村型向城市型转化的历史过程,表现为乡村人口向城市人口转化以及城市不断发展和完善的过程,又称城镇化、都市化"③。可见这两个概念之间并没有明确的区分,城镇化更多体现的是中国式的话语。城市化或城镇化的概念主要从社会整体层面进行界定,强调了两种社会形态的转化,侧重于社会结构和物理等层面的变迁。由于我国在很长一段时期土地城镇化快于人的城镇化,忽视了转移人口的城市化,为学术界所诟病。2012年在党的十八大报告中提出了"坚持走中国特色新型工业化、信息化、城镇化、农业现代化道路",此后"新型城镇化"开始成为学术界关注的焦点。新型城镇化的核心是以人为本、以人为核心

---

① 齐勇:《新型城镇化背景下农业转移人口价值观研究》,北京科技大学博士学位论文,2019。
② 郑杭生:《社会学概论新修》,中国人民大学出版社,2019,第358~359页。
③ 建设部:《关于发布国家标准〈城市规划基本术语标准〉的通知》(建标〔1998〕1号),1998年8月13日。

的城镇化。① 新型城镇化区别于以往城镇化的地方在于，城市的发展不仅是城市规模的扩大和城市居民比例的增加，更主要的是推动整个城市产业结构、农业转移人口的就业方式、社会保障、生产生活等一系列行为由"乡"到"城"的重要转变。② 虽然城镇化的内涵不断丰富和拓展，但无论是城市化还是城镇化，其分析视角都不是农民本位的，更多的是从宏观和中观层面进行阐述。

较之城市化和城镇化，市民化（citizenization）主要从微观层面介入，以农民作为分析主体，其更加强调的是农民角色向城市居民角色的转型过程。这一概念最初出现在官方话语中，然后逐渐被学界使用。在概念界定上，文军指出农民市民化是指在我国现代化建设过程中，借助于工业化和城市化的推动，使现有的传统农民在身份、地位、价值观、社会权利以及生产生活方式等各方面全面向城市市民的转化，以实现城市文明的社会变迁过程。③ 陈映芳等从狭义和广义两方面对市民化进行界定，狭义的市民化是指农民、外来移民等获得作为城市居民的身份和权利的过程，如居留权、选举权、受教育权、社会福利保障权等，而广义的市民化还应包含市民意识的普及以及居民成为城市权利主体的过程。④ 从他们对这一概念的界定来看，市民化是原先不是市民的成员通过对城市生活的适应而逐渐获得市民身份及相应福利和权利的过程。对于市民化的具体领域，文军认为农民市民化是一项复杂的社会系统工程，它既不仅仅是农民社会身份和职业的一种转变（非农化），也不仅仅是农民居住空间的地域转移（城市化），而是一系列角色意识、思想观念、社会权利、行为模式和社会生活方式的变迁，是农民角色群体向

---

① 李强、王昊：《什么是人的城镇化？》，《南京农业大学学报》2017年第2期。
② 齐勇：《新型城镇化背景下农业转移人口价值观研究》，北京科技大学博士学位论文，2019。
③ 文军：《农民市民化：从农民到市民的角色转型》，《华东师范大学学报》（哲学社会科学版）2004年第3期。
④ 陈映芳等：《征地农民的市民化——上海市的调查》，《华东师范大学学报》（哲学社会科学版）2003年第3期。

市民角色群体的整体转型过程（市民化），更是新市民群体的角色再造过程。① 张铁军认为失地农民的市民化不仅是户口的转变，还是社会保障和社会关系的重塑、思想意识的变迁等。② 郑杭生认为，农民市民化包括两个方面：一是从农民角色集向市民角色集的全面转型；二是在角色转型的同时，通过外部赋能与自身增能，适应城市，成为合格的新市民，在此过程中，农民将实现自身在生活方式、思维方式、生存方式和身份认同等方面的现代性转变。③ 基于众多学者的讨论，可见失地农民的市民化是一个多元化的过程，包括客观和主观层面的全面变迁。

乡城转型既可以是宏观层面社会结构的转型，是一个由人口、土地、产业三个维度构成的农村系统形态和功能变化的过程④，也可以是微观层面人的角色转型，本书讨论的重点是微观层面的社会主体角色的变迁。笔者在前人相关研究的基础上使用此概念并赋予其特定的内涵，在此将乡城转型定义为：在城市化发展进程中，作为变迁主体的农民到半市民（失地农民或农民工）再到市民的一系列由乡到城的角色转型过程。本书基于失地农民这一研究对象，将其乡城转型划分为两个阶段：一是城市迁移阶段，即农民由乡村迁入城市实现向失地农民角色转型的过程；二是城市融入阶段，即失地农民在经济、社会、政治、文化心理等层面逐步融入城市并最终与城市融合，实现向市民角色转型的过程。本书所指的乡城转型与市民化类似，均以"农民－市民"为分析主线，但不同在于，乡城转型涉及的跨度更大、范域更广，强调从农民到市民经历的两个特定阶段的变迁历程和角色转型。

---

① 文军：《农民的"终结"与新市民群体的角色"再造"》，《上海市社会科学界第五届学术年会文集》，上海人民出版社，2007，第263页。
② 张铁军：《城市化进程中失地农民市民化研究》，《宁夏党校学报》2008年第7期。
③ 郑杭生：《农民市民化：当代中国社会学的重要研究主题》，《甘肃社会科学》2005年第4期。
④ Libang Ma, Meimei Chen, Fang Fang, Xinglong Che. Research on the Spatiotemporal Variation of Rural-urban Transformation and Its Driving Mechanisms in Underdeveloped Regions: Gansu Province in Western China as an Example. Sustainable Cities and Society, 2019 - 10.

二 城市融入的相关理论溯源

欲使用城市融入的概念，需首先明确城市融入这一概念的含义及其使用范畴。因此，本书将在对预期相关的概念的辨析中界定何为城市融入，并明确城市融入的范畴。

（一）相关概念辨析

城市融入并不是从一开始就有的概念，它与社会适应、社会融合、社会融入等概念密切相关，这也是由于学者们对城市化研究的视角和关注的焦点不同而使用了不同的概念。事实上，由于移民融入迁入地的过程是一个极其复杂的过程，可以从若干方面进行研究，因此，不同的学者基于不同的学科背景、研究兴趣和研究视角，对移民的相关概念和内涵也进行了不同的阐释。本研究将在对上述几个概念进行辨析的基础上，提出本研究所使用的城市融入的概念及其所涉及的范畴。

社会适应这一概念最早由英国社会学家斯宾塞（Herbert Spencer）提出，生活于19世纪的斯宾塞，是一位社会有机论者。面对工业革命给英国社会带来的巨大社会变迁，面对乡村田园生活的消逝和城市的兴起，他在产生浓厚的对乡村共同体生活不舍情绪的同时，从"物竞天择，适者生存"的原则出发，对新生活的适应问题进行了研究，他用"社会适应"这一概念来指涉为了更好地适应当前所处的社会环境，实现自我的全面、健康发展，个体必须进行自我调整，改变以往的心理和行为方式，服从当前社会所需遵循的法律、法规、行事规则，以达到个人与环境的较好契合。他指出，"适应是一个不断被打破又不断趋于完善的过程，适应性总是大致且总处于不断进行的状态中"[①]。他根据人们适应环境的态度，区分了积极适应和消极适应。整体来看，针对移民的相关问题研究中，社会适应是一个重要的研究领域。有学者从移民的

---

① 〔英〕赫伯特·斯宾塞：《社会学研究》，张宏晖译，华夏出版社，2001。

视角对社会适应进行界定,认为社会适应是移民与移入地群体之间互动及他们对所处社会环境做出的反应,包括两个方面:一是移民在职业、收入、消费、语言和社会参与等客观层面适应新的环境;二是移民在主观层面形成认同感和归属感,并在心态和价值观方面实现内化。① 也有研究者将移民的适应看成是移民对发生变化的政治、经济和社会环境做出反应的过程。② 童星对上述两种定义进行了剖析,他认为社会适应既是一种状态,又是一个过程,是行动者对变化的主动和被动调适,既包括行动者对客观环境的适应,也包括行动者的主观调整。③ 事实上,社会适应除了阐释主流社会对移民群体的吸纳外,还强调了移民自身的能动性,移民群体自身存在自我认知和选择,能够对新的环境做出反应。

社会融合的概念最早可追溯到美国芝加哥大学的社会学派,当时面对芝加哥这一大熔炉,芝加哥社会学派的代表人物帕克(Robert Ezra Park)和伯吉斯(John Steward Burgess)提出了这一概念,"个体或群体互相渗透、相互融合的过程;在这个过程中,通过共享历史和经验,相互获得对方的记忆、情感、态度,最终整合于一个共同的文化生活之中"。④ 从他们对这一概念的界定来看,他们更多地强调了社会融合的心理和情感过程,强调融合的群体的共同经验。另有学者将社会融合定义为个体或群体(平等地)被包容进主流社会或各种社会领域的状态与过程,这一概念包含移民与新社会之间的相互适应。⑤ 也就是说,社会融合是一个互动的过程,在融合的过程中,新融入者和原有的社会成员之间需要相互适应,而不是只有其中的一方做出行为调适。还有学者

---

① Goldlust, J., Richmond, A. H., A Multivariate Model of Immigrant Adaptation. *International Migration Review*, 1974, 8 (2): 193 – 225.
② Goldscheider, C., *Urban Migrants in Developing Nations: Patterns and Problems of Adjustment*. Boulder, CO: Westview Press, 1983, 38 (3): 515.
③ 童星:《交往、适应与融合》,社会科学文献出版社,2010,第105页。
④ 杨菊华:《从隔离、选择融入融合:流动人口社会融入问题的理论思考》,《人口研究》2009年第1期。
⑤ 梁波、王海英:《国外移民社会融入研究综述》,《甘肃行政学院学报》2010年第2期。

认为,"融合"一词是指移民在移入地社会不同生活领域的参与,指出,融合不仅包括移民与移入地社会之间的关系,还包括移民获得文化能力和接受东道国的基本制度,同时(通常)保持自己的种族身份。[①]西方社会融合理论的发展传入我国后,被我国的学者所接受和认可,并根据我国的国情对这一概念和理论进行了相应的调适。任远、邬民乐指出社会融合是个体之间、群体之间、文化之间互相配合、互相适应的过程。[②] 童星基于乡城移民的视角,对社会融合进行了更为详细的界定,他指出所谓社会融合是指新移民在居住、就业、价值观念和生活方式等各个方面融入城市社会、向城市居民转变的过程,这个过程的进展程度可以用新移民与城市居民的同质化水平来衡量。童星进一步指出,这个过程并不是说城市居民完全处于主动位置而新移民只能被动地适应,新移民也可能是塑造未来社会的参与主体,城市居民和新移民将在共变中趋向接近并最终融为一体。[③] 根据以上学者对"融合"的界定,可见社会融合强调各主位的平等地位,强调不同文化的交互作用、彼此渗透。

社会融入的概念首次出现于20世纪80年代后期关于解决社会排斥问题的社会政策的讨论。[④] 基于西方主流社会对移民的社会排斥,有学者提出社会融入是平等、公平的原则及其存在的结构性理由,目的是要在基础设施、劳动条件、公共物品等方面取得帮助,将引起社会排斥的机制消除。[⑤] 21世纪初,欧盟在其相关报告中基于社会公平视角对社会融入做了如下界定:确保具有风险和社会排斥的群体能够获得必要的机

[①] Grzymala-Kazlowska A. Social Anchoring: Immigrant Identity, Security and Integration Reconnected? *Sociology*, 2016, 50 (6): 1123–1139.
[②] 任远、邬民乐:《城市流动人口的社会融合:文献评述》,《人口研究》2006年第3期。
[③] 童星:《交往、适应与融合》,社会科学文献出版社,2010,第213页。
[④] Wilson, L., Developing a Model for the Measurement of Social Inclusion and Social Capital in Regional Australia. *Social Indicators Research*, 2006, 75 (3): 335–360.
[⑤] Berman, Y., Phillips, D., Indicators of Social Quality and Social Exclusion at National and Community Level. *Social Indicators Research*, 2000, 50 (3): 329–350.

会和资源，使其能全面参与经济、社会和文化生活并享受正常的社会福利。[①] 如此看来，众多学者和部门将社会融入作为社会排斥的对立面而提出来的，目的在于消除所有外在排斥因素，平等参与社会生存和发展。社会融入这个概念运用较为宽泛和普遍，学术界在使用过程中大多已经将其模糊化为一个多角度、内涵丰富的名词。

以上这些概念在内涵上既有某种联系，也存在一定的差别，许多学者在具体运用时往往没有进行明晰的区分，概念的混淆不利于对移民群体进行准确的描述和解释，因此有必要对不同概念蕴含的特定内容进行清楚的把握。社会融入强调移民群体抛弃自己原本书化和生活方式，全面地接受移入地的生活方式和文化，最终被移入地所同化。社会适应则突出移民的能动性，主动应对新环境的挑战，采取一系列策略使自己适应新的社会。社会融入和社会适应在方向上具有一致性，强调单向度的、以移入地社会为导向的融入模式，其中暗含着两种文化的不平等性。而社会融合则具有不同的内涵，强调移民群体与原居民的文化互渗、相互适应、交融汇合。社会融合不是多文化并存，而是突出两种不同文化的主体性和价值性，目的是达到彼此接纳、融为一体。对于融合和融入，杨菊华亦进行了清晰的区分，"融合"是双向的，表示流入地文化和流出地文化融汇到一起，互相渗透，形成一种在某种程度上具有新意的文化体系。相反，"融入"是单向的，指流动人口在经济、行为、文化和观念上都融入了流入地的主流社会体系中。[②] 童星认为融入是一个动态的过程，融合是一种最终的状态，并认为同化强调行动者被动适应，融入则更强调行动者的主观适应。[③] 在中国的乡城转型中，农民先天的劣势地位以及城市社会的自然优势和强势主导，决定了失地农

[①] 江维国、李立清：《失地农民社会融入路径异化与内卷化研究》，《华南农业大学学报》2018年第1期。

[②] 杨菊华：《从隔离、选择融入融合：流动人口社会融入问题的理论思考》，《人口研究》2009年第1期。

[③] 童星：《交往、适应与融合》，社会科学文献出版社，2010，第104页。

民的城市生存被动依附性明显,总体而言融入属性突出,因此,笔者在概念选择上使用"城市融入"来表述,但也期望未来通过失地农民主体地位的不断增强,主动参与城市生活、影响并改变城市社会结构,最终实现融合发展。为此,本书把"城市融入"作为主要分析概念,同时亦把"社会融合"作为失地农民乡城转型的最优状态和结果加以讨论。

(二)城市融入的范畴

移民的融入是一个多阶段、多维度的动态过程,不同学者侧重于不同方面进行考量。美国是一个移民社会,芝加哥社会学派的学者们认识到这一点并且对其进行了研究,做出了重要贡献,如帕克提出了种族关系发展的"接触-竞争-适应-同化"模式,按照他最著名的表述,这一过程被视为"明显进步和不可逆转的",竞争是接触的最初的、不稳定的结果,因为各群体努力在彼此之间取得优势,最终出现在较为稳定的适应阶段,在这个阶段,各群体之间典型的不平等关系的社会结构和对群体地位的固定理解已经出现。但是,不管这种社会结构有多稳定,种族差异最终还是会缩小,帕克写道,"在我们对种族关系的估计中,我们没有考虑到个人交往的影响以及由此而不可避免地发展起来的友谊"。[1]另外,法国社会学家阿尔弗雷德·索维(Alfred Sauvy)也表明移民的融入要经历定居、适应和完全同化三个阶段。[2]对于移民的融入维度,西方学界具代表性的观念有:戈登(Milton Gordon)的"二维度"模型、杨格-塔斯(J. Junger-Tas)等人的"三维度"模型和恩泽格尔(H. Entzinger)等的"四维度"模型。戈登将移民融入分为结构性与文化性两个维度,他认为,文化适应是最先出现的维度,在很大程度上是不可避免的。杨格-塔斯在二维度的基础上进一步划分为结构性

---

[1] Park, R. E., Human Migration and the Marginal Man. *American Journal of Sociology*, 1928, 33(6): 881-893.

[2] Sauvy, A., General Theory of Population. *New York: Basic Books*, 1969.

融入、社会-文化性融入与政治-合法性融入三个维度,恩泽格尔则将移民的融入进一步具体化为四维度模型,即社会经济融入、政治融入、文化融入、主流社会对移民的接纳或拒斥等。① 伦敦大学学院的著名经济学家杜斯特曼(Christian Dustmann)认为移民社会融入是一个复杂的过程,也是一个多维度的过程,它包括了经济融入、社会融入和政治融入。在这些融入的诸多方面中,经济融入是最为重要的内容,也是移民群体实现彻底融入的前提条件。② 移民只有首先从经济上融入了新的生活,才有可能启动其他层面的融入。另有一些学者侧重于对不同的具体适应领域进行探讨。美国芝加哥学派的沃斯(Louis Wirth)指出,城市生活特征不仅包括与农村不同的生活习俗、生活方式等,还包括制度系统、心态和观念系统等方面内容。③

乡村人口在个人特质、职业、文化生活和思想等方面与城市居民具有较大的差异性,因此当他们跨入城市必然面临身份及价值观念等的转型过程,这是一个极其复杂的变迁过程,涉及经济、社会、政治、文化等诸多方面。国内学者对此进行了深入的讨论,他们对城市融入的范畴和过程提出了不同的主张。田凯建立了再社会化理论,该理论强调流动人口三个层面的社会融合:经济、社会、心理或文化。他认为流动人口适应城市生活的过程实际上是再社会化的过程,必须具备三个基本条件:相对稳定的职业、像样的经济收入及社会地位。④ 张文宏、雷开春从四个维度探讨移民的城市融入,他们认为虽然由心理融入、身份融入、文化融入和经济融入四个维度构成的移民总体城市适应性程度偏低,但鉴于这四个层面的融入水平呈依次递减趋势,故移民的心理融入

---

① 梁波、王海英:《国外移民社会融入研究综述》,《甘肃行政学院学报》2010 年第 2 期。
② Dustmann, C., The Social Assimilation of Immigrants. *Journal of population economics*, 1996, 9 (1): 37 – 54.
③ Wirth, L., Urbanism as A Way of Life. *American Journal of Sociology*, 1938, 44 (1): 1 – 24.
④ 田凯:《关于农民工的城市适应性的调查分析与思考》,《社会科学研究》1995 年第 5 期。

和身份融入水平较高,文化融入和经济融入水平较低。① 朱力则提出了不同的城市融入进度,他认为经济适应是立足城市的基础,心理适应属精神层面,反映的是参与城市生活的深度,只有心理和文化的适应,才是农民工完全融入城市社会的标志。② 众多学者从多维度、多视角对移民的城市融入过程进行研究,并指出各个维度呈现递进关系,难以同步完成,但是对各个维度的交叉分析相对较少。杨菊华认为,理论界对不同维度因素之间的互动关注不足或完全忽视,经济融入既可以影响社会和文化融入及行为适应,反过来也受制于其他层面的融入水平,融入至少包含四个维度:经济整合、文化接纳、行为适应和身份认同。③ 胡书芝发现乡城移民家庭的经济融入、社会文化融入和心理融入之间存在不同程度的正相关关系,即移民家庭经济融入水平越高,社会文化程度越高,其心理融入水平也越高。④ 因此,在城市融入过程中,各个维度之间是相互作用的关系,无法完全割裂开来,各个维度是同步进行的,只是进度存在差异,最终会形成一个差序化的融入进程。

因此,融入城市生活也是一个微观加宏观的多层次系统。以上不同学者侧重于不同的城市融入领域,丰富了城市融入的内涵,形成了关于农民城市融入范畴的健全体系。本书在对失地农民城市融入范畴的讨论中,在恩泽格尔"四维度"模型和杜斯特曼三个融入维度的基础上,结合中国的社会和文化现实,选择经济、社会、政治和文化四个层面作为失地农民城市融入的分析维度。

(三)城市融入的制约因素

在城市融入的制约因素方面,不同学者从不同的视角进行讨论,取

---

① 张文宏、雷开春:《城市新移民社会融合的结构、现状与影响因素分析》,《社会学研究》2008年第5期。
② 朱力:《论农民工阶层的城市适应》,《江海学刊》2002年第6期。
③ 杨菊华:《从隔离、选择融入融合:流动人口社会融入问题的理论思考》,《人口研究》2009年第1期。
④ 胡书芝:《从农民到市民:乡城移民家庭的城市融入之路》,社会科学文献出版社,2014,第157页。

得了较为丰硕的成果。这些研究成果对农民城市融入制约因素的分析是多维度的,概括起来,可以从三个方面予以总结,分别是资本要素欠缺、社会的排斥和制度的障碍。

1. 资本要素欠缺

在移民社会融入的影响因素中,一些实证研究证明了社会资本是影响移民融入的重要因素,包括拥有的社会关系网和社会资源等。由于移民进入一个新的空间,原有的社会资本丧失或弱化,需要借助新的社会资本为其提供物质和精神层面的支持以适应迁入地的生活,因此若不能在迁入地获得相应的社会资本则会影响其融入进程。西方学者的实证研究发现,社会资本是社会同化过程中的关键要素[1],移民的社会资本越多,越有助于他们的社会融入。一些学者通过对移民的政治融入过程的研究也发现,社会资本是个体政治生活频率和政治信任程度的重要影响因素,某一族群关系网络的密度越高,其政治信任度越高,则政治融入程度也就越高。[2] 通过对华裔移民的研究,郑一省指出社会关系形成的社会资本是华裔移民在迁入地社会所擅长运用的生存与发展策略。[3] 社会资本对移民后代的社会适应也很关键,在某种程度上比人力资本对移民的影响更大。[4] 也有学者发现,移民原有的社会资本虽然能够提供某些情感与工具性支持,但也对未来的社会融入产生不利影响。个体嵌入社会网络的程度越深,其受到该网络的约束和限制也就越深,就很难从

---

[1] Nagasawa, R., Qian, Z., Wong, P., Theory of Segmented Assimilation and the Adoption of Marijuana Use and Delinquent Behavior by AsianPacific Youth. *Sociological Quarterly*, 2001, 42 (3): 22.

[2] Jacobs, D., Tillie, J., Introduction: Social Capital and Political Integration of Migrants. *Journal of Ethnic and Migration Studies*, 2004, 30 (3): 419 – 427.

[3] 郑一省:《多重网络的渗透与扩张——外华侨华人与闽粤侨乡互动关系研究》,世界知识出版社,2006,第29页。

[4] Zhou, M., Bankston, C. L., Social Capital and the Adaptation of the Second Generation: The Case of Vietnamese Youth in New Orleans. *International migration review*, 1994, 28 (4): 821 – 845.

社会关系网络之外获取更优质的资源。① 因此，应该客观地看待社会资本对移民城市融入的影响。

另一些学者从人力资本视角分析其对移民城市融入的影响，强调移民需要具备与迁入地相匹配的受教育水平、劳动技能、工作经验、价值理念、语言技能等人力资本才能顺利地融入迁入地社会。研究者的研究发现，一些移民之所以被排斥在现代化的劳动力市场和产业体系之外，主要由于其未能拥有与产业结构相适应的人力资本。② 在这些人力资本因素中，教育对移民的社会融入具有显著影响③，对当地语言的良好掌握可以帮助移民更好地融入④。除此之外，移民原价值观念与意识形态等方面也在某种程度上束缚或抑制了个体或群体的社会融合，使其被孤立和排斥。⑤ 综合看来，移民的人力资本因素首先影响到的是移民的经济融入，进而会进一步影响到他们的社会、政治和文化融入。

还有部分学者探讨了物质资本对移民融入的影响。如黄建伟、喻洁的研究指出，失地农民的城市化过程中，关键自然资本的丧失会影响到他们的城市适应性。⑥ 因为农民的生产生活是高度依赖土地资源的，当这样的资源丧失之后，他们会在短时间内无所适从。事实上，到底哪种因素对失地农民的城市融入最为关键，由于不同学者的研究视角和研究方法不同，难以得出统一的结论，笔者在本次研究的过程中，充分将这些因素考虑在内。而综观国内外众多学者对移民融入的各类资本影响因

---

① 梁波、王海英：《国外移民社会融入研究综述》，《甘肃行政学院学报》2010年第2期。
② Junger-Tas, J., Ethnic Minorities, Social Integration and Crime. *European Journal on Criminal Policy and Research*, 2001, 9 (1): 5–29.
③ Karst, K. L., Paths to Belonging: The Constitution and Cultural Identity. *NCL Rev.*, 1985, 64: 303.
④ Burnaby, B., Language for Native, Ethnic, or Recent Immigrant Groups: What's the Difference? *TESL Canada Journal*, 1987: 9–27.
⑤ Junger-Tas, J., Ethnic Minorities, Social Integration and Crime. *European Journal on Criminal Policy and Research*, 2001, 9 (1): 5–29.
⑥ 黄建伟、喻洁：《失地农民关键自然资本的丧失、补偿及其对收入的影响研究》，《探索》2010年第4期。

素的研究，大多数学者侧重于从资本要素的某个方面或某几个方面进行专门的分析和探讨，也有少部分学者全面分析了各资本要素的多元影响，如冀县卿、钱忠好通过实证研究发现，人力资本不足、物质资本缺乏、社会资本薄弱是失地农民城市适应性较差的主要原因。[①] 本研究试图从综合的视角以更加多元化的维度来分析各种资本因素对失地农民城市融入的影响。

2. 社会的排斥

法国学者维莱·勒内（Ren Lenior）在1974年提出了社会排斥概念，用以指那些没有被社会保障系统覆盖而陷入贫困境地的人群。[②] 欧盟在这个概念的基础上对社会排斥进行了定义，指一些个体因为贫困，或缺乏基本能力和终身学习机会，或者因为歧视而无法完全参与社会，处于社会边缘的过程。这个过程使得这些个体很少获得工作、收入、教育和培训的机会，无法参与社会和共同体网络以及活动。[③] 吉登斯等认为社会排斥指的是有可能阻隔个体全面参与广泛社会的那些方式，社会排斥并不单纯是人们被排斥造成的结果，也可能是人们自我排斥主流社会的某些方面所造成的。[④] 社会排斥并非以分层的方式将社会群体划分为不同的等级，而是出于维护自身利益的考虑，特定的利益集团和利益群体将其他利益群体排斥在一定社会阶层之外。而这种排斥具有连带效应，从经济延伸到政治、文化、教育等多个领域，并且具有自我稳固、自我维护的机制，只有通过外部干预才能彻底打破。社会排斥这个概念被政府部门和学者广泛应用，且外延也在不断扩大，用于解释社会弱势群体难以融入主流社会的原因。

---

① 冀县卿、钱忠好：《失地农民城市适应性影响因素分析：基于江苏省的调查数据》，《中国农村经济》2011年第11期。
② Ryan, K., *Social Exclusion and the Politics of Order*. Manchester, England：Manchester University Press, 2007：21 – 25.
③ 丁开杰：《西方社会排斥理论：四个基本问题》，《国外理论动态》2009年第10期。
④ 〔英〕安东尼·吉登斯、〔英〕菲利普·萨顿：《社会学》（第七版），赵旭东等译，北京大学出版社，2016，第525页。

有很多学者运用社会排斥理论来对移民的融入进行讨论。移民群体进入移入地社会，或多或少会受到本地居民不同方式的排斥，阻碍了其正常的融入。Portes指出，移入地的公共政策和社会成员对移民表现出敌意、冷漠或者是真诚的接受对融入的过程和结果有着重要的影响。[1]当地居民对移民的态度和政府的移民政策影响到移民的社会融入。[2] 文军指出老市民的"集体自私"导致他们对失地农民的普遍的心理排斥，这比制度障碍更严重。[3] 江立华等指出，城乡二元社会结构引发了城市市民在心理和行动上对农民工的排斥，极大地阻碍了他们融入城市社会的进程。[4] 失地农民虽然已经实现了身份的转变并定居于城市，但城乡二元结构的长期作用，使城市居民在面对失地农民时仍会自然形成心理上的优越感和排他情绪。大量失地农民进入城市之后，必然会挤占城市有限的资源，影响原市民的生活和发展，因此会受到城市原有居民的排斥，在就业、医疗、教育、文化等公共服务甚至政治等领域通常会遭遇一系列的歧视，这也是失地农民城市融入的障碍之一。由此可见，社会排斥包含经济、政治、文化等各个方面，且各要素之间相互作用、彼此强化。

3. 制度的障碍

移民在就业、住房、教育、社会保障福利等政策制度层面未能享有同等的待遇，遭到移入地政府的排斥，这成为移民社会融入的主要障碍之一，因此不公平的制度性因素实际上也构成了社会排斥。有学者通过

---

[1] Portes, A., Children of Immigrants: Segmented Assimilation and Its Determinants. In Portes, A. (ed.) *The Economic Sociology of Immigration*: Essays on Networks, Ethnicity and Entrepreneurship. New York: RussellSage Foundation, 1995.

[2] Zimmermann, K. F., Bauer, T. K., Lofstrom, M., Immigration Policy, Assimilation of Immigrants and Natives' Sentiments towards Immigrants: Evidence from 12 OECD-countries (No 187). *IZA Discussion Paper Series*.

[3] 文军：《"被城市化"及其问题——对城郊农民市民化的反思》，《华东师范大学学报》（哲学社会科学版）2012年第4期。

[4] 江立华、胡杰成：《社会排斥与农民工地位的边缘化》，《华中科技大学学报》（社会科学版）2006年第6期。

研究美国移民政策对移民融入的影响后指出,虽然美国政府不断促进移民及其家庭对社会的融入,但是严厉的移民管制政策仍不利于移民的社会融入。① 也有学者通过对加拿大的移民群体研究发现,虽然移民的平均受教育程度高于本地人,但众多制度性因素的作用,使其仍受到排斥,很难融入迁入地社会。② 综合来看,制度安排在相当大的程度上决定了移民的机会与组织行为的范围,也将对移民组织的发展过程与行动方向产生重大影响。制度与组织的机制相结合,形成了个体的机会结构与约束结构,共同影响着移民的社会融入。③ 由此可见,制度是考量移民社会融入的一个重要影响因素。

国内的一些学者从具体的正式制度,如土地制度、征地补偿安置制度、就业制度、社会保障制度等方面分析失地农民城市融入的制约因素,提出了制度归因理论。葛金田对我国土地制度存在的缺陷进行分析,指出缺乏土地的所有权、使用权和处置权是造成失地农民问题的制度性原因。④ 金丽馥指出,征地补偿标准的设定既偏离了市场经济规律,又没有考虑到土地的增值部分,也没有考虑到农民承包经营权的损失,引发了失地农民问题的产生。⑤ 李飞、钟涨宝指出,劳动力市场排斥是其不能顺利融入城市劳动力市场、适应城市的制度性因素。⑥ 廖晓军从理论和实践两个层面提出必须从改革农村土地制度、完善土地征用补偿机制、健全社会保障体系等方面入手,才能顺利解决失地农民问题。⑦ 另外有学者从非正式制度层面来探讨城市融入的影响因素,李一

---

① Fix, M., Zimmermann, W., Passel, J. S., The Integration of Immigrant Families in the United States (http://www.urban.org/publications/410227.html).
② Papillon, M., *Immigration, Diversity and Social Inclusion in Canada's Cities*. Ottawa: Canadian Policy Research Networks, 2002.
③ Penninx, R., Integration of Migrants: Economic, Social, Cultural and Political Dimensions. *The New Demographic Regime: Population Challenges and Policy Responses*, 2005, 5: 137 – 152.
④ 葛金田:《我国城市化进程中的失地农民问题》,《山东社会科学》2004 年第 8 期。
⑤ 金丽馥:《中国失地农民问题的制度分析》,高等教育出版社,2007,第 75~76 页。
⑥ 李飞、钟涨宝:《城市化进城中失地农民的社会适应研究》,《青年研究》2010 年第 2 期。
⑦ 廖晓军:《中国失地农民研究》,社会科学文献出版社,2005,第 1 页。

平指出，加快失地农民市民化，既要重视劳动就业制度、社会保障制度等正式制度的创新，又必须重视非正式制度建设，包括人们长期的社会交往中逐步形成的习惯习俗、伦理道德、文化传统、价值观念、意识形态等。① 王慧博则从制度性困境（政策、体制、劳动力市场）和非制度性困境（思想观念、社会关系、行为方式）两个方面来分析农民市民化的影响因素。②

综上所述，国内外学者相关研究成果十分丰富，涵盖了移民社会融入的各个领域，为本研究奠定了坚实的理论基础和认知框架。但是一方面国外移民的产生原因和背景与我国差异显著，有关移民理论虽然具有一定的借鉴价值，但尚无法用以直接解释和指导我国的移民问题；另一方面我国的移民研究多以城市为主导，基于乡-城二元对立的思维模式探讨以城市文化取代乡村文化，从而忽略了农民在城市融入中的能动作用以及乡村文化在现代城市社会的留存价值。众多研究过多关注失地农民的生存状况以及外在力量的干预，往往将失地农民作为一个被城市化的对象，很少从其主体性角度进行探讨，因此本书将失地农民作为行动主体，尝试构建一种新的城市融入理论框架。

三 参与的理论及实践阐释

笔者在前期的调研中发现，不同时期、不同地区以及不同类别的失地农民在城市迁移和城市融入阶段参与的程度和深度不同，他们的获得亦不同，于是笔者开始将研究焦点投向了失地农民的参与领域，期待寻求影响失地农民乡城转型的核心要素。结合大量的访谈案例，笔者发现失地农民的主体参与和其城市融入具有相互促进关系，因此本书以参与作为分析视角，试图剖析失地农民在由乡村走向城市的整个过程的参与

---

① 李一平：《加强非正式制度建设，推进城郊失地农民市民化进程》，《中共杭州市委党校学报》2005年第5期。
② 王慧博：《从农民到市民——城市化进程中失地农民市民化问题抽样调查研究》，上海社会科学院出版社，2015，第32页。

状况，以及由此获得的城市化和土地红利，以此论证参与和融入之间存在的逻辑关系，从而发现失地农民乡城转型的良性发展路径，期待为失地农民的乡城转型提供一种新的理论解释。为此，有必要对参与及失地农民参与的相关研究进行简要的文献梳理。

（一）参与的理论简述

参与包含的范畴较广，蔡定剑指出：所谓参与就是让人们有能力去影响和参加到那些影响他们生活的决策和行为中去；而对公共机构来说，参与就是所有民众的意见得到倾听和考虑，并最终在公开和透明的方式中达成决议。[①] 关于公民参与，有狭义和广义之分。狭义的公民参与多局限于政治领域的参与，指公民参与选举活动或公共决策等。在近现代民主政治体系中，公民参与的实质就是在国家级政府和地方政府层面，有选举资格的公民将好的政治家推选进入政府的过程，而政治家由公民选举获得了政治合法性，代表公民参政议政，决定公共政策的方向以及议程。[②] 贾西津认为，经典意义上的公民参与是指公民通过政治制度内的渠道，试图影响政府的活动，特别是与投票相关的一系列行为。[③] 蔡定剑则将参与从选举领域扩展到民主决策和管理，他指出公众参与是指公共权力在做出立法、制定公共政策、决定公共事务或进行公共治理时，由公共权力机构通过开放的途径从公众和利害相关的个人或组织获取信息，听取意见，并通过反馈互动对公共决策和治理行为产生影响的各种行为。[④] 狭义层面上的公民参与强调赋予公众充分的政治权力，削弱政府对权力的垄断，突出公众的主体地位，这亦是社会发展过程中实现政治权力分享的过程。广义的参与范畴较为宽泛，不仅包括公民在政治生活中的参与，而且包括经济、社会和文化等诸多领域的参

---

① 蔡定剑：《中国公众参与的问题与前景》，《民主与科学》2010年第5期。
② 孙柏瑛、杜英歌：《地方治理中的有序公民参与》，中国人民大学出版社，2013，第2页。
③ 贾西津：《中国公民参与——案例与模式》，社会科学文献出版社，2008，第3～4页。
④ 蔡定剑：《公众参与及其在中国的发展》，《人民之友》2010年第3期。

与。孙柏瑛等指出,人们参与一定范围内的投票,或者在一定的地理空间内,讨论在公共领域中发生的参与者共同面对或共同感兴趣的问题,都可视为公民参与。① 后期许多学者对参与研究的范域不断拓展,关注重点转向了公民在公共服务和社会治理中的参与,这亦成为近年来参与研究的热点问题。本书对参与的研究基于广义的范畴尝试进行多领域多角度的探究。

对于参与的重要意义,众多学者从参与主体的价值层面分析参与的作用,一些学者研究参与活动对参与者心理产生的影响,如约翰·斯图亚特·密尔(John Stuart Mill)认为,参与活动将培养人们一种"积极的"性格。② 卢梭(Jean-Jacques Rousseau)揭示了参与的三个功能:一是能够提高个人自由价值,使个人成为(或保持成为)自己的主人;二是使得集体决策更容易为个人所接受;三是整合性功能,即它提升了单个公民的"属于"他们自己的社会归属感。③ 卡洛尔·艾伯登(Carol Ebdon)认为,公民参与被认为是降低公民对于政府不信任程度以及教育公民了解政府活动的一种方式。④ 类似的,托马斯(John Clayton Thomas)则看到公共参与的潜在好处是提高了公民对公共管理和政府改革的理解和认知程度。⑤ 而巴巴拉·卡罗尔(Barbara Carroll)则详细地分析了公民参与对于公共利益的体现和地方治理绩效的积极意义:一是能够提高政治系统的代表性和回应能力;二是能够增进政府与公民之间的相互了解和信任,减少两者间的疏离感;三是可以增进政治团结和社区整合,通过合作网络实现地方公共事务的共同治理;四是可以促进政府政策制定和执行的合法化,并使公民更加服从公共政策;五是能够

---

① 孙柏瑛、杜英歌:《地方治理中的有序公民参与》,中国人民大学出版社,2013,第7页。
② 〔美〕卡罗尔·佩特曼:《参与和民主理论》,陈尧译,上海人民出版社,2012,第44页。
③ 〔美〕卡罗尔·佩特曼:《参与和民主理论》,陈尧译,上海人民出版社,2012,第25~26页。
④ 李明:《美国地方政府预算参与:理论与实践》,《金陵科技学院学报》2007年第3期。
⑤ 〔美〕约翰·克莱顿·托马斯:《公共决策中的公民参与》,孙柏瑛等译,中国人民大学出版社,2014,第8页。

发展公民个人的公共参与思想和增强行动力量,体验公共生活的价值,引导和促进公民的政治参与文化发展。① 中国学者俞可平认为,公民参与是实现善治的必要条件,日益受到重视的参与式治理是实现善治的重要方式。② 由此可见,参与的意义十分重大,不仅能够对公众进行教育并且使其获得更多的权利,而且能够促进公众对政府的了解和信任以此和政府建立良好关系,从而有利于加强社会治理,提高政治的合法性,实现政治稳定和社会的整合。

参与具有发展性,是一个由低级到高级逐步走向成熟的过程。美国学者谢尔·阿恩斯坦(Arnstein S. R.)根据政治体制演进和公民参与自主性的关系提出了"公民参与阶梯论"(ladder of citizen participation),见表1-2③。

表1-2 谢尔·阿恩斯坦"公民参与阶梯论"

参与发展阶段	政治体制发展状况	参与形式	参与特征	参与程度
非实质性参与	政治民主化程度低	政府操纵宣传教育	政府是参与的发起者 公民被动参与	低度
象征性参与形式	政治民主化发展	给予信息 政策咨询 安抚	政府过程的权力开始分享 公民参与组织化制度化	中度
完全型公民参与形式	政府授权公民	合作伙伴关系 授予权力和公民自主控制	公民享有合法的实体性权力与程序权力	高度

第一阶段即阶梯的底部,是"不参与"水平,包括"操纵"和"治疗"两个级别,当权者的真正目的不是让人们参与计划或执行项目,而是使当权者能够"教育"或"治愈"参与者。第二阶段属于象征性参与,包括"告知""协商""安抚"三个等级,使穷人能够听到

---

① 孙柏瑛、杜英歌:《地方治理中的有序公民参与》,中国人民大学出版社,2013,第24页。
② 俞可平:《走向善治》,中国文史出版社,2016,第84页。
③ 余敏江:《共享发展与共享型政府构建》,《毛泽东研究》2018年第4期。

和有发言权,在"告知""协商"层面,当他们被权力拥有者作为参与的全部范围提供时,公民确实可以听到和被听到,但在这种情况下,他们没有能力确保自己的观点得到当权者的重视,当参与被限制在这些水平时,就没有后续行动,因此就没有改变现状的保证。即使在"安抚"层面,也仅仅是一种更高层次的象征主义,因为基本规则允许穷人提出建议,但保留权力拥有者继续做出决定的权利。第三阶段即阶梯的顶端属于公民权利阶段,包括"合作""授予权力""自主控制"。随着决策影响力程度的提高,公民权利水平进一步上升,公民可以建立一种伙伴关系,使他们能够与传统的权力拥有者进行谈判和权衡。在"授予权力""自主控制"水平,公民获得大多数的决策席位,或完全的管理权力。[1] 后期许多学者对阿恩斯坦的参与阶梯理论进行了调整和发展,例如雅克·谢瓦利埃根据法国的实际状况将公民参与划分为三个阶段或类型:知情、咨询和协商参与(共同决定)。[2] 中国的一些学者也在参与阶梯理论的基础上提出了自己的划分,如孙柏瑛则将参与分为三个层次:政府主导型参与,包括操纵和训导;象征型参与,包括告知、征询、纳谏和伙伴关系;完全型参与,包括委托授权和公民控制。[3] 由此可见,虽然不同学者关注点不同,但其共同之处在于均认识到参与是一个由浅至深的渐进式发展过程。随着政治体制的日渐成熟与完善,公民的参与程度也在不断地深化,最具亲和型的参与形式即是公民与政府等主体建立合作型的伙伴关系,获得合法的实体性与程序权力,以平等的地位完全地参与到经济社会发展中来。因此,基于以上学者的观点和理论,本书尝试将合作型参与作为参与的最高形态以及失地农民乡城转型的演变趋向展开系统分析。

---

[1] Arnstein, S. R., A Ladder of Citizen Participation. *Journal of the American Institute of planners*, 1969, 35 (4): 216 – 224.
[2] 蔡定剑:《公众参与:欧洲的制度和经验》,法律出版社,2009,第17~19页。
[3] 孙柏瑛:《公民参与形式的类型及其适用性分析》,《中国人民大学学报》2005年第5期。

(二) 失地农民的参与范畴

当代公民参与领域极为广泛，涉及立法、司法、环境保护、城市规划、城市管理、公共服务、公共卫生、社区治理、公共预算、绩效评估等[①]，公民的参与热情也日益高涨，学术界对此展开了大量的研究，但是对于移民的总体性参与研究相对较少。国内一些学者对失地农民的参与研究重点在征地阶段，如陈利根对征地过程中集体和农民的完整参与权进行了清晰的界定，包括知情权、得到告知或通知的权利、在场的权利、表达意见的权利、自主自愿的权利和要求听证的权利[②]，该界定使失地农民在征地中的参与权具体化。冯晓平主张应使被征地农民具有参与权、知情权和监督权，并能够在被征地前就能充分参与决策。[③] 周国在对参与进行充分讨论后，提出了应建构一种参与式的征地制度，即以博弈均衡为指导，充分融入公众参与，有效提高农民参与能力的一种征地制度改革机制。[④] 周爱民通过对一个"共议式"拆迁案例的解析，提出了化解征地拆迁矛盾的根本在于构建一种"多元参与"的社会认同机制。[⑤] 与此类似，陈雅也提出在征地政策制定中，改变传统体制下单一的"自上而下"政策参与控制，构建起多元主体协同参与的公共政策制定模式是推进有序政策参与的解决之策。[⑥] 从以上各位学者的观点来看，他们均认识到参与对失地农民权益维护的重要意义，主张赋予其在征地过程中充分的参与权，并建立完善的参与保障机制，这些学者从不同的侧面对农民社会参与的分析为本书提供了研究思路和理论基础。

[①] 杨成虎：《政策过程中的公民参与》，天津人民出版社，2015，第17页。
[②] 陈利根：《论征地过程中集体和农民的参与》，《中国土地》2006年第2期。
[③] 冯晓平：《城市化进程中失地农民风险与分化研究》，中国社会科学出版社，2017，第48页。
[④] 周国：《博弈失衡与公众参与——我国征地制度的政治学分析》，南京农业大学硕士学位论文，2010。
[⑤] 周爱民：《征地拆迁中矛盾化解的社会认同机制建构》，《中共中央党校学报》2017年第3期。
[⑥] 陈雅：《农村基层征地政策制定中的社会公众参与研究》，华东政法大学硕士学位论文，2016。

征地引发的矛盾和冲突较多，现有研究主要聚焦于征地过程的参与，对失地农民这一特定群体进入城市后的参与研究甚少，因此本书将参与的外延扩大，不仅局限于失地农民在征迁安置阶段的参与，而且拓展到失地农民进入城市后在城市融入阶段的参与，如此才能够梳理出该类群体由农民向市民转型的一个完整的行动变迁过程。失地农民在城市迁移过程的参与主要表现在对土地征收目的、征收数量、补偿价格、安置方式和安置房建设等方面获知信息、表达意见、参与博弈、实施监督、发挥自身的主体作用；在城市融入过程中主要表现为在经济、社会、政治、文化等各个领域作为能动的主体主动参与，嵌入城市的建设和发展进程中。参与是一个行动过程，通过这一过程失地农民可以获取相关信息并影响政策的制定与执行，从而保障自身权利得以实现，只有实质性的而非形式化的参与才能够使失地农民真正获得平等的权利。参与的方式包括直接参与和间接参与两种，直接参与是指失地农民作为利益主体直接参与到相关活动和事件中，而间接参与是由失地农民选出的代表参与相关过程。

第三节　理论与方法

本研究致力于在中国城镇化进程中分析失地农民的乡城转型问题，为推进研究过程的科学性、客观性和深入性，笔者在集中研读已有研究成果的基础上，对城市化和移民的理论有了扎实的把握，同时根据已有研究采用的方法和本研究的需要及客观情况，设计了科学的研究方法。本节内容将主要围绕本研究所使用的理论和应用的方法展开。

一　理论梳理

有关移民的理论十分丰富，有推－拉理论、同化论和并存论、空间隔离理论、结构二重性理论、边缘化理论等相关理论，各种理论能够从

不同的视角对失地农民的乡城转型过程进行解释。

最早关于移民的理论是英国莱文斯坦（E. G. Ravenstein）等人提出的"推-拉"理论，该理论认为，移民的流动与迁移并非无序和盲目的，而是迁出地不利因素所导致的"推"力（如不利于其生存发展的战争、动乱、天灾、生态环境恶化等种种排斥力）和迁入地各种有利条件所形成的吸引力共同作用的结果。① 该理论对解释我国农民工自发的迁移有较强的说服力，但是对于因政策引发的被动城市化群体即失地农民的迁移解释存在局限，在主观层面，"推-拉"理论可以解释失地农民的迁移动力，失地农民受到推力和拉力的作用在主观上渴望迈向城市，但是从客观现实层面来看，决定他们最终能否迁入城市的并非城市的吸引力，而完全是由制度或政策造就的。

运用传统-现代的思路来解释人口迁移有两种著名理论：同化论和并存论。同化（assimilation）是一个有争议的观点，自20世纪60年代以来，它一直被视为一种以民族为中心和施恩于少数民族的强加。同化理论由美国芝加哥学派提出，该理论认为随着时间的推移，来自传统文化的人必将"与过去决裂"，失去"特殊群体感"，被完全地融入现代文化中。② 沃斯和瑞得菲尔德相关的研究被称为Wirth-Redfield模式，该理论认为从农村到城市的迁移是一个原有人际关系解组、移民不断个体化、最后失去自己原有文化特征和社会关系的过程。③ 同化理论强调移民对迁入地主流社会的单向度和被动的适应，在对"乡-城"移民解释中占据了重要的地位，众多学者也把传统与现代对立起来，把用现代取代传统作为城市融入的方向，忽视了城市融入过程中乡村文化的能动性和价值，忽视了乡村传统文化与城市现代文化并存或融合的可能，从而也遭到很多学者的质疑和批评。旧的同化准则的一个致命缺陷是，它

---

① 李明欢：《欧洲华侨华人史》，中国华侨出版社，2002，第3~4页。
② Sauvy, A., *General Theory of Population*. New York: Basic Books, 1969.
③ Kearney, M., From the Invisible Hand to Visible Feet: Anthropological Studies of Migration and Development. *Annual review of anthropology*, 1986, 15 (1): 331 - 361.

第一章 导论

不允许少数民族或种族群体发挥积极作用。后期新芝加哥学派 Alba 和 Nee 在《重构美国主流社会：同化与当代移民》一书中对同化赋予了新的内涵，他们将同化定义为种族差异及其必然的文化和社会差异的消失。他们亦指出同化的过程是不同层面多个因素共同作用的产物，历史上和今天的移民在成为美国人的过程中也深刻地改变了他们的主流社会和文化，以往关于同化的概念的片面之处在于忽视了少数族群文化的价值和可持续性。① 这一论述强调了移民与主流社会的相互作用，因而使同化与融合的内涵开始接近。犹太裔学者 Kallen 等在对同化论进行批判的基础上，提出了另一种理论：并存论或多元论，该理论认为各种文化之间可以相互作用。Kallen 指出不同种族或社会集团享有保持"差别"的权利精神，基于对移民社区、移民网络的研究，人口迁移也可以是"无现代化的迁移"，传统社会要素和现代要素也可以共存。② 多元论强调移民的融入是一个差异化、多元化的过程。少数族群在适应新的社会与文化环境的过程中，其原有的族群文化特征并不必然会消失，而更多的是在迁入地重建自己的文化传统、关系网络。③ 并存论或多元论可用于解释"城中村"居民的生存状况，但是在解释失地农民的乡城转型方面具有一定的局限性。同化理论经过不断的发展和完善对于目前失地农民的乡城转型具有一定的解释力。虽然处于强者地位的城市文化会对外来的相对弱势的乡村文化进行同化、虽然乡村文化也可能会在特定范域与城市文化并存，但随着时间的推移，最终的结果是实现两种文化的彼此渗透，融为一体。

结构二重性理论是英国社会学家安东尼·吉登斯（Anthony Giddens）在1989年提出的，指的是：结构既作为自身反复不断地组织起

---

① Alba, R., Nee, V., *Remaking the American Mainstream: Assimilation and Contemporary Immigration*. Harvard University Press, 2009: 1-11.
② 姚华松、许学强：《西方人口迁移研究进展》，《世界地理研究》2008年第3期。
③ 胡书芝：《从农民到市民：乡城移民家庭的城市融入之路》，社会科学文献出版社，2014，第26页。

来的行为的中介，又是这种行为的结果；社会系统的结构性特征并不外在于行动，而是反复不断地卷入行动的生产与再生产。[①]该理论对解释失地农民的乡城转型具有重要意义，突出群体的主体能动性。失地农民在进入城市这个新的社会结构体系之后，其行动必然受到该结构的制约和束缚，从而容易带来自身定位的困惑；与此同时，失地农民并非完全被动顺从，他们依赖于该结构但也在有意识或无意识地通过自身的活动影响并改变着当前的社会结构，从而产生了适于自身生存的结构体系。

边缘化理论是从现代化理论衍生出来的，由拉美学者首创，认为传统社会向现代社会转型的过程中，社会生活诸多方面并不完全步调一致，不同社会群体节奏的相互脱节就会导致一部分群体被甩在整个社会群体或者主流社会群体的后面，成为边缘化的群体。这类群体处于社会转型过程中，既难以被主流社会完全接纳，又难以跟上现代社会的步伐，更无法回到原先的传统社会中去，由此陷入了两难的窘境。边缘化理论可以用于解释不同失地农民群体在乡城转型过程中存在的差异化发展路径，大多数失地农民在经济和社会生活中被边缘化，在城市社会的阶层结构体系中位于中下层。失地农民受到内外因素的双重影响，很难在短时间内适应城市生活，但由于土地的彻底失去，也无法退回到以土地为保障的传统生产和生活中去。失地农民失去土地便不再是农民的身份，无法享受国家对农村、农民所提供的政策红利，同时受制于城乡二元结构也难以在短期内完全转化为市民、平等享受城市对市民的保障，尴尬的境地极易使他们成为城市的边缘群体。

二 研究方法

选择适当的研究方法是研究的关键步骤，笔者在研究方法运用方面综合考虑了研究的需要和调查的便利，通过实地研究深入调查对象的真

[①] 杨善华、谢立中：《西方社会学理论》（下卷），北京大学出版社，2009，第94页。

实生活场景中展开调查。正如风笑天所述:"研究者正是通过到现场、到实地,通过在自然的情境中开展研究,才得以'耳闻目睹',才可以'设身处地',也才可以'感同身受''将心比心''移情理解'。"① 笔者通过在真实情景中与各类调查对象广泛互动以及参与观察,得以身临其境地感受和体验这一场宏大的乡城转型过程,从而能够在大量碎片化的原始资料中发掘出众多事件的运行规律和发展逻辑。

(一)研究案例

本研究基于笔者对H市历史背景、价值体系和社会结构等方面的综合了解,选择H市作为调查案例,对20世纪90年代以来该市征地拆迁情况和回迁安置社区失地农民的生存状况进行了深入的剖析。H市位于我国中部地区,属于省会城市,下辖4个区、4个县、1个县级市,另有4个开发区,面积为11445.1平方千米,截至2018年底常住人口为808.7万人,常住人口城镇化率为74.97%,城镇常住居民人均可支配收入为41484元,农村常住居民人均可支配收入为20389元,城乡居民收入差距为2.03倍。2018年GDP为7822.91亿元,人均GDP为97470元,在全国各省会城市中居于中等水平。② H市发展不平衡问题较为突出,地区差距较大,例如笔者调查的E县属于全国百强县,经济较为发达,2018年地区生产总值为703.08亿元,按户籍人口计算,人均GDP高达84585元,而另一调查点D县同年地区生产总值为317.7亿元,人均GDP仅有26285元③,由此可见,两地经济发展水平差距显著。H市对土地财政的依赖度较高,近年来各个地区城区面积不断扩大,土地征收规模亦较大,由此产生了大量的失地农民。另据《A省城镇体系规划(2012~2030)》可知,H市所在的A省未来城镇化仍将处于快速发展阶段,从2016年至2030年,将有10万个自然村消失(见

---

① 风笑天:《社会研究方法》,中国人民大学出版社,2013,第315页。
② 数据来自H市2018年《国民经济和社会发展统计公报》。
③ 数据来自该县2018年《国民经济和社会发展统计公报》。

表1-3），自然村的消失除了撤销和兼并外，还有征地拆迁的因素，这也意味着未来作为省会城市的H市10年内土地征收的规模仍呈现上升态势，失地农民数量还会持续增长。

表1-3　A省城镇发展规划

年份	常住人口城镇化率（%）	乡村常住人口规模（万人）	中心村数量（万个）	自然村数量（万个）
2016	53	3040	1.5	17
2020	58	2800	1.3	12
2030	70	2200	1.0	7

资料来源：《A省城镇体系规划（2012~2030年）》。

在很多人的想象中，征地拆迁会一夜暴富，为失地农民带来巨大的财富和收益，使失地农民可以过上富足的城市生活。但是与许多发达地区的征迁不同，H市集体土地的征收和房屋拆迁并不如人们想象中的那般美好，从20世纪90年代到今天，征迁安置政策不断调整也只是使失地农民的生存得到保障，获得了越来越多的土地红利，但暴富的较鲜见。20世纪90年代初期，H市农村集体土地征收和房屋拆迁，基本上是没有住房予以置换的，失地农民获得的现金补偿也极其低下，他们遭受的剥夺非常严重。后期政策进行调整，集体土地上房屋拆迁补偿按1∶1还原，对于家庭原住房面积较大者，可获得多套住房，通过出租或出售取得了不错的收入，这个阶段部分人群收益较多。2005年前后，H市征迁政策又进一步调整，各地住房安置陆续采取了按照家庭人均固定面积予以置换的方式，不同地区具体标准不同，操作差异较大，通常30~50平方米/人，H市城区标准多以人均45平方米为主，县市稍低，虽然失地农民拥有了非常可观的固定资产，但这一资产大多也仅限于满足其家庭居住，并未给其带来过多的额外收入。另外，在H市的多数地区，失地农民得到的耕地补偿也只有少量的安置费、青苗和地上附作物补偿费，失地农民生活水平在征迁后并没有得到大幅度提升，城市融入还存在诸多问题。

在村庄消解的背后有许多值得我们去深入探究的理论和实践问题,本书试图通过对 H 市失地农民的深入研究,以此反映出该类地区失地农民的整体状况及变迁逻辑。因为 H 市失地农民绝大多数选择回迁小区集中安置,所以笔者将回迁安置社区的失地农民作为本次调查对象并予以研究。本研究之所以选择 H 市作为研究案例,而非对某一个社区进行个案研究,主要在于笔者期望对失地农民的参与动因进行系统和全面的论证,若仅对某个回迁社区进行研究,虽然可以更为深入和彻底地把握该类社区失地农民的变迁图景,但是无法对失地农民分化的缘由进行全方位的阐释。也即同一个社区的研究只能看到失地农民分化的内在主体因素,看不到外在的社会结构性因素的作用,只有通过对不同区域失地农民的对比分析,才能发现作用于失地农民的内外力量的差异,也才能找到影响失地农民参与以及城市融入的多重因素,从而使研究更具客观性和系统性。

(二) 具体研究方法

近年来,随着混合研究方法的兴起,采用定量与定性研究相结合的方式已经成为学术界的一种潮流。[①] 本研究无意"跟风",但是,鉴于我们所生活的社会是多面的、多层次的、多视角的[②],本研究在以定性研究为主要研究方法的同时,也会兼顾到一些定量数据的收集和使用,以使我们能够从更为宏观的层面来把握失地农民的相关情况。就本研究所使用的定性研究方法而言,主要采用深度访谈、集体访谈和参与观察等具体方法。

1. 深度访谈

人与人之间的日常交流是通过对话来实现的,访谈归根结底是一种

[①] 朱迪:《混合研究方法的方法论、研究策略及应用——以消费模式研究为例》,《社会学研究》2012 年第 4 期。

[②] Pawson, R., Method Mix, Yechnical Hex, Theory Fix. *Advances in Mixed Methods Research*, 2008: 120 – 137.

对话,但是访谈又与日常的对话不同。人们的日常对话可以随心所欲,甚至漫无边际地"闲聊",但访谈必须围绕一个中心展开,而且考虑到访谈对象所身处的社会情境,我们要能够从访谈中深入了解到访谈对象的处境进而能够深挖一手资料,为此必须开展深度访谈。本研究针对乡城转型的复杂性和独特性,结合定性观察和社会融入的解释框架,采用半结构的深度个案访谈的方法进行探索性研究。个案研究既可以对已有的理论进行重新验证,也可以通过个案分析产生新的理论,还能够在证明已有理论的过程中产生新的理论。而深度访谈通过深入细致的对话,可以获得丰富生动的定性资料,并通过研究者主观地、洞察性地分析,从中归纳和概括出某种结论。另外由于其灵活性强,过程更加深入、细致,可以获得更为充分的研究资料。

深度访谈的显著特点是,研究者需要事先准备好部分所要询问的问题(半结构的),并深入社会现象、社会事实内部进行深度挖掘。[①] 因此,在开展访谈之前,笔者为深度访谈做了充分的准备,包括准备访谈提纲、联系访谈对象、预约访谈时间和地点等。访谈提纲借鉴了国内外学者对失地农民的生存状况、社会参与、社会融入等相关研究成果,再结合 H 市的文化背景以及研究的主题进行设计。本次访谈通过与被访者的充分交流建立良好的信任关系,鼓励作为失地农民的被访者将自己的身份转变过程叙述出来,鼓励征迁政策的制定者或执行者将自己的所见、所闻、所思表达出来,通过这种故事的再现,我们能够对这场从"农民"到"市民"的变迁过程予以详细的描绘。本研究采用了半结构式访谈,这样一方面可以获得研究者需要的资料,另一方面也可以使被访者主动讲出一些访谈提纲中没有提及的信息,从而使访谈资料更充实。本研究的访谈对象分为两类人群:一是直接参与征地拆迁安置等政策制定或执行过程的地方干部和回迁安置社区的管理者;二是失地农民

[①] 杨善华、孙飞宇:《作为意义探究的深度访谈》,《社会学研究》2005 年第 5 期。

群体。在访谈对象的选择方面既考虑到地域的差异，也考虑到人群的差异，从而可实现调研结果的全面性和真实性。对征迁安置执行者和城市管理者等群体的访谈侧重于他们对这一乡城转型过程的实际认知、价值倾向及问题建议等方面展开。对失地农民的访谈侧重于其实际经历和参与情况以及其对自身地位的感知、对新生活的适应等方面展开。本研究在选择个案时兼顾了信息的可获得性以及访谈对象的代表性，访谈对象的获得主要通过"滚雪球"的方式进行。同时，深度访谈和参与式观察相结合，二者相得益彰，能够更加有效地促进研究的进行。

2. 集体访谈

集体访谈，或曰焦点团体访谈或称座谈会，是社会科学研究中经常会使用到的一种研究方法。集体访谈，顾名思义就是将访谈者集中起来进行访谈，被集中起来的访谈者是访谈的焦点，也就组成了"焦点团体"。与一对一的深度访谈相比，焦点团体本身就是一个"团体"，它的目的是倾听和收集信息。相对于个案访谈会带有一定的紧张氛围，焦点团体的氛围是相对宽松的，它鼓励团体成员积极地发表自己的见解、讲述自己的故事。也就是说，"焦点团体研究是在一个可接受的、没有威胁的环境下，为了获得对一个特定的领域或关心的问题的理解而详细设计的一组讨论"。[①] 与一对一的个案访谈不同的是，焦点团体中被访者之间的互动能够激发被访者更好地阐述自己的观点，从而使访谈能够获取更为充实的资料。考虑到本研究的主题，笔者设计了使用集体访谈的方式，在进入各个调查点深入调查之前，先通过召开由相关各级干部和失地农民代表参与的座谈会，对总体情况进行初步了解，亦能够获得更为广泛和全面的信息，为后期进一步更深层次的调查提供基础。

3. 参与观察

参与观察是研究者深入所研究对象的生活背景中，在实际参与研究

---

① 〔美〕理杰德·A. 克鲁杰、〔美〕玛丽·安妮·凯西：《焦点团体：应用研究实践指南》，林小英译，重庆大学出版社，2007，第 3 页。

对象日常社会生活的过程中所进行的观察。① 参与观察是研究者亲自去体验研究对象的生活，这样可以避免"先入之见"，有助于获得社会现象的真实图景。社会学家利用参与观察法进行研究已经取得了一些重要的研究成果，如怀特对街角社会的研究②、折晓叶对万丰村的研究③、周大鸣对南景村的研究④等。在对"历时性"的过程研究方面，一个时点上的共时性问卷调查显然有很大的局限性。尽管利用问卷调查数据进行生命历程的研究已经取得很大的突破，但数据反映"过程"还是欠缺"丰满"和"质感"。因此，把过程作为研究对象，比较适用的社会学研究方法可能就是参与观察法。⑤ 在参与观察过程，笔者深入实地、参与到被观察者的实际生活中，在与被研究者共同生活中观察他们，直接地、真切地感受被研究者的思想感情、行为动机和生活状况，从而能够使笔者从"主位"视角对他们进行理解和解释。

（三）研究过程

在具体的研究过程中，依据系统的文献阅读凝练研究问题，通过查阅大量的文献资料和国家及地方有关土地征收拆迁的政策法规，并对这些资料数据进行比较、总结、提炼，从而为本研究的开展提供了理论依据。同时本研究选取了 H 市 5 个市县（区）48 位访谈对象，其中地方干部 28 位，失地农民 20 位，通过对各类访谈对象进行深入而广泛的调查，获取了关于征地缘由、征地拆迁补偿安置、各主体参与状况、征地前后失地农民生活职业观念行为变化等众多原始资料，为本研究提供现实依据。笔者在 2016～2017 年分赴 H 市 5 个市县（区）展开集中调查，2018～2019 年在本书撰写期间又做了部分补充调查，在调查点选取上

---

① 风笑天：《社会研究方法》，中国人民大学出版社，2013，第 267 页。
② 〔美〕威廉·怀特：《街角社会：一个意大利贫民区的社会结构》，黄育馥译，商务印书馆，1994。
③ 折晓叶：《村庄的再造：一个"超级村庄"的社会变迁》，中国社会科学出版社，1997。
④ 周大鸣：《论都市边缘农村社区的都市化》，《社会学研究》1993 年第 5 期。
⑤ 李培林：《村落的终结——羊城村的故事》，商务印书馆，2004，第 45 页。

为便于比较，综合 H 市各地的经济发展、区域特性和土地征迁等方面情况分别选择了一个经济开发区（A）、一个滨湖新城区（B）、一个县级市（C）、一个经济排名末位县（D）和一个全国百强县（E）。在调查对象的选择方面，对于干部群体来说，考虑到不同群体认知范围的差异，综合选取了市相关部门的负责人、街道或乡镇的干部、社区工作人员等，从而可以全面获取征迁安置和社区管理等信息。对于失地农民群体来说，为了探究不同类型失地农民在心理和行为方面的差异，尽量选择了不同职业、年龄、性别、收入水平等调查对象，以此更能准确地把握失地农民这一群体真实的参与和城市融入状态。访谈对象的详细信息见文末附录二。

此外，为充分把握调查情况，推进实地调查的顺利开展，在开展普遍调查之前，笔者先选取了 E 县做了一个个案，进入该县深入调查当地失地农民的就业和生活，通过参与观察和深度访谈，获得了对失地农民乡城转型的初步认知，笔者对 E 县调查的情况进行了系统的分析，并形成了总结报告，为后期进一步深层次的研究提供了基础。在 E 县调研的基础上，笔者修改和完善了研究计划和访谈提纲，扩大了研究范围。在不同的市县（区），根据调查的需要，分别选取了不同类型的失地农民群体展开调查，探寻他们在乡城转型过程中所发生的居住环境、生活结构、社会心理等方面的变迁，以及他们的主体行动表现，力求能够较为全面地把握该类群体的参与状况、生存状况和融入程度，剖析其在乡城转型过程中面临的挑战和存在的问题，揭示影响其社会参与和城市融入的主要因素及交互关系，构建起有效的分析框架和理论解释。本书通过大量的访谈、观察和比较对失地农民的城市迁移和城市融入进行了系统的探究，较为客观全面地呈现了失地农民在整个乡城转型过程中的社会参与状况，并通过整体和个体两个层面进行了深入的剖析，揭示了失地农民在城市迁移和城市融入中的真实运作逻辑和生活图景。本书首先对相关理论文献进行了细致梳理，阐述和辨析了与失地农民社会参

与和城市融入相关的概念和理论,然后通过对大量访谈资料、观察笔记、图片等的分析梳理和编码,对各种资料进行分类、描述、综合、归纳,从具体的、个别的、经验的事例中逐步概括、抽象到概念和理论①,找出普遍性规律,形成一般性认识,从而建立了一系列新的概念和理论。

第四节　研究思路与结构

"征地"这一变量引发了多要素随之改变。从微观视角来看,包括失地农民居住方式、收入消费、生活方式、人际关系、心理等方面的变化;从宏观视角来看,包括社区结构、文化心理、制度体系等方面的变化。因此,这是一个极其错综复杂的变迁过程。同时,在社会群体加速分化的今日,我们不能局限于运用整体的眼光来看待失地农民这一群体,对他们亦需要围绕个体差异性进行论证。因此,本书立足于失地农民这一主体,选择"参与-融入"作为分析框架,从不同维度对这场被动的乡城转型过程展开长时段的梳理,以期获得关于失地农民城市融入的、契合其内在需求和主体选择的、最具亲和型的发展路径。

一　研究思路

大规模的社会进程通过独特的历史序列呈现自己,并与之纠缠在一起,社会科学的任务是试图揭开历史的面纱,提取隐藏在其可见表象背后的社会动态的抽象模型。本书力图通过对我国不同发展阶段失地农民的乡城转型过程的研究,记录下这一具有特定时代意义的历史演进过程。本研究是在我国各个地区征地拆迁如火如荼这一社会大背景下展开的,通过对H市5个市县(区)的实地调查,进一步描绘和分析了一

---

① 风笑天:《社会研究方法》,中国人民大学出版社,2013,第294页。

个经济欠发达地区土地征收给农民带来的生活地域的改变及其引发的身份和心理的嬗变。对这一问题既需要宏观层面的结构分析,也需要微观层面的行动主体研究,本书将"失地农民"作为研究对象,分别从结构维度和变迁维度,提供一种相对较为全面的研究视角和分析路径。本书将失地农民的乡城转型划分为两个阶段:一是由乡村迁移到城市的阶段,历经土地征收、房屋拆迁和住房安置等过程,也即由农民到失地农民的角色转型过程;二是在经济、社会、政治、文化心理等层面逐步融入城市并最终与城市融合的阶段,也即由失地农民到市民的角色转型过程,城市迁移是乡城转型的起点,而城市融入是乡城转型的最终结果。笔者试图通过对失地农民乡城转型这一发展历程的深入分析,探寻失地农民的参与形态,从而尝试建构一种乡城转型的理论模型,研究思路见图 1-1。

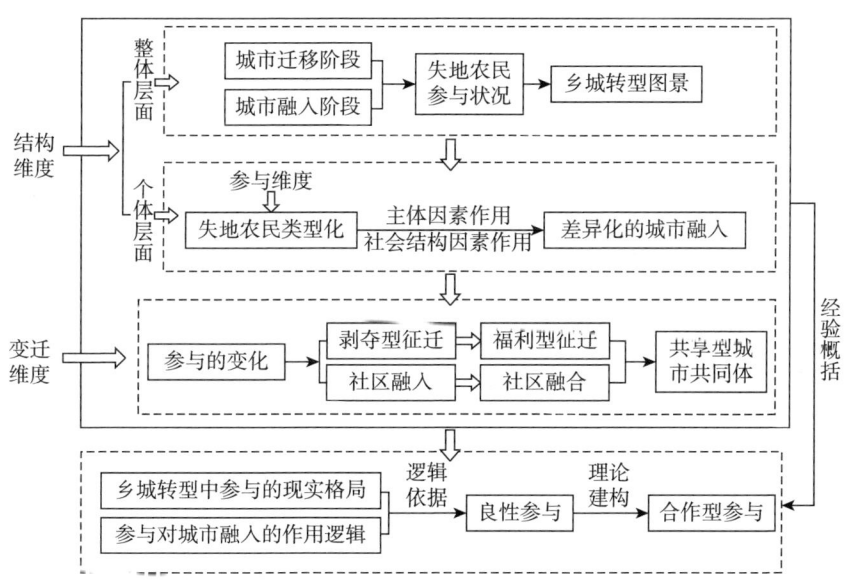

图 1-1 研究思路

本书首先在结构维度上分别从整体和个体两个层面展开讨论,研究参与在失地农民乡城转型过程中的作用。从整体层面来看,笔者将失地

农民作为一个特定的群体，在城市迁移和城市融入两个交替过程展开分析，探索他们在这一过程中的参与事实以及参与呈现的典型特征，并以此为脉络剖析他们面临的乡城转型图景。从个体层面来看，将失地农民作为异质化的群体对不同类别失地农民的参与和乡城转型路径进行阐释。笔者基于参与的维度对失地农民予以类型化，并试图发现造成其分化的主体因素和社会结构因素，同时分析在这两种因素的共同作用下呈现的不同参与动力和参与机会以及由此造就的迥异的城市融入样态。其次，征地运动历经了一个长时段的演进过程，从发展的视角来看，失地农民亦是一个不断变化的主体，因此变迁维度的分析是必要的。本书从中国近30年的快速城市化发展变迁中，考察失地农民参与意识和参与行动的变化态势，以及与此相伴的两方面变化：从剥夺型征迁走向福利型征迁、从社区融入走向社区融合，以此推论参与对共享型城市共同体建设的重要意义。最后，基于以上两个维度的经验概括，聚焦于"社会参与"这一主题，深入剖析现阶段乡城转型中的参与格局，并详细论证了参与对失地农民城市融入的具体作用逻辑。本书通过这两个方面的事实分析，为良性参与理念提供逻辑依据，从而在此背景下试图建构一种乡城转型的理论模型，即合作型参与，并将其作为参与阶梯的最高阶段，为失地农民的乡城转型提供了全新的理论视角和实践空间。

因此，本书紧紧围绕"参与"这一主题，分别讨论了失地农民在迈入城市和融入城市两个阶段的生活样态，通过对不同类型、不同时期的失地农民在不同领域的参与状态进行综合分析，可以清晰地梳理出在这场被动的乡城转型变革中参与对城市融入的作用机制，从而寻求失地农民乡城转型的理论解释。

二 结构框架

本书在章节安排上主要分为三个部分：第一部分为研究导论，对研究的缘起、文献回顾、理论与方法等方面内容进行阐述；第二部分是本书的主体部分,包括第二、三、四、五章,该部分基于"参与"这一逻辑线索,依次分析了失地农民从农村到城市两个阶段的参与特征、参与主体分化的动因和结果、变迁中的参与和城市融入图景等,最后进行理论建构,提出了以合作型参与作为乡城转型的理想模型;第三部分为本书的结论和探讨部分,基于以上分析对失地农民的乡城转型过程做出内容总结并提出了进一步的探讨。

第一章导论部分主要分析了研究的缘起与背景,交代了研究的重要意义,对失地农民、乡城转型、城市融入、社会参与等相关概念和理论进行了溯源,明确了本书的研究重点和分析框架,并对本书涉及的理论、研究案例的选择和运用的研究方法等方面内容予以交代。

第二章在结构维度上从整体层面对失地农民城市迁移和城市融入两个阶段分别展开讨论,揭示了在这一被动的乡城转型中的参与样态和表现逻辑。在由乡村向城市迈入阶段,失地农民经历了土地征收、房屋拆迁、住房安置等一系列过程,在这一过程中失地农民话语权缺失,参与率低,难以在制度化的渠道内全面参与利益博弈和协商,只能被动地接受政府的制度安排。在进入城市并逐步融入城市的阶段,失地农民也未能迅速转变角色以市民的姿态全面参与到经济、社会、政治和文化中,由此形成一个在文化堕距基础上进一步深化的差序化城市融入格局。失地农民在两个阶段的有限参与带来的直接后果就是不协调的乡城转型图景:失地农民在土地收益分配链中始终处于底端,无法获得公平的土地红利和城市化福利;失地农民在主观认同和客观现实方面大多位于城市的中下层,沦为城市的边缘群体;由于未能获得合理且预期的土地红利,失地农民围绕"利益"这一核心与其他主体展开争夺,从而诱发了一系列的社会矛盾。

第三章在结构维度上从个体层面切入,将失地农民作为异质化的群体对不同失地农民的参与状况进行阐释。失地农民群体具有不同的参与意识和行动,基于此视角可将其分为三种类型:积极进取型、被动顺应

型和守旧依附型。个体的内在主体差异是造成失地农民参与动力分化的一个重要方面，除此之外还有社会结构因素，尤其是政府、社区、社会组织、集体经济等外部力量的不均衡分布造就了不同区域失地农民不同的参与机会。以上两方面因素的共同作用，形塑了迥异的城市融入样态：在社会分层体系中一部分人向上流动进入了精英阶层，而大多数人水平流动保持不变，另有少数人向下流动跌入底层。

第四章从变迁维度动态地剖析了失地农民在城市迁移和城市融入中的参与变化过程。自20世纪90年代到今天在30年的发展历程中，失地农民的主体意识日趋强化，参与行动逐步扩大，由此带来的是城市获得的内容和形式等诸多方面的变化。该变化主要表现在两个方面：一是从剥夺型征迁走向福利型征迁，失地农民获得的土地红利和城市福利呈现渐进式上升的趋势；二是从社区融入走向社区融合，失地农民不再盲目地被动顺从、全面放弃原有的文化，他们中的一部分人开始意识到乡村文化的价值，试图用行动坚守自己的文化并影响城市社会，从而使回迁安置社区内的乡城文化融合得以显现。

第五章在以上多维度和多层面分析论证的基础上，深入剖析了现阶段乡城转型中的参与格局：包括个人利益导向型的参与动机、政府功利化的参与赋权、失衡的参与主体以及失序的参与方式，这一不甚理想的参与格局阻碍了失地农民的城市融入进程。本章进一步探讨了参与对失地农民城市融入的具体作用逻辑：参与有助于失地农民获得城市融入的物质资本和权力资源，有助于失地农民获得城市融入的心理资本和人力资本，有助于失地农民获得城市融入的社会资本。最后本书依托前文提炼出来的有关参与的知识进行了理论溯源和理论升华，将合作型参与理论作为本书的最终落脚点，并对该理论的内涵、构成要素、价值、生成条件等方面内容进行了系统阐释，通过对这一参与阶梯最高阶段的逻辑分析，为失地农民的乡城转型提供了一种理论模型。

第六章作为结论和探讨部分首先对全书进行总结归纳，推理出失地农民具有不同于农民工乡城转型的典型特征，即集群式和断根式的乡城转型，而且我国到目前为止乡城转型的仍是权力话语下的被动转型和"去乡村化"，失地农民的被动性始终贯穿其中。随着近年来一系列制度化、非制度化参与的不断涌现，当前亟须解决的是通过合作型参与重新建构一种平等互惠的参与格局，使参与步入良性的轨道。最后，在探讨部分，笔者以研究者的身份见证了这场深刻的被动乡城转型历程，并基于合作型参与理论对失地农民的乡城转型在实践层面提出了进一步的探讨。

第二章

有限的参与行动：被动的乡城转型

农民由乡村走向城市往往要经历两个典型阶段：第一阶段为由传统农民转换为失地农民，第二阶段为由失地农民向市民转换。这两个阶段分别对应城市迁移和城市融入过程，构成了乡城转型的全领域，其中城市迁移是城市融入的起因，而城市融入是城市迁移的必然结果，失地农民在迁移阶段的利益获得对随后的城市融入具有十分重要的意义。这两段变迁过程时间跨度和难易程度不同，对失地农民产生的影响亦不同，但呈现的共同特性是失地农民制度化参与有限，主体地位未能凸显。现阶段无论在征地时代还是征地后时代，失地农民的被动性均十分典型，政府在这一过程拥有绝对的权威，始终处于支配地位，由此在失地农民的由乡及城的转型中出现了诸多问题。

第一节 城市迁移中的低度参与

这里的低度参与主要指失地农民制度化的参与较为缺乏。与农民工

---

① 王慧博：《从农民到市民——城市化进程中失地农民市民化问题抽样调查研究》，上海社会科学院出版社，2015，第1页。

第二章　有限的参与行动：被动的乡城转型

自发的、个体导向的城市化不同，失地农民的城市化是政府主导下的政策推动过程。由农民变为失地农民是一个瞬间实现的过程，在这一过程中，同期征迁群体实现了同步的、被动的身份转变。这一转变属于物理层面的变化，其间涉及土地征收、房屋拆迁和住房安置，在这一角色转化和空间迁移的过程中，失地农民通常是被动地接受政策的安排，缺乏自主选择性。根据现行法律规定，所有用于城市建设的集体土地都必须由当地政府收购，然后转为国有土地，只有在土地所有权发生变化后，才能将集体土地用于工业、商业和基础设施建设。因此，无论是农村土地所有者还是使用者都无权直接与城市土地使用者协商土地价格，也无权将土地使用权私自转让给城市使用，土地征收的补偿条件或多或少是由取得土地的地方政府单方面决定的。① 一旦地方政府和开发商达成非正式协议，集体土地就可以在适当的程序运行和获得正式批准之前，转化为城市建设用地，在土地征收之前，很少有个人或组织征求农民的意见，许多决策常常是在农民并不知晓的情况下做出的。我国的征地拆迁模式是一种强制性的制度供给，人们不能独立地以对等的主体地位参与谈判，因此，政府的政策难以获得大众的广泛认同，这是导致矛盾激发的重要原因。② 由农民变为失地农民象征着乡城转型的开启，是极为关键的环节，若失地农民在征迁安置过程中未能参与政策的制定，未能有效地表达自身的城市生活意愿，未能充分享有公平的土地红利，则会影响其未来进一步的城市融入。征地补偿安置制度应当是相关利益主体经过协商相互妥协的产物，而不应该由某一主体单方面确定。但失地农民在征地拆迁中话语权缺失，参与不足，因此在土地收益分配中，政府获得多，失地农民获得少，土地征收安置制度更多地表现为一种对失地农民资源和权利的剥夺，这也是部分失地农民进城后陷入困境的重要原

---

① Cao, G., Feng, C., Ran, T., Local "Land Finance" in China's Urban Expansion: Challenges and Solutions. *China & World Economy*, 2010, 16 (2): 19–30.
② 周爱民：《征地拆迁中矛盾化解的社会认同机制建构》，《中共中央党校学报》2017年第3期。

因。陈锡文指出,集体土地征收应坚持征收的程序必须公开、透明,让民众广泛参与,与民众进行充分协商。① 事实上,直到今天在有关征地制度制定和执行中失地农民的主体作用依然没有得到发挥,失地农民在征地审批、征地补偿和征地方案的制定等过程中均难以充分参与协商和博弈,仍然是被动接受政府安排。

一 征地拆迁中的被动接纳

在城乡流动不频繁,电视、网络等媒体尚不发达的时代,人们对城市的美好憧憬很多时候都是借助想象。但城乡藩篱的打破、社会流动性的增强和电视、现代媒体等的直观传播,使人们对城市美好生活的感受更为直接和具体。城市,不仅意味着优质的教育、医疗质量,更多的就业机会,更好的发展前途,也意味着更美好的幸福生活。因此,农村人对城市普遍有一种美好的憧憬,能够成为市民也是他们梦寐以求的梦想。特别是早期城乡差异大,农村生活环境较为恶劣,农民对城市生活无比向往,绝大多数的失地农民渴望摆脱土地,在主观意愿上是乐于土地被征,乐于迁入城市的,访谈中一位社区主任和一位失地农民对征地均表达了高度的认同。

> 那时候的人一方面跟这个田做得也做够了,讲到拆迁大多数还是支持的,真正到最后都搞掉了也就给拆了。(访谈编码:A006②)
>
> 以前这地方是狗不拉屎的地方,一讲拆都高兴得很呢,都自愿去签字,自愿拆。我家儿子那时上学早上骑自行车去,(自行车)上冻,晚上回家化冻,自行车是扛回家的,泥巴路,都是自愿拆。(访谈编码:A102)

---

① 陈锡文:《集体土地征收补偿由农民和政府协商》,《村委主任(下)》2011年第5期。
② 访谈编码说明:第一位字母表示调查的地区——A、B表示H市的市辖区,C表示H市代管的县级市,D、E表示H市的县,H表示H市直机关;第二位数字表示访谈对象的身份——0为干部,1为失地农民;第三、四位数字表示具体编号,编码及访谈对象信息见附录二。

第二章 有限的参与行动：被动的乡城转型

从这个角度讲，农民变为市民，在一定程度上满足了他们主观上成为市民的期待。失地农民从农村走向城市，主要受到内在和外在两方面力量的作用。内在的动力是失地农民对乡村生活水平、居住环境、公共服务、就业机会等方面的失望和不满，渴望城市更高质量的生活，他们大多在主观层面愿意迁入城市。外在的力量是政府的征地拆迁行动促使他们在客观层面被动地实施搬迁，这也是农民变为失地农民的决定力量和主要途径。在20世纪八九十年代，城市化工业化加速发展，在H市掀起了第一次征地浪潮，尤其是90年代的开发区热和房地产热，造成了大量的城郊耕地被征收，农民失去了生存之本的土地。早期的征地拆迁是通过自上而下的行政权力强势推进，农民是严重缺位的，具体表现在两个方面：一是征地拆迁法律制度不完善，操作不透明，强征强拆现象在部分地区较为突出，当失地农民有诉求表达时，当地政府较少以有效的渠道与失地农民沟通解决；二是失地农民话语权缺失、维权意识薄弱，在客观层面完全是被动接纳，利益受损严重。在我国的征地及补偿实践中，政府土地管理部门和村委会举行谈判，以决定征收补偿的有关问题，农户被排除在谈判主体之外。① 很多地方在实际操作中仅由政府单方决定土地征收的相关事宜，土地征或不征及征收数量、征地补偿及安置方式、实施程序等均由政府确定，失地农民在征地拆迁的整个过程缺乏参与权，甚至缺乏最起码的知情权，他们无权处置自己祖辈耕作的土地，只能无奈等待并服从政府的指令，这一阶段可归为农民奉献型的征迁阶段，农民遭受了严重的利益剥夺，失地农民对此也有着清醒的认识，笔者在一经济开发区的调查中一位访谈对象的话可以证实。

那是强拆，讲搞就搞掉了，那时候稻子黄了，能割到手了，一

---

① 吉朝珑：《农民权益保障视野下的农村土地征收制度重构》，《河北法学》2008年第26期。

年稻子也能收几百块钱。不行,那时候不行拦不住,就直接搞,我家房子那时拆拦都拦不住,一拦把东西搬出来,都没来得及搬,他自己把我搬出来了,没办法,强拆的,不是现在。(访谈编码:A104)

从这位被访者的话中我们可以发现,当时的征地拆迁往往没有顾及农民最基本的权利,即使面临"稻子黄了",成熟在即,在政府的强势推动下,也没有丝毫的停留。对农民房屋的拆迁,同样是采取了强势姿态:"拦都拦不住。"中国农民勤劳节俭、热爱劳动也珍惜劳动果实,同时,在20世纪90年代人们普遍贫穷,几百块钱的收入在今天看似微不足道,在当时对农民来说却是不菲的收入。调查时有被访者提出,当时孩子读书,一学期的学费也就是几十块钱,几百块钱在当时的购买力是非常强的。然而,某些地方政府官员不但没有充分考虑到农民生产生活的现实需求,更没有考虑到粮食安全、农村稳定等大局问题,强制地推动了征地拆迁。与土地被征收相比,房屋被强拆对农民的影响更大。众所周知,中国农民安土重迁①,房屋对他们而言有着特殊的意义和感情——自己亲手建造的房屋庭院不仅是栖身之地,而且是身份和地位的象征,是农民寻求社会认同的物质载体②,更是情感的寓所。然而,从被访者的话中我们了解到,对农民来说作为安身之所的房屋被"拦都拦不住"的力量强行拆除了,农民没有任何讨价还价的可能和机会。最早一批的大多数失地农民对自己应当获得多少没有心理预期,也没有维权经验和参照群体,对城市生活的向往反而使他们渴望搬迁,他们对未来城市生活充满了美好的想象和憧憬,期待城市社会能够提供给他们优于土地的更多资源。虽然部分人意识到牺牲过多但因利益表达渠道的缺失或不畅通,也只能无奈接受,未进行太多激烈抗争,一些不满者很

---

① 梁漱溟:《乡村建设理论》,上海人民出版社,2011,第381页。
② 董海军、高飞:《承继与变迁:城市住房功能分析》,《城市问题》2008年第9期。

第二章 有限的参与行动:被动的乡城转型

多时候也只是找村干部发发牢骚。在早期征地阶段,一则因为乡村生活条件相当艰苦,所以失地农民并未因征地产生过多的相对剥夺感,他们的权利意识和反抗意识亦较弱;二则因为政府过于强势,失地农民自知反抗无效,他们完全是在政策指挥下被动顺从,所以在那一时期由征地引发的大规模激烈的社会冲突较为少见。但是不计后果的强拆加之失地农民获得过少带来了诸多后遗症,造成了早期失地农民中生活困难者较多,后期不满强烈,成为一个潜在的社会风险源。正如亨廷顿(Samuel Phillips Huntington)所言:"期望本身的增长比转变中的社会在满足这些期望方面的能力的提高要快得多;因此,在人们的期望和现实可能之间,需求的形成与满足之间,以及期望的功能与生活水平的功能之间,形成了一个差距,这种差距引起了社会挫折感和不满足感。"① 当这些失地农民进入城市生活后逐渐发现期望与现实的差距,意识到自己遭受的剥夺,就可能会对社会构成一定的威胁。

2000年以后,H市快速扩张,开发区和工业园区建设、"大学城"建设急剧膨胀,特别是在土地财政的刺激下,大规模的集体土地被征为城市建设用地,失地农民骤增。这一阶段,在国土资源主管部门和各级政府的督促和推动下,有关征地的信息公开力度逐步加大,征地相关的法律制度越来越健全。《中华人民共和国土地管理法》(2004年修正)第四十六条规定:国家征收土地的,依照法定程序批准后,由县级以上地方人民政府予以公告并组织实施;第四十八条规定:征地补偿安置方案确定后,有关地方人民政府应当公告,并听取被征地的农村集体经济组织和农民的意见。另外《中华人民共和国土地管理法实施条例》(1999年修正)二十五条还规定:征用土地方案经依法批准后,由被征用土地所在地的市、县人民政府组织实施,并将批准征地机关,批准文号,征用土地的用途、范围、面积,征地补偿标准,农业人员安置办法

---

① 〔美〕塞缪尔·亨廷顿:《变革社会中的政治秩序》,李盛平等译,华夏出版社,1988,第54页。

和办理征地补偿的期限等,在被征用土地所在地的乡(镇)、村予以公告;市、县人民政府土地行政主管部门根据经批准的征用土地方案,会同有关部门拟订征地补偿、安置方案,在被征用土地所在地的乡(镇)、村予以公告,听取被征用土地的农村集体经济组织和农民的意见,这就是"两公告"。法律对于公告的主体、范围和方式均做了明确的规定,使失地农民可以依法获知相关征地信息,信息公开为失地农民的参与提供了前提条件。但是法律和执行之间还存在距离,在 H 市的很多地方对于国家明确规定的"两公告"往往以口头形式或简单书面形式传达,大多没有通过村民会议讨论征迁方案和政策,公告成为一种必须履行的仪式,使公告的实质性作用没有发挥。中国人民大学孔祥智等人 2004 年通过在中国东部、中部、西部若干个城市的调查发现:被征地农民反映政府没有发布征地公告、没有发布征地补偿方案公告的样本户比例分别为 53.1% 和 63.1%;认为征地公告清楚地说明了征地目的和实施方案的样本户比例为 24.1%;而认为发布过征地公告但只是"走形式"的样本户比例占 21%,认为公告作用不大的占 30%。① 这意味着各地政府征地信息公开状况都不甚理想,失地农民对此较为不满。甚至在一些地方,有关部门无视法律的规定,一旦有用地的需求,既不考虑土地征收和补偿安置等方案是否获得了批准,也不考虑公告程序的实施和村民的意见,就擅自征收村民土地,农民合法权益受到侵害的情况仍较为突出。例如,2005 年江苏省如皋市有关部门不与村民(包括村干部)通气,并伪造 130 多户被征地农民(包括 4 名早已死亡,有的已死亡 7 年的村民)的签名,骗取征地批复,违法征收如城镇宏坝村的土地 12.747 万平方米,并以 GJ2005 - 19 号国有土地的名义挂牌出让给南通正达房地产开发有限公司,引起村民的频繁上访。② 在这个时期,

---

① 孔祥智、顾洪明、韩纪江:《我国失地农民状况及受偿意愿调查报告》,《经济理论与经济管理》2006 年第 7 期。
② 谭术魁:《中国频繁暴发征地冲突的原因分析》,《中国土地科学》2008 年第 6 期。

第二章 有限的参与行动：被动的乡城转型

一方面，失地农民的权利意识和参与意识日渐觉醒，对土地收益的期望值逐步上升，开始理性计算自己的利益得失；另一方面，一些地方政府没有依照法律及时纠正自己的侵权行为，在经济和政治利益的双重驱动下长驱直入，忽视了农民合法权益，由此在制度化渠道阻塞下涌现了较多的非制度化参与行动，严重的暴力征地和暴力抗征事件频繁发生，村民以死抗争、抱团抗争，以相当激烈的方式参与利益博弈，引发了一系列恶性案件及群体性事件，例如社会影响较大的事件有广东乌坎事件、苏州范木根事件、山东平度事件等，对当时的社会稳定构成了极大威胁。由征地引发的社会冲突恶化了干群关系，削弱了社会根基，引发了政权合法性危机。

为了缓解日益严重的征地冲突，中央出台政策禁止强征强拆，并明确指出应给予失地农民合理的补偿。针对全国相继发生的暴力征地事件，国土资源部办公厅于2013年5月下发《关于严格管理防止违法违规征地的紧急通知》，通知中指出："将被征地农民的合法权益放在首要位置，切实促进被征地农民生活水平有提高，长远生计有保障，不得强行实施征地，杜绝暴力征地。"[①] 中央对地方征地行为的纠偏和严厉问责在相当大的程度上抑制了地方政府的违法违规征地行为，使得征地工作逐步走向规范化、法制化，强征和暴力征地比率下降。在失地农民参与博弈和地方维稳考核的双重压力下，情况有所缓和，地方政府开始赋予失地农民越来越多的参与权。但是惯性和利益使然，许多地方依然无法做到征地程序和相关信息的完全公开透明，失地农民的参与度仍较低。笔者在H市的调查发现，有些地区操作相对透明，履行了公开程序，特别在补偿标准方面，明确界定四类补偿费用的分配方案并充分告知失地农民，但也有相当多的地区操作较为模糊，失地农民并不清楚自

---

① 《国土资源部办公厅关于严格管理防止违法违规征地的紧急通知》，中华人民共和国自然资源部网站，2013年5月27日，http://www.mnr.gov.cn/gk/tzgg/201305/t20130527_1991075.html。

己应该获得多少，获得的是什么费用。虽然按照现行政策规定土地被征后失地农民和集体经济组织可以享有四类补偿费用，分别为土地补偿费、安置费、青苗补偿费和土地附着物补偿费，但对这些费用如何分配往往并不明确，由于补偿费划拨给村集体后由村集体进行分配，不少地区分配较为混乱，存在村集体组织享有较多而失地农民获得较少的问题，失地农民往往只能得到青苗补偿费和土地附着物补偿费。在多地的调研发现仅有极个别地区因为集体资产雄厚而未对补偿费截留，扣除一定比例缴纳社保后全部发放给失地农民，而大部分地区的失地农民未能公平地获得应有的货币补偿，甚至在有些地区失地农民只享受了住房安置和社会保障，并未获得任何现金补偿。访谈中，大多数被访者表示征地拆迁过程不透明，特别是对征地款的数额和分配不清楚。一位已退休的村小学校长对笔者描述了当时征地拆迁前的情况，从其叙述中可知，尽管已是2008年，法律已较为完善，但是该地并未严格执行《土地管理法》和《土地管理法实施条例》的有关规定，更不用说听取失地农民的意见了。

笔者：征地前您是怎么知道这个消息的？

被访者：我只是略知一二，就我这个家庭来说，当时是因为这个舆论工作做得非常早，那边经开区拆迁比较早一点，然后我还有好多同事都在那边，他们给我说的有关情况，就是我们这边起步稍微晚一点，一开始是那个建设指挥部在这里建立了，滨湖医院第一个开工，然后就逐步逐步地到各个村委会拆迁了。征地到现在青苗费都给我了，就是那个土地费到现在还没落实。

笔者：征地之前有没有给你们发一些单子，或者上门跟你们去讲解、宣传？

被访者：这个宣传的单子具体我也没见过，但是居委会的宣传力度非常大。

第二章　有限的参与行动：被动的乡城转型

笔者：怎么宣传的？

被访者：就是说马上要跟集体农庄一样，在一起住，变成一个小区，我们要做好准备，当时宣传的时候有好多农民盖房子，想到时候拆迁的时候多搞点收入，就是这个情况。经常开基层（街道）干部会，这个是开到基层的，基层再开到下面，是这么搞的，一步一步来，街道给村子里面开会，但是老百姓都有这个意识，都知道这个情况。

笔者：您当时知道具体补偿费和安置房的情况吗？

被访者：那都不清楚，安置房到现在还在安置。

（访谈编码：B101）

从该访谈对象的表述中可知，他们对征地信息并不十分清晰，且获知渠道主要来源于亲友同事，虽然村委会也做了宣传和动员，但提供的信息有限，模糊的信息在村民中传递，通过口口相传后加上个人演绎和道听途说致使信息变形、失真，当失地农民想象中的利益最终未能获得，他们则会理所当然地认为自己被剥夺。该访谈对象不止一次地告诉笔者，他们那个土地费到现在还没落实，而且他也确信这个费用一定会付给他们。实际上这个土地费已经支付给村集体，村集体用于缴纳失地农民的养老保险、物业等费用，但是因为信息未能公开透明，增加了失地农民对政府的不信任和猜疑，为今后种下了矛盾的种子。信息的模糊和不对称，极易陷入信息公开困境，政府越是半遮半掩，失地农民就越会怀疑政府行为的合法性和合理性，就越会对政府行为产生怀疑和不信任，也就越会认为自己受到剥夺，从而就更易激发社会矛盾和冲突。尤其在今天高速发展的信息化社会，政府试图屏蔽或垄断信息不仅无效而且会使谣言频起，带来严重的信任危机和政治风险。

征地信息尚未能实现完全公开，更毋论失地农民参与相关政策制定、决策和过程监督了。虽然《土地管理法》《土地管理法实施条例》

《征地公告办法》等一系列政策法规均规定应当听取被征地的农村集体经济组织和农民的意见，并要求各个地方增加征地的事前告知、听证及征地调查报批前确认等程序，但在实际运作过程中许多地方并没有严格履行程度，未能充分听取相关利益主体对征地补偿方面的意见，或者意见的听取仅有形式而无实质性效果，失地农民的主体地位没有得到应有的尊重和承认。地方政府否认市民在土地使用权上的民事主体资格，简化土地使用权转移的流程，并以行政力量实现居民的搬迁。[①] 由于土地属于集体所有，在土地征收过程中失地农民大多被排除在征迁决策程序之外，只能被动接纳政府的相关政策安排，缺乏处置权和决定权，失地农民在土地征与不征、征收多少、补偿方式、补偿金额等方面基本上没有主动权，很难通过正常渠道参与博弈。政府既是相关政策的制定者和执行者，又是利益的获得者，这双重的角色使得政府始终能够在利益博弈中占据主导地位，失地农民和地方政府在权利上的不对等是显而易见的。失地农民是城市化的重要主体，征地拆迁涉及失地农民的重大利益，影响着其未来在城市的生存和发展，但是失地农民主体地位是明显缺失的，政府通过政策强制力使农民离开祖辈定居的村落，在由农民变失地农民的同时，与土地征收过程同步进行的还有失地农民的搬迁、补偿等问题，在此过程中基本上都由政府直接主导。失地农民失去了土地的依靠，就业能力的不足和思想观念的滞后均会限制其在城市的生活，他们迅速地身份转变，被动嵌入城市社会，在城市融入中极易陷入困境。国务院国土资源部在 2010 年 6 月发布《关于进一步做好征地管理工作的通知》（以下简称《通知》），《通知》指出征地前要认真做好用地报批前告知、确认、听证工作。征地工作事关农民切身利益，征收农民土地要确保农民的知情权、参与权、申诉权和监督权。征地告知要切实落实到村组和农户，结合村务信息公开，采取广播、在村务公开栏和

---

① 施芸卿：《再造城民：旧城改造与都市运动中的国家与个人》，社会科学文献出版社，2015，第 169 页。

第二章　有限的参与行动：被动的乡城转型

其他明显位置公告等方式，多形式、多途径地告知征收土地方案。被征地农民有异议并提出听证的，当地国土资源部门应及时组织听证，听取被征地农民意见。对于群众提出的合理要求，必须妥善予以解决。[①] 实行"两公告一登记"和听证制度，能够使失地农民在土地征收过程中享有知情权、参与权和监督权等各项权利，从而保证利益的公平获得。但是在现实操作中很少有地区完全根据《通知》的要求严格实施告知、确认、听证程序，失地农民的监督作用也未能充分发挥出来。地方政府对失地农民的参与行动也常常抱有怀疑的态度，对其参与避重就轻，且参与平台供给有限，对失地农民多种形式的参与往往难以做出有效、积极的回应，从而阻碍了失地农民和政府之间的良性互动。近年来各地在信息公开方面逐步完善，使失地农民获得了部分知情权，但是其参与权、申诉权和监督权仍是缺失的，难以通过合法方式进行利益协商，表达个体诉求。即使有些地方设置申诉的渠道，但往往流于形式，对老百姓的合理诉求大多未能认真研究和采纳，失地农民虽然质疑征地的方案和政策也只能无奈接受，基本没有参与修改征地补偿方案的可能和讨价还价、协商谈判的有效机会。农民作为被征地主体的权利丧失成为当前我国征地矛盾无法得到有效缓解甚至日趋严重化的症结之一。[②] 制度化参与供给渠道不畅与失地农民权利意识觉醒之间存在矛盾，失地农民另辟蹊径，通过其他方式寻求权利的保护，于是各种民间护地组织开始出现，例如陕西省周至县的"为失地农民追讨公道暗访监督小组"、江苏省常州市金坛区的农民耕地保护协会等，一些农民通过自组织形式主动参与了征地过程，为自己争取了合法利益，这是博弈失衡下的权利自救，将成为未来失地农民有序维权的一种新的趋向。

---

① 中国政府网，http://f.mnr.gov.cn/201702/t20170206_1435721.html，最后访问日期：2019年9月3日。
② 朱力等：《现阶段我国社会矛盾演变趋势、特征及对策》，中国社会科学出版社，2018，第215页。

二 安置中的主体缺位

农民土地被征收,面临的首要问题便是安置,只有妥善处理好失地农民的安置问题,才能使其"安其所、遂其生"。失地农民的安置包括住房安置、货币安置、就业安置等方式。在征地拆迁过程中,安置问题是最难解决的问题,也是最容易引发矛盾的领域。在早期阶段主要采取货币安置方式,但这一安置方式带来了很多社会问题。中国农民虽然勤俭持家,但是他们普遍存在小农意识,对城市生活的风险预估明显不足。尤其一些游手好闲、好吃懒做者,缺乏长远眼光和长久打算,在拿到征地拆迁补偿款后,物欲膨胀,通过各种方式挥霍,甚至赌博吸毒,直接导致短期内花光补偿款,生活陷入困境,笔者在H市的多地调研,均发现了类似问题。同时,通过阅读文献和网上搜索发现,在全国其他地方,这种现象也普遍存在。因此,单纯给予货币补偿的安置方式不是长久之计。后期,随着征地拆迁的推进,安置模式也不断完善,从早期的单纯给予货币安置,逐渐发展到以住房安置为主体多种安置方式并存的安置形式。经过逐渐探索,H市在全市范围内推行住房安置,目前主要按照家庭人均固定面积予以房屋置换,并通过建立统一的回迁小区实现失地农民整体搬迁。该安置方式又分为两种情况:一是整体安置模式,即对列入城市整体规划或者重大片区改造计划中的城中村、城郊在统一征收土地后原地或者就近统一安置,这种安置小区的居民大多是原本地村民,彼此较为熟悉;二是撤村并居模式,即在征收城市周边土地时,将居住分散且稀疏的多个村落的居民统一集中安置到一个大型的回迁社区,并引入城市社区的管理模式,因该模式建设成本和管理成本相对较小,亦成为当前的主导模式。住房安置有助于失地农民尽快在城市扎根,也便于城市的统一管理,但由于城市化过程中的被动性和转型的阶段性,该社区在很长时间内仍会保留农村社区的特性,从而使其成为介于城市社区和乡村社区之间的第三类典型社区。

第二章 有限的参与行动：被动的乡城转型

不同地区不同人群在资源拥有上存在差异。对于发展能力和城市适应能力较强或已经拥有城市住房的失地农民来说，他们可能更倾向于选择货币安置以提高生活质量；而在经济较为落后地区就业资源相对匮乏，就业能力和生活水平较低的失地农民更倾向于通过就业安置和住房安置以提高生活安全感。对于失地农民而言，回迁安置意味着将面对一种全新的居住环境和生活方式，若他们可以结合自身的需求和习惯参与安置方式的选择和安置过程的规划，必然有助于缓解变迁的阵痛，加速生理和心理方面的转型。因此在征地之前对失地农民开展安置意愿调查尤为必要，通过鼓励失地农民广泛参与讨论，可以充分了解他们的诉求，在尊重其个体意愿的基础上综合考虑未来风险因素，从而探索出一条符合本地实际和失地农民需求的切实可行、公平合理的安置道路。但是事实上，在这一关系失地农民切身利益的过程中他们通常是缺位的，大多数失地农民未能积极主动地寻求参与渠道，政府的参与渠道供给也很有限，或者在众人的潜意识中这是政府的工程无须失地农民参与。在安置方式，安置房位置、结构和面积，安置小区内部和周边配套设施等相关政策设计过程中，这一切完全由政府自主确定，未能反映出失地农民的意见和需求，因而也就难以获得失地农民的认同和支持，结果不仅使该安置政策在实际操作中运行效率大大降低，而且带来了一系列的社会问题，而且由于该政策缺乏运行的社会基础，也将会遭到失地农民的质疑和抵触。

政府为了方便社区治理，创造了一个具有可控性的生活共同体，把该空间作为其控制的领域加以干预，在这一过程中，失地农民的特殊性和主体作用未能得到体现。由于失地农民主体性的欠缺，在后期居住中出现了许多问题，例如安置延后问题、安置房区位劣势问题、安置房质量问题等。在搬迁流程方面，绝大部分地区仍存在先搬迁后安置的问题，普遍在拆迁两三年后才能安置，最长甚至超过五年，给失地农民带来诸多困扰，特别是安置房延期交房，一拖再拖，过渡时间过长，都会

引发矛盾和问题,例如子女等待新房结婚、身体状况差的老人租房困难、多次搬迁麻烦等。访谈中,一位调查对象表达了无奈与不满。

> 笔者:你们是哪一年拆的?
> 被访者:我们是2008年,有的搬走了,租房子,没有这个房子,整个都是自己租的房子。
> 笔者:那你们租了几年房?
> 被访者:六年,至少六年,到回迁大概六年,有的都七八年。
> （访谈编码:B101）

在安置房区位方面,由于失地农民难以参与协商,或合理诉求未能得到采纳,只能听从地方政府安排,而地方政府为了节约成本,实现利益最大化,大多将回迁小区建在位置相对偏远的地方,配套设施和公共服务供给不足。回迁小区离城市中心区较远,一些地区在划地安置时未能充分考虑失地农民进城后的子女入学、就业、交通和生活,安置小区地理位置偏僻,就业成本高,入学和生活麻烦,带来了诸多不便。如笔者调查的一个集中安置小区,社区的工作人员就谈到幼儿园学位不足的问题。

> 以幼儿园为例,我们小区目前仅有一所幼儿园,每届开设两个班级,最多容纳100人。然而,随着小区居民的陆续入住,加上现在国家放开二胎,每年有入园需求的幼儿高达200人。学位就那么多,所以,近一半的儿童没法就近入园。还有就是我们这个小区远离城区,小区附近3公里范围内都没有其他幼儿园,很多适龄儿童都无法接受正规的学前教育。(访谈编码:B001)

安置小区的配套设施无法满足社区居民的基本需要,难以提高失地

第二章 有限的参与行动：被动的乡城转型

农民的生活质量。而访谈中所反映出来的幼儿园学位紧俏，直接影响了失地农民子女的公平受教育机会的获得。孩子是家庭的未来，子女的教育问题若不能妥善解决，则不利于打破阶层固化实现代际流动，也不利于失地农民及其后代的城市融入。除此之外，在安置房质量方面，一些回迁小区由于房屋质量问题或实际面积缩水也引发了很多矛盾纠纷。安置房是开发商统一建设的，他们为了削减开支不断压缩建设成本已是不争的事实，农民由于缺乏专业的楼房建筑知识和必要的参与监督管理权力，而无法左右建设过程，入住后面对住房质量问题他们大多也只能默默承受，缺乏申诉渠道。失地农民作为居住主体却无法参与到房屋建设过程中，表达自身居住需求，不能不说是一种权利主体的本末倒置。

以上在住房安置中存在的这些突出问题表明失地农民主体地位是严重缺失的，无法进行自我选择，他们主动权和参与权缺乏，既没有参与回迁小区的规划和设计，也没有在房屋建设过程中发挥监督作用，被动性十分突出。居住空间的转换被视为一种经济交易，在此转换过程中完全忽略了失地农民的心理和精神需求，正如芒福德（Lewis Murnford）所言，对于某块土地的规划可以不考虑其历史、地形特征或社会需要，空间变成了一块块可以买和卖的抽象单位。① 与失地农民密切相关的居住变迁却不见其声音和踪影，完全按照政府意志造就了一个物理空间，原乡村社会的依托——情感和文化亦不复存在。在"农民集中居住区"中，空间的设计和使用也是首先满足城市土地储备的需要，而不会充分考虑上楼农民对于城市性的感知和适应。② 失地农民主体缺位，一方面是地方政府强势管理的结果，政府处于支配地位，失地农民在安置过程中缺乏话语权，或者表达无效、无从表达；另一方面有失地农民自身权利意识薄弱的因素，长期的强权管理使农民形成了依附心理和服从意

---

① 〔美〕刘易斯·芒福德：《城市发展史——起源、演变和前景》，宋俊岭、倪文彦译，中国建筑工业出版社，2005，第437页。
② 张青：《农民集中居住区——居住形态与日常生活》，上海古籍出版社，2009，第150～153页。

识，同时他们迁往城市小区的兴奋之情和对城市生活细节考虑不足，均抑制了他们对住房安置的参与动力。选择权和监督权的丧失，不仅使失地农民无法结合自身的生活和就业等需求进行安置，以至于在城市社区生活中出现了诸多不适应，而且也会因为房屋及配套设施质量问题在后期引发持续的物业纠纷。失地农民在被动的乡城转型过程中一旦遭遇挫折，则会导致他们的身份认同模糊和生活陷入困境，使城市融入出现倒置效应，表现为失地农民对原乡村生活怀有眷恋之情，渴望回归乡村，排斥城市生活，访谈中就有不少受访者表达出了对原四合院和田园生活的怀念。

第二节 城市融入中的差序参与

就城市融入的程度而言，它是渐进地进行的，通常是代际过程，既源于个人有目的的行为，也源于他们日常决策的意外后果。由失地农民变为市民，这一角色的转型是一个质的飞跃过程，相对比较复杂和缓慢，不同群体不同的进城境遇，同一群体差异化的个体禀赋，形成一个非均衡性的、复杂的城市融入格局。乡村和城市在社会关系、生活方式、人文环境、居住条件等方面存在较大差异，因此对于在瞬间实现物理和社会空间转换的失地农民而言不可避免地会在各个领域面临较大的冲击。孟德拉斯在《农民的终结》中指出："大多数农业劳动者意识到传统世界的崩溃，但还不善于在现代世界中从事活动，他们的生活跨越了两个世界，一方面被禁锢在旧的结构里，另一方面不断地受到'现代人'、进步和城市的吸引。时而，他们试着遵循新的逻辑，时而，他们又不得不返回到旧的逻辑，他们把新逻辑运用到按常规运行的领域，又用他们视为永恒的旧逻辑去解释新世界。"[①] 对于被动进入城市的失

---

① 〔法〕H.孟德拉斯：《农民的终结》，李培林译，社会科学文献出版社，2010，第112页。

第二章 有限的参与行动：被动的乡城转型

地农民而言，他们自然会在乡村与城市两种生活逻辑间徘徊、切换，受到内外因素的作用每个人都会使用自己的行为规则去适应新的环境，其间也会有迷茫和困惑，产生自我认同失调，主要原因在于失地农民是被动转型的，公民意识欠缺，很难迅速以新的角色和主人心态积极主动地参与城市生活。时间性效应导致自我认同的转换滞后于物质的搬迁，空间性效应带来的强烈的相对剥夺感也阻碍了自我认同系统的转换。① 这种政策安排下的被动城市融入虽然能够加快空间城市化的步伐，实现农民的身份转换，但也会带来一系列的矛盾和问题。失地农民的城市融入过程不仅包括居住空间的位移和职业身份的改变，还包括社会角色和文化价值观念等方面的变迁，因此失地农民与城市社会的完全融合不可能一蹴而就，需要经历一个漫长的历史发展过程，最终是要实现经济、社会、政治、文化心理层面的全方位的融合。一方面失地农民是在短时期内实现身份的更替，他们需要同时应对城市社会各个层面的冲击，小农意识的根深蒂固和农民身份的长期制约使他们难以快速调整心态，以市民的姿态全面参与到经济、社会、政治和文化中；另一方面由于城市社会的排斥也抑制了失地农民在各个领域的参与，正如学者 Duffy 所言，所谓的社会排斥是指"不能有效地参与到主流社会的政治、文化、经济和社会生活之中"②，失地农民虽然表面上已经转变为城市居民，但实际上在诸多领域仍难以获得平等的参与权利，以上两方面因素造成了这一群体城市融入的迟滞和失衡。失地农民往往结合自身需求有选择性地参与到城市的各个领域，不可能同步实现融入，由此形成一个在文化堕距基础上进一步加深的差序化的城市融入格局。在以上四个层面的融入过程中，失地农民参与最深的是经济领域，其次是社会领域，再次是政治领域，最后是文化领域。

---

① 张海波、童星：《被动城市化群体城市适应性与现代性获得中的自我认同》，《社会学研究》2006 年第 2 期。
② Duffy, K., *Social exclusion and Human Dignity in Europe: Background Report for the Proposed Initiative by the Council of Europe.* Strasbourg Council of Europe, 1995.

一 经济层面参与最深,融入最快

经济参与是指从获得经济性收入的角度分析人们的经济活动:一是通过劳动获得经济报酬的参与活动;二是通过要素获得经济收入的行为。[①] 失地农民经济层面的参与是指其通过劳动、资本和房屋等生产要素和资产进入市场谋求经济收益的过程。乡城转型对失地农民来说,意味着传统职业的瓦解,以新的生产方式适应城市的过程。如果失地农民在经济领域积极参与,获得了平等的就业创业机会、社会保障和福利,达到符合大多数城市人口的职业成就、收入水平和消费能力,则意味着他们在经济上已经完全融入了城市主流社会。毫无疑问,经济参与对新移民群体的城市融入是至关重要的。正如伦敦大学学院的著名经济学家杜斯特曼所述,在移民社会融入的各个方面,经济融入是最为重要的,是移民群体实现彻底融入的前提条件[②],因此,经济条件是失地农民城市生活的最重要基础,若物质生活不能保障,城市生存缺乏安全感,则会阻碍失地农民的城市融入进程并且不利于其他层面的进一步融入。由乡村迁移到城市,低廉生活成本的优势已经失去,转入处处花钱的消费模式,若不能获得稳定的收入来源或者现有的储蓄不足以保证未来家庭的基本生活,他们将会产生焦虑情绪和不安全感,为此失地农民进入城市后往往会积极寻求经济收益,以各种方式谋求物质生活的满足,这也决定了他们在经济领域主动参与意识最强。失地农民自身的主动性加之来自外部的支持,他们在经济层面的融入进度也是相对最快的。在住房方面,目前绝大多数失地农民在失去土地后均能获得一套或多套安置房,居住条件和环境较之从前有了较大的改善,因此住房需要基本得到满足。若安置房区位条件好,接近城市繁荣区,失地农民还可通过房屋

[①] 周平梅、原新:《流动老年人口经济参与及其影响因素分析》,《南方人口》2019年第2期。
[②] Dustmann, C., The Social Assimilation of Immigrants. *Journal of population economics*, 1996, 9 (1): 37 – 54.

出租获取部分收入，在回迁安置小区出租经济比较盛行，调研发现许多家庭在住房安置时，选择两套或以上小户型住房，通过压缩自身居住空间以腾出房屋对外出租。在就业方面，随着土地的农业价值越来越小，H市现如今绝大多数的农村青壮年劳动力不再完全依赖土地生存，外出就业普遍，基本已经实现了非农就业或拥有就业经历，而且近年来各地政府及社区出于人性关怀和维稳考虑，也给予失地农民更多的支持，为他们提供了大量的职业培训和就业扶助，促进了失地农民的非农就业参与，虽然他们的就业质量和稳定性尚不理想，但总体能够取得一定的收入。在社会保障方面，21世纪以来各地失地农民陆续享有了社会养老保险和最低生活保障，并且保险待遇逐年提高，从而使失地农民的基本物质生活得以保障。从H市各地的调研来看，自20世纪90年代开始到今天的征迁安置，虽然不同地区、不同人群的经济融入有快有慢，但总体而言失地农民通过不同程度、不同形式的经济参与已解决了基本的生存问题。就经济结果来看，失地农民与原市民之间的差距会随着时间的推移逐渐缩小。

但是也要看到，失地农民的经济参与能力较原市民仍存在差距。由于失地农民是被动融入城市社会的，人力资本和社会资本缺乏、心理适应能力较弱、城市经验不足等一系列因素使其往往只能停留在低水平的参与阶段，难以在经济领域实现全方位与深层次的融入。笔者在各地的调查发现：H市的城区或经济较为发达的市县因就业资源较为丰富，失地农民就业机会多，因而选择在居住地城市就近就业的人群亦较多，家庭生活相对较为安定；而较为偏远的县特别是经济较为落后的地区，能够满足失地农民就业的渠道有限，他们大多仍沿袭着过去外出务工的就业模式，房产所在地与就业地的分离降低了失地农民作为城市人的认同感和归属感。就业服务缺失和就业能力不足均会造成失地农民的就业困境。一些地方政府往往只重视眼前经济效益，忽视了失地农民再生存能力的提升，虽然制定了就业扶助政策、开展了就业帮扶行动，但大多未

能结合失地农民的实际需求，结果流于形式，可操作性不强，对失地农民的支持作用不明显。就业质量不高、不稳定直接影响了消费能力。虽然失地农民在土地被征后能够获得一部分收入，生活条件也得到明显改善，但城市的生活成本和生活风险都在急剧增长。失地前是一个高度的自给自足式的消费模式，土地能够给他们提供大部分的生活资料，家庭基本生活开支较少。笔者在进行实地调查时，就有失地农民用最朴实的话语表达了这一观点。

现在比以前消费大多了（高多了），生活水平提高了消费就提高了，什么都要买，以前我们种点粮食种点蔬菜，种点菜籽、米，家里面还养点鸡、鸭，这个都不要买，用水也不要钱。（访谈编码：D101）

对失地农民而言，开门七件事，柴米油盐酱醋茶，原先的乡村生活基本是一种自给自足的生活模式，大量的生活资料都直接来源于自家生产，但当失去土地进入城市以后，这种得天独厚的优势消失殆尽，一切都开始以金钱来计算和衡量，这对失地农民来说，无疑是不轻的负担。失地农民失去土地进入城市后将面临新的消费方式的挑战，消费骤增，消费范围扩大，生活成本上升，若仅能通过非正规就业谋求生存，则生活压力非常大。大多失地农民家庭仅能保证基本开支，在子女教育、能力提升和休闲娱乐等方面投入不足，加之消费观念滞后，尤其中老年人仍保留着传统节衣缩食式的消费方式，享乐性消费较少。

二 社会层面参与有限，融入缓慢

社会层面的参与主要指失地农民在城市生活方式和社会交往等方面的介入状况。传统乡村社会生活方式和交往方式是长期积累形成的，不可能在短期内彻底变迁，虽然大城市的郊区乡土文化已经被城市所稀

第二章　有限的参与行动：被动的乡城转型

释，但特定居住模式和劳作方式下形成的生活和交往方式仍难以割舍，当他们跨入全新的城市社会，原有的生活方式转换较为缓慢，他们受传统生活模式的束缚较深，虽然身处城市现代社会，但在心理和行为上还具有一定的抗拒性，难以积极主动地参与到社会各个层面。在访谈中，多位地方干部谈及该问题，表示生活方式的彻底改变则至少需要两代人才能实现。

农村人口的生活方式是在长期的居住和生活中被形塑的，他们时间观念不强，社会分工水平低，生活节奏缓慢且稳定少变，当他们被投入到瞬息万变的城市社会中，必然会出现两种生活逻辑的碰撞和冲突。失地农民集中居住的回迁小区，通常由若干个被拆迁乡村混合居住，由此形成了一种半熟人的社会结构，使得失地农民在生活环境变迁的同时交往圈亦发生了某种程度上的改变。同时将分散的居住形式集约化，失地农民活动由"户外为主"变为"足不出户"，生活方式发生了质的改变。失地农民的乡城转型过程是从农民转变成市民的过程，在这一转换中农民不得不放弃原来传统的乡村生活和生产模式，进入生活节奏较快的城市和工厂。但农民进城后，其原有的农耕文化并不能随着身份和生活环境的转变迅速变为城市文化，这就使得失地农民在社会生活观念上既保留了农村的特点，又新增了某些城市的特征，可以说兼具传统社会和现代社会的双重特性。① 失地农民进入城市后必然会遭遇新的生活观念的挑战，如生活节奏快、时间观念强、社会秩序和规则意识强等，但是他们面对这些挑战，却很少主动、迅速地调整自己传统的生活观念和生活方式以实现观念与身份的同步变迁，从而造成一定程度的滞后性，许多失地农民身份转变后依然固守着原有的生活观念，城市现代生活理念相对缺乏。失地农民的公共意识总体不强，很难以市民的身份参与社区生活。在调查中发现一些失地农民特别是中老年人进城后仍保留着农

---

① 刘先莉：《失地农民市民化中角色转换问题的思考》，《安徽农业科学》2008年第3期。

村传统的生活方式,如破坏小区绿化种上蔬菜果树,在院中乱搭乱建、饲养牲畜,在公共生活空间随意堆放农具、生活用品,随地乱扔垃圾,在小区空地晾晒衣物和食品等。笔者在新建的居住小区调查时,看到不少这样的情景:楼栋与楼栋之间虽然摆放着垃圾桶,但是仍然有大量的垃圾散落在垃圾桶周边,小区的公共空间安置了健身器材,但是被居民用来晒萝卜干等。这些回迁小区普遍存在的现象使其具有浓厚的乡村色彩,与典型的城市小区存在显著的差别。笔者在社区的调查中就有人充满无奈地这样说道:

> 刚搬来不行,都把这儿当农村,垃圾扔得到处都是。我曾经有一次,一个小男孩同他母亲,那个男孩只有7岁,他妈妈带他要下电梯,下来那个男孩就在走廊上面解小便,我说你这个小孩这么大了要注意点,前面有绿化带,你就是来不及了,你到绿化带去解小便也比在走廊、电梯下面好一点,你猜他妈妈给我回一句什么?她说你有本事把他带到公安局去,我讲你作为一个母亲怎么这样教育小孩。(访谈编码:B101)

从被访者的话中我们看出,失地农民刚迁入城市社区时,不仅在行为上坚守原有的生活方式,而且在思想上也认定它的合理性,当别人质疑或挑战他的行为时,他还会表现出强烈的反感和愤怒。失地农民以农民的惯习参与到现代城市生活中,则会显得格格不入。农民由农村进入城市生活,也就意味着私人领域的缩小和公共空间的扩大,这就要求失地农民要有较高的公共意识,自觉地维护公共利益,但他们往往从实用性角度来对待公共生活空间,他们舍不得宝贵的土地仅仅只被用来种他们认为无用的花花草草,而不是被用来种可以食用或出售的日常蔬菜,他们不希望看到任何一点土地被浪费。从市民的角度来说,这样做无疑破坏了公共环境,违背了保护公共生活环境的规则,损害了原市民的利益，从而引发了原市民对失地农民的不满与歧视。在笔者调研走访的回迁安置小区，很多公共基础设施和配套设施都遭到不同程度的损坏，有的直接丧失使用功能，失地农民的保护意识薄弱，随着时间的推移，回迁小区内部环境与商业小区差距愈加明显。

此外，失地农民和原市民的生活方式差异还体现在休闲活动方面。从总体上来说，失地农民的休闲活动以个人或单个家庭为主，他们参加公共性质的娱乐活动比例明显低于原市民。[①] 也就是说，失地农民还无法适应各类城市休闲活动，难以形成与原市民相似的文化娱乐习惯，更不用说利用日常休闲活动加强社会交往、获得社会资本了。失地农民的休闲方式还主要停留在相互串门、聊天、打麻将、广场舞等方面。笔者在各个调研点发现，老年人的娱乐方式更为单一，最常见的就是聚集在小区空地晒太阳、聊天，或者在麻将桌上消磨时光。回迁安置社区较之商业小区，一个明显的特征是居民室外活动多，小区内非常热闹，群聚聊天成了失地农民特别是老年人最热衷的休闲方式。此外，一些在征迁中获得较高补偿的或通过房屋出租生活富足的失地农民，他们在精神生活领域却非常贫乏，常常聚众赌博，回迁小区中普遍存在众多麻将室。这些方面均说明部分失地农民在身份转换后，生活方式仍保持原有模式，生活观念明显滞后，而且比较容易满足，对文化娱乐生活没有过高的追求，这也与他们所处的需求层次有关。笔者在各地的调研中都将休闲娱乐活动作为一个议题与被访者进行交谈，当被问及城市生活中的娱乐方式时，一位被访者这样讲道：

> 娱乐生活蛮好的，可以到社居委的老人活动室免费打牌，有人烧水，搞卫生。麻将室小区里有六七户。（访谈编码：D101）

[①] 沈菊：《失地农民社会支持网研究——以重庆市北碚区失地农民为例》，西南大学硕士学位论文，2009。

也就是说，对迁入城市社区生活的失地农民而言，能够在麻将室、棋牌室打牌，就已经是很好的休闲娱乐了。失地农民在失地之初拿到一定的征地拆迁补偿款，但少部分人自制力差、缺乏远见和计划性，从简单的打牌演化到赌博，有的人输光了全部补偿款甚至变卖了安置房，上述向我们讲述小区有六七个麻将室的被访者在访谈中同时讲道，"前两年刚刚征迁有些年轻人有点钱、房子也不错，就赌钱，后来搞干了（钱输完了）"。由此可知，健康而丰富的文化娱乐参与活动对失地农民社会层面的融入至关重要，实际上，失地农民在文化娱乐方面的参与热情较高，他们喜欢热闹，热衷于邻里互动，对于社区开展的一些文化娱乐活动，他们积极性高于原市民，只是在大多数社区此类资源较少，为失地农民提供的平台有限，抑制了他们的参与动力。

失地农民在社会交往方面也具有一定封闭性，缺乏广泛性的人际参与，上楼集中居住虽然人口密度增加但社会关系却松散化。费孝通在《乡土中国》中提出的"差序格局"理论，阐释了中国传统社会群体社会交往的特性，乡村社会的核心交往圈主要建立在血缘、亲缘和地缘基础上，形成一个较为封闭的差序型的社会交往圈，社会角色混淆。而城市社会则多以业缘关系为主，生成一个辐射范围广，相对开放、多样化的社会交往圈。失地农民迁入新的城市小区，原邻里圈被打破，并且随着普遍参与城市就业，他们开始发展新的地缘和业缘关系，这对其城市融入具有重要意义。失地农民大多居住在回迁小区，通常是原有的一个或几个村落合并而成，由此形成了一个包含多个局部"熟人社区"的异质性社区[①]，这和典型的城市商业小区完全异质化的邻里关系明显不同。成员的特殊性使失地农民在社区社会交往中仍然保留着差序格局，以初始熟人圈为中心，由近及远从同类邻里圈向异类邻里圈扩展。虽然原有的居住结构和劳动方式改变，使他们社会交往范围有所扩大，但他

[①] 吴莹：《空间变革下的治理策略——"村改居"社区基层治理转型研究》，《社会学研究》2017 年第 6 期。

第二章 有限的参与行动：被动的乡城转型

们对原有的初级社会关系仍具有一定的依赖性，特别是中老年群体，对发展新的社会关系，特别是建立和原市民的密切关系动力不强，因此失地农民的社会交往兼具农村与城市、传统与现代的双重特点。① 美国社会学家布劳指出："有着相近的社会位置的人们之间的社会交往要比其位置相差较大的人们之间的交往普遍些""内群体交往比外群体交往多。"② 失地农民扩大的社会关系往往也局限于同质性较强的居住小区的同类群体，也即内群体，失地农民以外的群体被其视为外群体。群体成员将他们自己的群体称为"内群体"，对它怀有特殊的忠诚感；同时，他们以怀疑的眼光看待其他群体，将其视为"外群体"。③ 长期形成的城乡隔膜使失地农民对原市民怀有先天的抵触情绪，而自身身份的改变又使他们在农民工面前存有一定的优越感，因此很难与其他异质性群体建立信任与情感联系，大多仍依赖于内群体和"强关系"获取就业、教育等社会资源。以费舍尔（Fischer）为代表的"圈内文化论"认为，具有相似的社会背景、个人背景的人，经过长期的相处，逐渐形成一种彼此了解并相互接受的社会规范、价值观念、人生态度与生活方式的结合，这被称为"圈内文化"。④ 失地农民虽然喜欢交往，但他们更倾向于与同类群体交往，久而久之又会在新的社区形成具有同质性的文化圈和交往圈，他们嵌入原关系网络越深，对原社会关系依赖性越强，就越不利于他们与外在群体的交往与融合，也不利于摄取更多的社会资源。失地农民基于互识社会建立的社会关系具有一定的内倾性和封闭性，虽然稳定且关系密切，但由于同质性较强，不利于社会关系的拓展，难以通过与原市民的交往而习得城市生活所必需的知识、技能、规

---

① 张海波、童星：《我国城市化进程中失地农民的社会适应》，《社会科学研究》2006 年第 1 期。
② 〔美〕彼特·布劳：《不平等和异质性》，王春光、谢圣赞译，中国社会科学出版社，1991，第 395 页。
③ 周晓虹：《现代社会心理学》，上海人民出版社，1997，第 334 页。
④ 童星：《交往、适应与融合》，社会科学文献出版社，2010，第 195 页。

范和文化,获得城市融入的资源。另外,居住方式的改变也影响着他们的社会交往频率,原先开放的居住模式和劳作方式使人与人之间的互动呈现一种网状结构,交叉点密集,面对面互动机会多,是一个互识性的群体圈。而征地后,封闭式的楼房居住格局和工厂的就业模式缩小了人们面对面交往的范围,使人与人之间的互动呈现点-线结构,交叉点减少,交往频率下降,在调查中,一位被访者这样讲道:

> 原来大伙都住在一起,都在地里干活,抬头不见低头见,我们是边干活边聊天,农忙时我们经常是相互帮忙,东西借着用,有时我家没有菜了就到你家地里去拔一点。现在搬到新小区,大伙见面机会少了,有的早上去上班晚上才回来,也没有时间讲话了,感觉到感情没有以前那么深了。特别以前的老邻居,很多离得也远了,还是怀念以前的关系。(访谈编码:C102)

从访谈中可知,传统乡村社会无处不在的面对面互动,使社会关系紧密,搬迁后社会交往场地的减少、传统交往空间的丧失明显降低了人们的参与互动频率,社会交往方式的改变尤其对老年人群体带来的冲击最大。因此,集中居住的失地农民在社会交往领域面临一个较为尴尬的境地,一方面传统情感性的社会关系弱化,另一方面开放的、多元化的社会关系网络又未能即刻建立起来,这会在一部分失地农民内心产生深深的失落感。

三 政治层面参与较弱,遭遇摒弃

政治层面的参与是指失地农民以城市居民的合法政治身份,获取包括选举权和被选举权、言论自由权、决策权、监督权等各项权力并付诸实施的过程。公民和政治的融合取决于移民是否感到自己是社会的一个

第二章 有限的参与行动：被动的乡城转型

组成部分，取决于他们是否有平等参与政治活动的机会。[1] 失地农民的政治权利具体表现为：在社区居委会、居民小组长选举中享有选举权和被选举权，参与社区公共事务的决策和管理的权利，对政府机构、社区居委会等组织监督的权利等。在早期的传统乡村社会，非正式的社会力量如家族、宗族及其制定的村规民约等在乡村管理中发挥了重要作用，曾经是农村政治稳定的有效支撑，但近年来随着大量青壮年劳动力外流，传统的乡村价值观念和治理格局受到冲击，而征地搬迁则进一步瓦解了传统的社会治理资源。传统治理力量的丧失、正式的治理体系又未能获得居民信任和支持，对于兼具城乡特征的回迁安置社区而言，由于多重因素的作用，社会治理尤为困难，令基层政府组织和社区居委会头痛不已。[2] 与此同时，回迁社区成员构成极为复杂，虽然以失地农民为主体，但由于房价相对便宜也吸引了少数原市民的入住。除此之外，因租金低空置房较多又在回迁安置社区生成了一个产业：出租经济，也就相应地聚集了一个流动性较强的群体——农民工。社区内各类成员的身份不同，需求不同，城市融入的程度不同，分化较为严重，关系错综复杂，原有乡村秩序在迁移过程中被打破，新的规则体系在短期内尚无法全面建立起来，由此对于失地农民群体而言出现了价值真空、行为无序的状况，这一系列因素的作用造成社区管理难度较大，亟待通过广大新老市民的政治参与共建安全稳定社区。

乡村和城市社区在组织架构和管理体制方面存在显著差异，长期以来，乡村兼具社会管理和经济发展的双重属性，既是生产活动的场域，又是社会管理的最基本单位，农村党组织、村委会和经济组织职能混淆，由于彼此熟识且相互信任，甚至具有强烈的情感联系，村民的政治参与活动更多地表现为利益与人情的结合。村委会作为"准行政"组

---

[1] Laurentsyeva, N., Venturini, A., The Social Integration of Immigrants and the Role of Policy—A Literature Review. *Intereconomics*, 2017, 52 (5): 285-292.

[2] 杨贵华：《城市化进程中的"村改居"社区居委会建设》，《社会科学》2012年第11期。

织，承担着服务、组织、发展农村经济的重要职能，因而与村民的经济利益关联度高，加之村落之间边界清晰，村民的生产和生活基本上在本村范围内进行，以农业为主的农村生活又相对简单，工商业组织和其他社会组织渗透较少，因此，村委会是农村社会生活的主体组织，其权责较城市居民委员会要大，这也是村民委员会选举之所以为村民所普遍关注甚至投入极大热情的主要原因。[①] H 市农村地区普遍实行了村民自治，特别是三年一届的选举活动已成为村民行使政治权利的重要事件，村民们经常参与村级事务讨论，政治权利意识不断增强。土地被征收后，政治运行规则发生了改变，实行了村改居，回迁安置社区成立了社区居委会，一方面居委会成员特别是负责人通常由原几个村的村干部合并组成，对失地农民而言，以往所属的小群体权利体系发生了变化，从而对新生的组织机构信任度减弱；另一方面社区的职能较之村委会发生了改变，以社会职能为主，经济职能丧失，失地农民与居委会的经济联系断裂，由此也影响了失地农民对社区的依存度。特别在经济较为落后的地区，村改居后社区的服务职能并未充分发挥出来，与社区居民联系减弱。新型社区的建立对原有的政治体系造成了冲击，传统的治理格局瓦解，社区权力结构、组织体系、职能范围和人员构成均发生变化，同时，新成立的居委会组成人员以原村委会成员为主，因此管理手段和管理理念难以随着社区政治体系的改变而迅速更新，往往仍会沿袭乡村社会的管理模式，该模式虽然短期内还能维持，但大部分已经落后，远不能适应环境的变化和城市管理的需求，致使新社区在事务处理和矛盾化解等方面出现诸多问题，对失地农民的政治参与也产生了不利影响。虽然依据《中华人民共和国城市居民委员会组织法》规定，居民有权参与社区居委会的一系列政治活动，如居委会换届选举、居民大会等，但是对于身份已经实现转型的失地农民来说，参与率却很低。为什么会出

---

① 杨贵华：《转型与创生："村改居"社区组织建设》，社会科学文献出版社，2014，第 65～66 页。

第二章 有限的参与行动：被动的乡城转型

现这样的现象呢？笔者在调查中专门询问了社区居委会的工作人员，得到如下答复：

> 大家过去都习惯了村委会包办一切的生活方式，习惯了在旁边看热闹，一旦让他们亲自参与社区建设自然让大多数人心里犯嘀咕，打退堂鼓。还有一些居民觉得社区管理是政府的事情，自己参与耗费时间、耗费精力，还没有任何经济回报，不值得。当然，这些都是次要原因，金葡萄家园居民参与社区建设积极性不高的主要原因有两点：一是绝大多数中青年人都在市区打工，有的还在外省长期不回家，导致参与社区建设的人群少。二是常年在社区留守的大多是妇女和老人，他们文化程度较低，也缺乏足够的政治纪律和法律素养，参与社区活动时往往自说自话，无组织无纪律，开会时大声喧哗，工作时迟到早退。有部分参与者甚至每天把孩子带到社居委来，把社居委当作托儿所。（访谈编码：B001）

从根本上讲，出现这类现象是失地农民作为市民的主体意识尚未建立起来，没有习惯于自己当家做主，仍然保留着过去的传统思维，认为应该由居委会来为大家做主。再者，村改居后，失地农民与原村委会的亲密关系和依附关系被削弱，利益关联度下降，基于熟人社会的权利圈也被打破，与现有的居委会距离渐远，造成了政治参与的弱化和社区政治权力的失落。居委会选举权只是一个独立的纯粹的政治权利，并不与居民的经济权利、社会权利有必然的联系[①]，预期利益的下降或丧失抑制了失地农民的政治参与热情，致使许多社区为保证参选率，不得不以经济利益刺激，通过发放礼品等方式吸引居民参与，从而违背了社区政治参与的初衷。政治参与动力不足造成失地农民政治层面的融入滞后，

---

① 魏建：《嵌入和争夺下的权利破碎：失地农民权益的保护》，《法学论坛》2010年第11期。

与稳定有序的"村民自治"相比甚至出现了参与倒退现象。

四 文化层面参与最弱，融入迟滞

文化层面的参与是指失地农民获得城市社会的法律规范和价值理念等，并在心态方面达至对城市社会认同的过程。文化参与是一个双向作用的过程，失地农民在习得城市文化的过程中，所秉持的乡村文化又会在文化交流中反作用于城市社会及其文化，使乡城文化在碰撞和磨合中实现融合和升华。失地农民的乡城转型过程，不仅是身份和户籍的简单改变，也不仅是生活习惯、就业方式和社会交往的改变，还包括价值观念、思维方式和社会认同等文化层面的变化，社会成员根据由文化信仰、习俗、社会规范、法律、意识形态和宗教塑造的心理模型行事，这些心理模型塑造了人们对自身利益的看法以及行为准则，因此文化层面的融入是失地农民城市融入的最后步骤，也是决定其是否完全融入城市的最为关键要素。不论哪种方式的移民，他们长期在原居住地生产、生活中积淀下来的文化体系，包括情感方式、思维模式、价值观念、道德规范、礼仪行为、风俗习惯及宗教禁忌等，必然会同移入地的文化体系存在这样或那样的冲突与矛盾。① 面对新的环境，失地农民若不能突破原有文化心理层面的束缚，通过该领域的参与调整自己的文化认同，则必定会感受到新的环境对其构成的心理冲击。从乡村到城市，生活场景的切换对失地农民来说不仅意味着熟悉的生活和生产空间的失去，而且随之一同失去的还有他们习以为常的生活方式和社会关系，从而产生了明显的角色中断。面对新的生活场景他们渴望被场域中的社会成员所接受和认可，找寻到新的情感归属，但是他们很难在短时期内实现价值理念和行为方式的切换，他们在城市中也难以如乡村社会那般自如与自

---

① 徐华炳、奚从清：《理论构建与移民服务并进：中国移民研究 30 年述评》，《江海学刊》2010 年第 5 期。

第二章　有限的参与行动：被动的乡城转型

信,因此他们常常怀着一种忐忑的心情适应着城市。对成年乡-城流动者而言,特别是没有城市生活体验的人,他们在流出前就已经完成了社会化过程,形成了看待社会人生、为人处世的基本理念,且该理念可能已经根深蒂固,难以很快调适,进入目的地以后,他们面临一个艰难的再社会化(即文化适应)过程;接纳和认可流入地的文化需要经历一段较长的时间,且流入者的年龄越大,文化适应过程所需的时间越长。[①] 日积月累下形成的对乡土文化的认知在短期内并不会随着环境的变迁而改变,失地农民进入现代社会仍会以传统的观念和行为参与新的环境,这是一种难以割舍的惯习和情怀。今日大量的失地农民彻底离开其世代居住和生活的乡村,进入城市生活,他们能否融入城市,并以一种积极向上的心态应对这种变化,成为值得关注的问题。心态主要是指失地农民在逐步适应城市生活过程中的一种内心的态度,包括对新身份、新生活和城市价值观念等方面的认同和接纳程度。当失地农民脱离了乡村生活,步入了城市社会,他们将经历一个完全不同的生活体验,其心态会随着生活方式和生活环境的改变而发生变化,这是一个潜移默化的变迁过程,失地农民的内在参与动力相对较弱,由此决定了他们在该领域的融入较慢也较为艰难,往往在很长一段时间都无法实现对城市文化的认同和接受,在价值理念和意识形态等方面难以完全融入城市社会。那些无法恢复对社会和社区信任的人会感到被社会疏远,从而产生失落感,这些心理方面的失调问题若不能予以正确疏导,使失地农民用积极的心态去融入城市生活,则会对他们的进一步发展产生不良影响。

失地农民在身份认同方面存在错位现象。身份认同是个体在社会场景中的一种自我意识,是一种建构在与他人互动基础上的"社会自我"的感悟与自觉。[②] 失地农民在告别土地的同时,也告别了"农民"这一

---

① 杨菊华:《从隔离、选择融入到融合:流动人口社会融入问题的理论思考》,《人口研究》2009年第1期。
② 陈林、林凤英:《失地农民市民化:文化价值观的变迁——以福州市淮安村失地农民为例》,《福建农林大学学报》2009年第6期。

社会角色，身份开始转换。他们首先会对突然面临的新身份和角色进行自我判断和感知，并对原市民所具有的权利义务、生活方式及价值观念产生认知，在经过一段时间的磨合和适应之后逐步对新的身份和角色形成认同，最后完全投入新的身份和角色之中，差异和不适消失。这一系列过程的全部完成才意味着失地农民在心理上彻底融入了城市社会，但是这个阶段是依次递进的过程，不可能一蹴而就，某些失地农民甚至一生都未能完成转换，因此在这一漫长的转化过程中也必然会带来一系列的认同困境。失地农民虽然在客观身份和生活环境等方面实现了融入，但是一方面长期的乡村生活体验使其对农民身份形成了根深蒂固的认同和难以割舍的情感，另一方面由于失地农民在城市待遇方面与城市居民还存在一定的差异，且他们多生活在同质性较强的城郊回迁小区，社会交往仍以这些身份相似的初级关系群体为主，这些均不利于城市文明的获得和对市民身份的认同。此外，城市原市民的偏见和歧视在某种程度也会加剧失地农民的认同障碍，使他们形成一种局外人的感觉。因此，大部分失地农民并不认同自己是城市人，他们既无法抹去对原乡村社会的归属感，又不得不建立对城市社区的认知，于是他们成为介于农民与市民之间的第三类群体。一位被调查者说的话很具有代表性："我也不知道我是农村人还是城市人，说是农村人吧，我又没有地，说是城市人吧，连我自己都觉得不太像呢！"（访谈编码：C101）从整体上来看，这样的身份认知困惑是普遍的。虽然失地农民在身份和居住方式等方面已经实现了城市化，他们中的大多数人在心理上也渴望融入城市社会，但主客观因素的作用使他们在短时期内很难建立对城市的认同，存在身份认同的不确定性以及主观认同与客观身份的错位问题。部分失地农民在转变为城市居民后，仍在相当长一段时间内普遍存在一定程度的心理不适应性。若搬迁后未能获得期待的报酬，理想和现实之间落差较大，则会产生强烈的相对剥夺感和怨恨情绪。因此，对于永远失去土地的失地农民来说，只有尽快地融入城市社会，消除对城市的陌生感和不适

第二章 有限的参与行动：被动的乡城转型

感，找到对城市的归属感，他们才能对城市产生真正的认同，也才能获得一个安全、满足的生活。

失地农民在价值观念领域出现了传统与现代的冲突。失地农民的价值观是失地农民心目中关于周围事物和世俗生活的意义、重要性的基本评价和总看法，表现为失地农民对周围事物和世俗生活的相对稳定的信念、信仰、理想、评价等。[①] 失地农民在城市融入过程中出现的价值观问题主要源于对失去的乡村生活深深眷恋、对当下身份定位模糊以及对城市生活迷茫和不适应。随着失地农民生活环境的转变，很显然其原有的相对传统的思想价值观念已不能适应新的生活环境的要求，亟须形成或者接受新的适合城市生活的思想价值观念。但是从较为传统和封闭的熟人社会迅速进入现代和开放的陌生人社会，失地农民会自觉或不自觉地感受到两种价值观的差异和冲突，却难以分清孰是孰非并选择对新价值观的遵从，从而带来一系列失调现象。以乡土文明为核心的传统价值观已在失地农民内心扎根，深深地影响着他们对众多事物的看法，如人情关系、行为准则、职业发展、政治参与等，但随着生活环境的突变，他们发现以往那套价值理念越来越不能给他们提供支撑和安慰，越来越难以指导他们的现实生活，而短时期内以城市文明为核心的现代价值观却不能嵌入他们内心，指导他们的行为，于是使他们陷入两种价值观的冲突之中，产生迷茫和不知所措的心理危机，甚至出现行为失范问题。在部分失地农民群体中存在一个典型特征，即一方面享受着城市化带来的物质文明，现代楼房、家用电器、高档家具等应有尽有，消费方式、消费水平与原市民不相上下，但另一方面他们未能像市民那样习惯了竞争激烈的城市高压生活状态，他们安于现状，没有忧患意识，满足于征迁得到的补偿，一些人产生炫富心态，甚至赌博、吸毒，最后坐吃山空而返贫。在农民市民化进程中，农民原有的乡土文化和生活方式、思维方式必

---

① 吉孝敏：《城镇化进程中失地农民的价值观分析与重建》，《农村·农业·农民》2013年第7期。

将经历一个与城市文明从碰撞、冲突到逐步适应、融合的过程。① 这是一个漫长而复杂的过程，这个过程亦会带来阵痛，在这个新旧更替的过程中，失地农民需要对传统乡村文化和现代城市文化形成正确的认知，在传承中吸纳新的文化。如果不能通过有效的文化参与，使失地农民以积极的方式对城市生活价值、新角色身份产生认同，对城市生活和城市社会产生归属感，则会导致其精神世界的迷失和在现实世界的越轨行为。

第三节　不协调的乡城转型图景

奈斯比特（J. Naisbitt）在《大趋势：改变我们生活的十个新方向》一书中指出："凡生活受到某项决策影响的人，就应该参与那些决策的制定过程。"② 对于生活遭遇突变的被动城市化群体——失地农民来说，参与决策就显得尤为重要，但是在实际操作中基于历史和现实原因、个体和社会的原因，失地农民的参与动力不强和参与机会不足。城乡二元体制的长期作用使乡村人员被排斥在中心社会之外，处于社会阶层结构的末端，加之在土地征收过程中其又未能全面而主动地参与，丧失了与地方政府博弈的机会，从而造成失地农民在土地收益分配链中始终处于底端，无法获得公平的利益，虽然身份已经实现了转变，但是无论从主观还是从客观层面来看，失地农民在城市社会中仍然处于边缘地位。不平衡的利益分配、弱势化的城市生存现状，诱发了一系列的社会矛盾和社会问题。

一　不公平的利益分配

不平等的城乡二元体制造就了乡村人口相对弱势的境地，正因为城

---

① 杨风：《排斥与融入：人口城市化进程中农民市民化研究》，山东大学出版社，2014，第65页。
② 〔美〕约翰·奈斯比特：《大趋势：改变我们生活的十个新方向》，梅艳译，中国社会科学出版社，1984，第162页。

第二章 有限的参与行动：被动的乡城转型

乡有别、乡村弱于城市才有了学者和大众广泛讨论的"市民化""城市融入"等问题。因而乡村人口无论在征地前、征地中还是征地后均在利益分配格局中处于劣势，未能公平地获得应有的社会发展成果。虽然近年来户籍制度有所放松，城乡统一的户籍制度基本建立，但是二元结构及其对乡村人口产生的影响依然存在，城乡的分化及利益失衡在短期内还不可能消除。利益分配的不公在相当大的程度上源于权力的失衡，农民由于未能拥有平等的土地权和参与权，也就会自然地遭受利益的剥夺。现行制度下，农村集体所有的土地所有权不能私自转让，地方政府在土地供应上不可避免地具有近乎垄断的权力，如果不能对权力给予有效的制约，必然会导致权力的滥用，使权力行使者为了自身的利益而背离民众的利益。在土地支配中的权力失衡带来的是地方政府利用自己的垄断权力，从公共土地出让中尽可能多地获取土地收益，从而在征地博弈格局中出现了失衡态势，产生了社会不公问题。通过征收，土地经历了从农民到政府、从政府到开发商，再到最终用户的重新分配过程，在这一过程中，地方政府为了基础设施和公共服务投入，需要获取尽可能多的土地出让金，开发商为了经济利益亦尽其所能实现利益最大化，因而失地农民获得相对较少。失地农民的土地补偿必须服从行政安排，他们很少有机会以制度化的方式参与博弈，但是政府出让土地却遵循市场规则，不对等的产权交换也带来了不公平的利益分配格局。由于征地不被视为一种市场交易，而是由地方政府主导不公正的交易不可避免和普遍存在。对于各个城市而言，土地是一项巨大的红利，为地方政府带来了巨额的出让金，这也成为一些地方政府经营土地的动力。集体土地出让的收益在乡镇、村集体组织和村民之间并没有明确的划分，尤其是村民应得多少没有确切的规定，造成各地操作较为模糊，自主权较大。某些村干部想方设法出让土地，且大多时候不能保护农民的合法利益，因而农民在这场利益调整和分配中被边缘化。失地农民在土地价格谈判和补偿方案等方面的权力缺失，这也是土地征收补偿不合理以及城市和工

业用地过度扩张的原因。作为拥有土地承包权和使用权并把土地作为最后保障的失地农民，在这场交易中失去了参与讨价还价的可能，他们没有代表自身利益的组织，原子化的个体很难形成合力与政府平等协商谈判，参与权的缺失使他们难以获得公平的土地收益。据统计，2017年全年H市所在的省份累计成交424幅地块，总面积42837.6亩，土地出让金总额达1772.47亿元，平均地价为413.77万/亩。① 而从全省集体土地补偿标准来看，土地补偿费和安置补助费合计最多不超过15万元/亩，绝大多数在10万元/亩以下，在H市除城区相对较高外，大部分地区在5万元/亩左右，由此可见，政府获得的土地收益多，失地农民获益少。访谈中一位镇长对土地征收中的利益不合理分配发表了自己的看法：

> 目前城乡的建造差越来越大，我算了一笔账，现在征地最高的是41250元一亩，就是农用地，现在该地区的土地的出让定价是200多万元，这是多少倍的差价，就是他用4万元多的价格从农民手里把土地拿走后，到他手里变成城市用地后就是200多万元，你把这个200万元里面的造地成本，包括征地啊拆迁啊，这些成本都算上，也只能要30万元，这是多少倍的差价，这样一来城乡的建设差越来越大。我认为目前国家的政策解决不了问题，我记得原来讲过新农村建设以农民为主体，我认为这是政策方面的歧视，我算下账，一个三口之家一个人6分地，一家的地就6万块钱，就是给了6万块钱就把农民赖以生存的土地拿走了，这6万块钱根本无法维持这一家以后的生活，我认为目前这种拆迁机制对老百姓来讲是不公平的，一亩地应该达到10万元左右，这当然对农民不能讲。
> （访谈编码：D005）

---

① 新安房产网，http://news.ch.xafc.com/show-1081-765611-1.html，最后访问日期：2019年2月3日。

第二章 有限的参与行动：被动的乡城转型

由此可见，这位镇长对土地征收中的不公平利益分配非常清楚，虽然他内心对失地农民受到的政策歧视充满了同情，但作为政策的执行者也只能服从并维护政策的权威，不可能在行动方面向失地农民倾斜。在这场土地红利的分配中，明显失地农民得到的过少。当前的补偿标准没有充分考虑征地给农民带来的福利损失、安定损失、少数残存损失和事业损失等因素，补偿范围过窄、标准太低，而且征地补偿费不包括农地的增值收益，这对农民也是不公平的。① 更甚者，本就不高的土地补偿费真正落入失地农民手中的比例更低，土地的集体所有属性使失地农民作为土地的承包者往往只能获得少部分的青苗补偿费和土地附作物补偿费，几万元钱即换取了失地农民几代人的生存基础。甚至在某些地区，村干部故意隐瞒政府给予的具体补偿数额，挪用本应属于失地农民个人的部分，使失地农民遭遇二次剥夺。城乡二元体制下资源分配的不公平致使乡村长期落后，安然遵从该不合理制度安排的乡村人口对居住地的转换兴奋不已，庆幸自己土地被征，终于摆脱了贫穷落后的生活环境和农民的身份过上城市人的生活，农民的这一思维来自长期的政策教化和价值塑造，他们忽略了致使其陷入弱者地位的制度因素，不平等的城乡二元体制使农民在征地前后均未能公平地享有社会发展成果。尽管这一体制的影响正在逐步减弱，国家在制度设计层面也着力于促进社会公平，但乡村人口从改革中获得的利益分配仍然是不平等的，特别是对于失地农民来说，缺乏一系列可持续的保障机制，尽管他们得到部分补偿和福利，但有限的补偿不足以维持他们失去农田后的生活，也使许多人尤其是依赖土地生活的老年人陷入了困境。失地农民虽然已经迈入城市转化为城市居民，但是他们在社会保障、居住环境、就业等方面仍与原市民存在差异。在不同的时空情境下，受各种宏观和微观因素的综合影

---

① 梁亚荣、陈利根：《新农村建设背景下的征地制度改革》，《学海》2006年第4期。

响，不同的制度设计者对失地农民也施行了不同的保障政策，从笔者调研的各个回迁社区来看，失地农民享有的福利待遇与当地的财力状况和决策层的民本意识关系较大，不过 H 市各地经济发展对土地的依存度较高，基础设施和公共服务的投入需要土地财政的支撑，因此对失地农民的利益分配自然有所下降。失地农民进入城市长时期生活后，他们对身份转化的兴奋逐渐消退，开始反思自己的获得，一旦他们意识到遭遇了不公平的对待，则会产生不满情绪并期待从政府寻求利益补偿。访谈中一位失地农民虽然现如今已经取得了较大的发展成就，但仍表达了对征地的不满，认为自己牺牲太多：

> 2009 年之前，所有的我们区的领导都知道我们失地农民做出巨大的牺牲，他该照顾一点照顾一点，但是现在你讲社会往前发展我们要规范，这没有问题，但请你再想一想，我们巨大的牺牲，我们的农民，现在我们的户口本上面是非农户口，我从小的时候就记得，我家打了一万斤稻，我们都累死了，放学了回家还要去拾稻把子，去帮着我的爸爸妈妈去干活，然后用车子人拉手提，拉到粮站去卖，有的时候卖粮都卖到凌晨三点，交公粮我记得，交过公粮就没有钱了。我想问一下，以前我们的农民做出那么大牺牲，轻飘飘地就变成非农了，这有法律依据吗？它的依据在哪？给过我们补偿了吗？这都没有，所以说我想讲不公平。（访谈编码：A103）

从以上访谈中可知，被访者对自己遭受的剥夺有着强烈的自我感知，言语中透露出深深的受挫感和不公平感，其寻求利益补偿的心理亦更突出。近年来无论是农民对农业税的抗争还是对土地征收的抗争，根源都在于其权利遭受侵害，农民始终是弱势群体，在利益分配链中位于底端，由此产生了一系列的社会不公平问题。实际上，中国农村独特的土地制度有助于防止农民陷入严重贫困境地。这种特殊的制度在农民的

第二章 有限的参与行动：被动的乡城转型

生活中有着重要的作用：如果城市的外来务工人员失去了工作，他们可以回到农村重新耕种土地，至少他们可以从地租中得到一些收入，也就是说，土地具有养老保险和失业保险的作用。[1] 但是土地被征后，失地农民完全被推向了社会，失去了土地带来的物质和心理保障，一旦在城市无法获得稳定的收入来源则极易跌入社会的底层。

即便进入了城市，居住于高楼中身份实现了转变，但并不意味着失地农民就能够公平地获得与城市居民同等的待遇，在基础设施和公共服务等方面二元特征仍较为典型。回迁小区在住房、道路、供电、绿化等这些设施与城市商业小区仍存在差距，质量显著差于商业小区，笔者夏季时在某一小区调研就遭遇了停电现象，访谈对象很无奈地告知笔者停电是常态，这背后反映出同城不同待遇，其间潜藏着深深的不公平。不公平也体现在公共服务领域，回迁小区的区位劣势使失地农民难以享有较高质量的公共服务。一位接受访谈的镇长如是说："好远都没有一辆车，还有就是便捷感，买菜都没地方买，买东西没地方买，存钱啊、教育啊、卫生啊等等，整个配套都很差。"（访谈编码：D005）人为塑造的不平等的居住空间在城市又形成了新的空间隔离和空间分化，使失地农民与原市民的差距进一步扩大。正如陈映芳等所指出的："当我们将个人或家庭的收入、权力及声望等作为社会分层的主要因素时，往往忽略了受到城市规划、住宅分配制度、公共资源配置系统等限制的住宅要素。在城市社会中，住宅不平等是社会不平等的最重要的一个侧面。'住宅阶层'应是我们认识社会主义城市中社会各阶层政治地位、经济地位、社会地位之间错综复杂关系的一个有效视角。"[2] 因此，显而易见的，位于住宅阶层低端的失地农民在政治、经济和社会地位等方面也必然处于低端，这两者互为因果关系，共同形塑着失地农民底层的地

---

[1] Xiubin, L. I., Farmland Grabs by Urban Sprawl and Their Impacts on Peasants' Livelihood in China: An Overview, *International Conference on Global Land Grabbing*. 2011: 6-8.

[2] 陈映芳等：《都市大开发：空间生产的政治社会学》，上海古籍出版社，2009，第64页。

位。不公平的居住空间还会投射到社会层面，进一步带来生存和发展机会的不平等。失地农民由于居住在边缘的城郊，距离城市中心区较远，受到的辐射较弱，很难涉入城市居民占据主导地位的中心区，也就难以获得利于向上流动的优质经济资源。再者，住宅的分化使失地农民和城市居民拥有各自的居住边界和交往规则，他们之间缺少深层次的接触机会，彼此间深深的距离感和排斥感抑制了失地农民社会资本的获得，从而使阶层分化加剧。居住空间结构和分化显然反映出社会的结构和社会的分化，值得注意的是这一结构和分化并非自然形成的，也不是失地农民能够左右的，而是政府强制性的政策安排所致，因此不公平性尤为突出。不公平的客观事实还会映射在主观体验方面，成为失地农民无法摆脱的伤痛，即使一些人通过个人努力获得了向上流动，在经济领域与原市民的差异缩小，生活方式和生活机会也日益趋同化，但"失地农民"的身份标签以及内心的被剥夺感将会伴其一生。失地农民遭遇的不公平是一个持续反复的过程，起点是城乡有别的二元体制，使他们与城市居民之间已经形成了深深的分化与区隔，而征地拆迁不仅未能根本扭转这一不公，反而使不公平更加放大和显性化，使城乡二元体制又以新的形式在城市延续，最终造成了空间的分割和失地农民的弱势化。在这一轮又一轮的利益分配中，失地农民始终无法实现平等的主体参与，在乡村和城市两个场域的运行过程中他们话语权较弱，难以通过制度化的渠道参与政府决策、改变不平等的制度安排，从而沦为这场征地事件的利益受损者和城市化的风险承载者。

二 尴尬的城市边缘者

在 H 市，征地补偿费普遍偏低且按家庭人均固定面积安置住房，几乎未出现发达城市因征地而一夜暴富的现象，失地农民获得的有限补偿费大多用于新房装修、补偿购房差价等，更有一些人因装修而出现负债问题。尤其是早期的失地农民不仅所得的补偿款畸低，而且未能享有

第二章 有限的参与行动：被动的乡城转型

住房置换，为此这一时期的征地在诸多主客观因素作用下造就了大批的城市边缘者。由于在征迁、安置过程中失地农民声音微弱，参与机会和渠道较少，他们的合理需求和合法权益难以获得应有的尊重和保护。一些地方政府在相关政策制定前没有对失地农民的当前和未来可能面临的困难和问题进行详细的调查研究，也未能进行风险预控，则失地农民极易在搬迁之后陷入困境。失地农民的主体缺位加之政府的强势主导，使大多数的失地农民未能公平地获有城市化的发展成果，成为长期徘徊在城市边缘的非农非城的第三类群体。在征地这场多方参与的博弈过程中，失地农民成为最大的输家，而开发商和地方政府成为最大的获益者。[①] 他们似乎与主流社会存在隔阂，集中在低工资的劳动力队伍中，受到学业失败等社会问题的困扰，遭到普遍存在的偏见和歧视。大多数失地农民在教育、职业、收入和居住特征等方面层次较低，与原城市居民差异明显。

在教育方面，失地农民子女的教育质量相比于失地前有了明显的提升，但是与城市居民还存在一定的距离。为了减少成本，回迁安置社区大多建在城市的郊区，甚至远郊，教育资源不足，致使失地农民子女难以享有优质的教育，加之失地农民家庭通常对子女教育的重视和投入相对缺乏，又会使移民问题延伸到第二代，产生了新的隔阂与差距。笔者在调研中发现，部分原市民对失地农民子女进驻自己学区的公办学校心存不满，他们不仅认为失地农民子女抢占了原本属于自己的有限教育资源，而且会影响该校的教学质量，虽然不可否认存在该方面的客观事实，但是他们不能以理性和公正的态度对待失地农民，充斥着自利主义的歧视和排斥。

在就业方面，由于失去了最基本的生活资源，失地农民不得不努力在城市中找到一种生存方式。对农民工群体来说，当他们在城市遭遇挫

---

① 冯晓平：《城市化进程中失地农民风险与分化研究》，中国社会科学出版社，2017，第47~48页。

折陷入危机时,他们随时可以选择退回乡村,因此乡村是他们的避风港和减震区,他们可以通过城-乡流动规避城市化风险。但是失地农民已无任何退路可言,无论城市带给他们什么,他们只能接受,非农就业成为他们在城市生存最重要的甚至是唯一的出路。然而由于在文化水平、职业技能和信息资源等方面的劣势,他们拥有的人力资本和社会资本较少,他们在就业市场竞争性较弱,就业范围有限,尤其是40岁以上人员大多从事保安、保洁或临时小工、摆摊等方面具有简单劳动的就业,这些职业替代性较强。另外,因长期的心理依附性,保守被动,失地农民普遍缺乏进取精神和开拓精神,创业意愿不强,抗风险能力弱。以上两方面因素导致多数失地农民就业不稳定,收入水平偏低,隐性失业现象突出,正如有学者所述,失地农民在就业中存在低就业层次、低工资待遇、低技术含量、低稳定性"四低"特征。[1] 虽然随着时间的推移,一些失地农民会逐步改善他们的经济地位,还有少部分人能够成功实现身份逆转流入精英阶层,但大部分人群仍停留在就业层次的末端,在经济上处于非常不利的地位,生活在城市社会的底层。调查中一位街道办主任对失地农民的就业状况进行了详细的描绘:

> 我们分析,城市的发展有20%的农民进入了高层发展,因为经济积累,他有文化有思想,他就跳出了农村,走入了城市或者是走入了社会,发展了自己的产业,这一部分占20%。还有60%的人让人担心,他们长期从事第一产业,他们是日出而作、日落而息这种生活习惯,没有其他的技能。这60%的人大部分从事农业劳动,有的学一部分像是木匠、瓦匠、漆匠这些。外出打工的在我们城市周边的很少,因为城市近,他们一般忙完农活了到城市打打工,这样做又方便照顾家,来钱也快,这60%的一般农业是他们

---

[1] 谢华、李松柏:《失地农民城市适应困境与对策研究》,《乡镇经济》2008年第10期。

的第一产业,像有手艺的人能打点工,其他的人创业劲头就不足了。还有20%是我们基层政府最担忧的,就是弱势群体这一块,像一些残疾人啊,一些智障,一些大病的,这些人需要我们各级政府的关心和支持。过去他们有些田还能自给自足,现在因为他们就业很困难,本身他们有的有病,有的残疾,有的大脑有问题,他们就业是没有单位会要他们的,肯定就要社会来救助的。(访谈编码:D003)

根据该访谈对象的分析,失地农民出现了较为明显的分化,其中20%的人可以通过较高层次的就业或创业实现向上流动,但60%的人在城市只能从事低端的职业,且创业意识较弱,因而未能实现向上流动,甚至还有20%的人群原本就属于弱势群体,在土地被征后更是因失去生存之本加之就业能力丧失而向下流动,跌入社会的底层。该访谈对象所列出的三类人群的状况和比例虽不能代表全局,但可以大概为我们描绘出失地农民的总体就业和生存状况。就业层次直接影响了城市生活质量,因此大部分的失地农民进入城市后生活并没有得到明显改善,可以说只有基本的生存而没有较大的发展,与原市民还存在一定的差距。

在社会保障方面,失地农民进入城市后并没有被纳入城市社会保障体系,与原市民相比还存在差距。由于缺乏长效机制,不同时期不同地区的失地农民享有的待遇不同,相当一批早期的失地农民目前未能获得基本的养老保障,而后期即便拥有了失地农民专有的社会保障,享受的待遇也很低,明显低于原城市居民,进入老年后因保障不足而处境困难。失地农民享有的养老保障相对于永远失去土地带来的风险,保障仍是不充分的,大多数地区对失地农民后续的城市生活缺乏应有的支撑,未能周全地考虑失地农民进入城市后的生存危机。调查中,一位县人社局局长和一位社区书记分别对失地农民的养老保障发表了个人的看法:

被征地农民养老保险，2008 年开始被征地农民有了养老保障，2011 年对办法进行了调整，因为 2008 年的门槛太高，所以参保人数很少，个人交 5000 元，个人都不愿交，后来调整了不设门槛了。人均耕地不足 0.3 亩，或以户为单位，被征耕地达到 80% 以上的，16 岁以上的农业人口都可以享受。社保资金的筹集，一是用地单位，属于行政划拨用地是 30 元每亩保障金，出让的是每亩 20 元，二是个人，土地补偿费提取 35% 作为个人的账户，后来基本上都没提取，因为老百姓都不愿交，如果交 35% 的统筹金，养老金就是每月 130 元，没有交的就是每月 80 元，保障水平太低，我们准备提标，同时还可以享受新农保。（访谈编码：D002）

养老保障这一块，我市 2010 年之前失地农民没有享受到，没有生活保障，现在就是很痛苦，对于他们来讲，把唯一的赖以生存的资源给政府来搞建设了，但是他们享受不到这个待遇，对这一部分人群目前是很不合理的事情。（访谈编码：C001）

根据访谈案例可知，养老保障政策存在地区差异，D 县在 2008 年、C 市是在 2010 年之后才实施了针对失地农民的养老保险，不同的县区执行的时间和标准不同，前期失地的大量农民并未能享有社会养老保障，后期即使参保，保障水平也非常低，甚至无法满足失地农民的生存性需求。在社会保障方面，可以说失地农民没有任何协商或讨价还价的机会，各地政府出台相关政策之前大多也未能对失地农民群体进行充分的调研，未能了解失地农民的实际需求及未来可能面临的风险。当正当合法的诉求渠道缺失，失地农民只能用脚投票，以不参与的方式消极应对，针对这一非预期的情境，政府只好又被动地调整政策，从而影响了政策的稳定性、权威性及实施效果，也引发了失地农民的不满。

在居住方面，绝大多数地区采取先拆迁后安置的方式，未能听取失地农民的意见而充分考虑他们的实际需求，从而造成众多人口在很长一

第二章　有限的参与行动：被动的乡城转型

段时间租房居住，居无定所，甚至在某些地区由于政府拖欠建筑企业资金，造成安置房一拖再拖，有的七八年时间才能安置，给失地农民生活带来较大困扰。对此，一位社区负责人向笔者述说了安置的问题：

> 安置房2007年以前是按照1：1的方法还原的，2007年以后执行新的政策，是按照人口来的，每个人口40平方米，40平方米以外的部分再合理补偿。目前这个还迁房建设的速度慢，这一块滞后了。老百姓安居才能乐业啊，他目前居无定所，他就不好出去打工，就在家等着住房安置，目前都是租房子住的，他无法稳定下来，他就无法走出去创业、去就业。还有就是还迁房的配套，公共服务这些都没有达到新型城市化的标准，社区管理都没有市场化，都是委托我们社区的。（访谈编码：D003）

居住的不稳定直接影响了失地农民的就业和生活，虽然进入城市成为市民但仍然飘浮在城市之中，没有扎下根来，尤其使相当多的老年人口处境艰难，一些年事已高的老人甚至没能等到入住新居就离开人世，在H市许多农村地区依然沿袭着一种传统习俗，即人离逝后需要安放在自家正房迎门位置供亲友祭拜，而这些老人落叶归根的愿望未能得到满足，在遗憾和失落中离去。另外，在出租房中去世对租户而言是一件相当不吉利的事情，因此绝大多数租户排斥有老人的家庭，这给部分回迁家庭造成严重的困扰。回迁的严重滞后性带来了许多社会矛盾，影响了社会的稳定，一位乡镇党委书记如此说：

> 关于失地农民的问题我觉得就是安居问题，现在在我们这一块存在的普遍问题就是还迁房滞后，老百姓房子拆了以后，承诺是一年半18个月还原，现在后期都是36个月还房。这个还迁滞后就引发了很多矛盾，一个是拆迁难，老百姓看不到房子你叫他拆他不愿

意,第二个就是老百姓在没进入还迁房之前的生活是不稳定的,这必然诱发很多社会稳定问题,第三个也降低了老百姓的生活质量,有很多因为是城中房,一般老人年龄大了,生病了都不给住的,后来就往养老院送,这就直接影响了老百姓的生活质量,针对这个安居难问题我认为政府要先安置再拆迁。(访谈编码:D007)

调研中有许多失地农民和基层干部对安置滞后表达了不满,有多位基层干部提出建议应当先安置再拆迁,一则他们和失地农民直接接触更能体会到其艰辛和困苦,二则安置滞后带来的社会矛盾和问题亦加大了他们的治理难度。但是这些制度执行者并不能左右制度的制定,由于工程项目的时效性和地方财力的有限性,直到今天在H市各个地区基本上依然是先拆迁后安置,基层干部尚没有参与决策权,更毋论失地农民了。而回迁上楼居住后并不代表着失地农民已经和原市民拥有了平等的权利和待遇,因安置社区居住人群和居住环境的特殊性,常常遭到原市民的歧视和贬抑。在城市居民眼中,回迁小区往往意味着房屋质量差、内部环境不佳、居民素质低、秩序混乱、治安较差等,与同区位的商业小区相比,回迁小区住房价格也较为便宜,被视为城市中的次等住宅区,由此人为地形成了一个居住洼地。原市民对回迁社区的污名化有其客观因素,一方面地方政府为节省成本确实打造了一个品质相对较差的居住区,且物业费收缴困难致使物业管理薄弱,正如一位乡镇镇长所述:"你比如说还迁房问题,我知道的现在的还迁房的空间很低,造价我是知道的,大概在一平方米一千块钱,绿化根本没有,外墙保温也没有,应该讲质量是很差的。"(访谈编码:D005)。另一方面失地农民市民意识偏弱,难以遵从城市规范而出现了大量的无序化行为。笔者在各个回迁社区调研感受也较为强烈,进入该类社区首先映入眼帘的便是无序的摊点、嘈杂的人群、略显土气的高楼,小区绿化面积少,树木低矮,放眼望去该区域明显与周边商业小区不同,成为极易识别的带有乡土气息的特殊社区，与商业小区存在清晰的边界。正如有学者指出的，对失地农民集中安置引发了失地农民与城市市民之间在居住空间上的分异，而这将会带来城市居民与失地农民之间新的隔阂和城市内部新的"城乡"分裂。① 当然，污名化也有主观因素，原市民对失地农民的偏见和轻视是众所周知的，在城乡二元体制下农村人口长期被视为二等公民，即便他们进入城市实现了身份的非农转变，但在短期内依然无法改变他者认知，原市民强烈的自我优越感以及对农村人口的刻板印象很难消解。在以上两方面因素的双重作用下，失地农民未能平等获得城市的参与权，而被排斥在中心社会之外。布迪厄（Pierre Bourdieu）试图建构一种由社会空间构成的差异化模型：社会空间是一个差异体系，即根据不同阶级而差异分布，每一空间在结构上具有整体性特征，也可以说，社会阶级是通过划分社会空间的各个区域而区分出来的。② 回迁社区在空间上与其他社区的差异性决定了其在社会阶层结构中的边缘地位。

除以上客观领域的边缘化外，失地农民的边缘化还表现在其主观精神世界中的弱势化心理和底层思维，他们在身份认同方面往往变得更加模糊，在短时间内很难清晰地界定自己的身份。客观塑造和主观认同造就了人们的身份特征。在当代日益个性化、复杂和多样化的社会中，身份认同对失地农民的心理功能发挥着关键作用。③ 长久以来城乡分割的户籍制度带来的身份区隔已经在农民内心留下了深深的印记，尽管他们迈入城市，生活在现代化的住宅小区实现了生产和生活方式的城市化，但是对很多人特别是中老年人群来说，农民的身份认同是挥之不去的，他们通常仍会把自己定位在城市的下层，与这个城市原市民保持着距离，虽然他们有机会与原市民接触，但他们会认为对方属于不同的类

---

① 秦启文、罗震宇：《城市居住空间分异与群体隔阂》，《城市发展研究》2009年第1期。
② 〔法〕雷米·勒努瓦：《社会空间与社会阶级》，杨亚平译，《东南学术》2005年第6期。
③ Grzymala-Kazlowska, A., Social Anchoring: Immigrant Identity, Security and Integration Reconnected? *Sociology*, 2016, 50 (6): 1123-1139.

别，即使相识已久，仍有顾虑和矜持而难以实现深层次的交流。边缘化的心理对失地农民是一种严重的束缚，阻碍了其向城市各个领域的更深层次的迈入，使很多人裹足不前，自我封闭，害怕遭到原市民的歧视和排斥，进而形成恶性循环，影响了其城市的全面参与从而陷入更加弱势化的境地。调研中发现不少人群对自己的身份转换充满着挫折感，他们在访谈中抱怨较多，诉说着城市生活的艰难，当农民对都市现代化的负面体验逐渐升级直至产生"动迁怨恨"时，他们就很难再被正式制度有效地组织、规训和培育。① 当失地农民感知到自己受到剥夺，当他们对征迁过程充满怨恨，他们会消极参与或直接反抗，使政府的一系列参与要求和制度执行难以得到回应和落实。

失地农民边缘化的地位及弱势化的心理在很大程度上来自社会建构。在失地前，城乡二元户籍制度在城乡资源配置方面发挥着决定性的作用，塑造了约翰·罗尔斯（John Rawls）意义上的"社会基本结构"，即分配基本权利和义务的主要社会制度②，这一制度规制了城乡居民分别享有的权利义务，农民被划定在该结构体系的下端，无法获得与城市居民同等的社会支持和社会福利。失地后又遭遇了新的剥夺，经济补偿低，并被统一安置在具有典型特征的城市居住洼地——回迁社区，由此导致了两个后果：一是标签化的社会印象，二是清晰的居住边界。长期的城乡分割和显著的城乡差距建构了一个稳定的认知体系，即在社会大众的意识中城市在物质和文化领域均优于乡村，农民被贴上了"低素质、不文明"的标签，特别是土生土长的城市人更是认为农民低人一等，他们往往会刻意地与失地农民保持距离以体现自己的地位和身份，在心理和行为上表现出对失地农民的歧视和排斥。此外，回迁安置社区与其他社区边界十分清晰，而人为制造的物理边界又会进一步形成社会

---

① 李烊、刘祖云：《拆迁安置社区变迁逻辑的理论解释》，《南京农业大学学报》2016年第6期。

② 〔美〕约翰·罗尔斯：《正义论》，何怀宏等译，中国社会科学出版社，1988，第7页。

边界，产生出典型的群体隔离和对立，这些界限几乎总是与群体之间许多具体的社会和文化差异联系在一起的，它影响着他们对彼此的心理取向和行为。此类边界对失地农民来说是一种深深的束缚和伤害，既是他们陷入边缘化境地的原因也是结果。失地农民在征迁中制度化参与的缺失和回迁后参与的低迷造就了一个边缘化的生活共同体，这既是客观存在的，也是来源于人们的主观认知，这是一个转型中的社区，具有过渡社区的典型特征：杂乱的空间聚合、断裂的社会关系以及失范的行为表现，由此带来社区安全困境。"村改居"社区的传统空间治理格局遭到破坏，集体经济发展瓶颈、组织关系不顺、居住人口结构复杂且流动性强、公共服务落后、居民的就业和社会保障不足等问题导致其面临诸多安全危机，如社区犯罪和治安侵害频发、社区矛盾纠纷不断以及环境污染严重，等等。[①] 这一系列问题又进一步产生叠加效应，使回迁社区及失地农民陷入更加边缘化的境地。看得见的城乡壁垒和看不见的乡下人和城里人的隔膜，使得无论是农民进入城市生活还是城市生活接纳农民都十分困难，如果有一天我们能够真正打破这城乡壁垒，中国农民在现代城市生活中将会变得更加开放、更加自由。[②] 为此，失地农民若要改变不利的处境，走向社会融合，关键要通过积极地参与，努力实现边界的跨越和消退，同时需要借助资源投入和制度设置打造有序共通的空间格局，实现社会结构整合。

三 频现的社会矛盾

征地前的乡村社会体系是一个动态的平衡系统，人们按照心理预期调节着自身行为，不断适应着社会的变化，但是"征地搬迁"这一事件彻底打破了这种平衡，犹如在平静的水面投下石子掀起了波澜，人们

---

① 顾永红、向德平、胡振光：《"村改居"社区：治理困境、目标取向与对策》，《社会主义研究》2014年第3期。
② 周晓虹：《传统与变迁——江浙农民的社会心理及其近代以来的嬗变》，生活·读书·新知三联书店，1998，第283页。

突然面对新的、始料未及的情境变得不知所措，由此产生了持续的不平衡及与此相伴的各种新的社会矛盾，带来征地后遗症。在政府低成本、强制性土地征收境况下，失地农民参与权的缺失和利益的被剥夺使征地引发的矛盾和冲突相当激烈，也是我国城市化进程中出现土地扭曲现象的根本原因，学者对此研究较多。同时我们也要看到，征迁是一个极其复杂的过程，它带来的影响是深远的，并不会因为征地活动的停止和失地农民搬迁的完成而全面消退，其间充斥着利益的博弈和文化的冲突，从而成为一个持续的矛盾源。为此，征地引发的矛盾不仅会出现在征迁过程中与征地直接相关的利益纠纷上，而且会伴随着失地农民城市生活的整个阶段，成为难以终结的城市化伴生物。失地农民往往仅追求现时利益，且被动顺应政策变迁，大多数人既没有理性地考虑未来城市生活的风险，主动做好谋划；也未能全面参与征迁安置和城市发展过程。另外，一些地方政府往往在政策设置上止于征迁，对失地农民后续的城市生活缺乏应有的规划，保障机制和人文关怀不足，正如陈良瑾所言，我国存在重制度设计、轻制度背后的观念研究及转变，重物质帮助、轻人文关怀，重生存权的维护、轻人的潜能的开发，重效率的提高、轻平等的关注的现象。① 在这一系列因素的影响下，征地的风险加大，诸多显在和潜在的矛盾凸显，当矛盾出现但有效的利益协商和调处机制欠缺，则会使矛盾进一步激化，成为城市社会治理的顽疾。征地搬迁打破了传统的空间和关系格局，形成了新的家庭、邻里和社区的秩序和场域，也制造了新的紧张关系。在当前的重大社会矛盾中，大多数矛盾是双方的利益冲突，但有些矛盾可能涉及第三方甚至第四方，例如，在征地矛盾中有地方政府，有用地单位，有村委会，有被征地村民，他们有各自不同的利益，具有不同的博弈关系。② 由于在城市迁移和城市融入阶段涉

---

① 陈良瑾：《人文精神与社会福利》，《中国民政》2002 年第 11 期。
② 朱力：《关于社会矛盾内涵、研究视角及矛盾性质的探讨》，《中共中央党校学报》2018 年第 3 期。

及多个利益主体，这些主体在利益之外还存在权力和价值等多个方面的张力，其间也会因这多元化的要素纠葛而诱发各种社会矛盾。

(一) 村落（社区）内部矛盾

传统村落由村民、村干部等主体构成，在村落内部各主体在农耕生产、日常生活、村级事务管理等方面经由互动过程形成了多种关系：家庭关系、邻里关系、村民和村干部关系等。近年来随着农业税的取消加上大多数村落集体资产薄弱，可用于分配和争夺的资源甚少，各关系主体之间的利益纠葛也相对较少，但"征地"使土地的巨大价值突然呈现在人们眼前，成为一个利益刺激源，促使每一个主体嵌入其中，引发了各个主体之间不同性质的利益争夺。正如李培林所言："农民的经济理性像所有人具有的经济理性一样，隐藏在他们的心底……经济理性异化所爆发出的逐利欲火就会吞噬一切心灵。"①"征地"激起了人们对经济利益的过度渴求，在巨大的利益面前，道德和村规民约的约束力下降，在村落（社区）内部产生了与利益密切相关的各类复杂的矛盾冲突。

一是家庭矛盾。家庭矛盾指家庭内部包括父母与子女之间、夫妻之间、兄弟姐妹之间因征地拆迁而产生的纠纷。征地前，家庭成员之间基本处于利益平衡状态，尽管也有矛盾但强度和频率并不高。征地这一事件打破了之前的利益平衡关系，其带来的新的利益诱使家庭部分成员开始重新衡量自己的得失，他们为了争夺有限的货币或房产等资源可能会产生冲突。大多数农民收入和生活水平偏低，从天而降的几万元甚至几十万元的征地补偿款对他们整个家庭来说意味着一笔巨大的财富，在高额利益面前人们往往会丧失理智，产生一系列非理性行为。在这块利益场中，家庭和家族的观念淡化，人们围绕着核心家庭利益甚至个体利益展开了争夺。例如，当土地补偿和住房安置在大家庭内部分配不合理，

---

① 李培林：《村落的终结——羊城村的故事》，商务印书馆，2004，第69页。

未能达到某位家庭成员的心理预期时，就会在家庭内部产生矛盾纠纷。甚者，一些已婚子女将父母的房屋私自过户在自身名下，使父母失去了属于自己的居住空间，不得不依附于子女，亦会引发父母和子女之间的矛盾。征地补偿和安置通常以户为单位，中国"户"这个概念在现实中又非常复杂，具体操作较为困难，例如出嫁女的土地争议，超生人口的土地争议，再加上某些成员因上学或就业户口已经迁出的，以及父母财产或资产的分配，这些都会引发矛盾冲突，因土地征收而引发的家庭成员之间的矛盾纠纷并非个案，在许多地方都曾出现过。另外，由于少部分失地农民获得了多套安置房和土地补偿费，产生一夜暴富心理，不能够理性消费，为了面子相互攀比，购买汽车、首饰等高档奢侈品，甚至一些人放弃就业，好逸恶劳、赌博、吸毒，最终返贫，影响了家庭关系，由此产生夫妻冲突，导致家庭破裂等问题。失地农民的这些越轨行为会对整个家庭带来沉重打击，造成家庭变故，影响了家庭内部的和谐与稳定。建立在血缘基础上的家庭关系原本应该充满温情的，但某些成员却因利益的争夺而发生冲突，虽然冲突的产生与主体的文化素养和价值理念有关，但归因还是征地。失地农民对征地带来的经济补偿充满着巨大的惊喜，可以说绝大多数农户之前从未拥有过如此"庞大"的货币财富，面对短时期轻易获得的财富他们中的一部分人容易失去理智而产生失范行为。再者，政府亦未能对征地补偿款的分配进行合理化的制度设计，各地操作弹性较大，从而将失地农民置于一个风险的境地和矛盾的漩涡。甚至某些地方政府采取"和谐拆迁"策略，动员征拆抵抗者亲属做其工作，许多在体制内就业的成员在压力和制裁的威胁下，同意哄骗他们的家人签署拆迁协议，通常是利用亲情和情感勒索，这会致使亲戚之间反目成仇，使一个家庭分崩离析。①

二是邻里矛盾。邻里关系是基于地缘因素而自然形成的社会关系，

---

① O'Brien Kevin, J., Deng Yanhua, The Reach of the State: Work Units, Family Ties and "Harmonious Demolition". *China Journal*, 2015（7），74（74）.

第二章　有限的参与行动：被动的乡城转型

在乡村常见血缘关系渗透其中，民间惯常说法是"远亲不如近邻，近邻不如对门"，可见邻里关系的重要性。在传统村落内部看似铁板一块，邻里之间高度团结，但这一机械团结在利益面前却能够被瞬间瓦解，个体或家庭为了获得更多的利益会带来不同个体之间的冲突。邻里矛盾表现在搬迁之前和搬迁之后两个方面。在搬迁之前，"怕吃亏"的心理使各家各户往往都从自身角度出发去争取利益最大化，一旦在征迁过程中出现有人妨碍其利益获得的现象则会立刻形成利益对立，引发矛盾纠纷。例如，对于某些不愿搬迁的住户，人们会予以谴责，有时还出现攻击性的言语和行为，他们甚至会采取边缘化策略来孤立、污蔑甚至威胁"钉子户"，让他们觉得自己是人民公敌[①]，从而使邻里矛盾不断激化。在搬迁之后，由于集中上楼居住，居住密度增大，空间变小，为利益摩擦创造了条件。大量的个体在拥挤的空间中频繁的、必要的活动给摩擦和刺激增加了机会，加之个人挫折而产生的紧张情绪、人口密集地区生活的快节奏，都会使矛盾激化。一位访谈对象谈及社区内部社会矛盾时如此说：

> 现在矛盾比以前稍微多一点，这是必然的，因为人与人相处，人多了，不像以前在农村东一家、西一家，离得远，现在隔壁之间搞好就搞好，搞不好就有点矛盾。（访谈编码：B101）

一旦出现挤占公共空间、损害他人利益现象，或者双方争夺有限的资源，均易产生邻里矛盾。笔者在调查中发现，回迁社区公共空间被私人占用的现象非常突出，例如，在一层或楼顶乱搭乱建，在楼梯过道放置私人物品，在小区绿化带种植蔬菜等，这些行为使公共空间萎缩，在利益驱动下人们争相抢占公共领域，拓展自己的私人空间，由此加剧了

---

① Deng Yanhua, "Autonomous Redevelopment": Moving the Masses to Remove Nail Households. *Modern China*, 2017, Vol. 43 (5): 494-522.

邻里纠纷。另外，一部分人在乡村形成的生活习惯没有随着居住环境的变化而改变，由此带来的行为失范问题也会对他人造成伤害。在笔者调研的一个社区，因为失地农民习惯性地随手扔垃圾，造成高空抛物频发，对他人身体构成伤害，为此引发的冲突较多，消耗了社区工作人员的大量精力。虽然邻里矛盾强度和烈度相对较小，不会对社会产生大的冲击，但是由于其面广且发生频繁，亦成为社区治理的难点和重点。回迁社区相对于其他社区更易产生邻里纠纷：一方面征迁后若干个村统一居住在一个大型社区，失地农民原有多年形成的熟人关系体系遭到破坏，他们需要重新适应新的关系，在交往过程中可能会因一系列琐事而发生矛盾；另一方面回迁社区的成员构成较为复杂，已经不局限于失地农民，随着农民工和市民群体的加入，矛盾的触点增多，邻里关系也更难处理，如果缺乏有效的居民关系疏导机制，则会使矛盾升级异化，甚至会演化为地域冲突、本地人－外地人冲突等。正如费孝通所指出的，乡土社会中人和人相处的基本办法在陌生人面前是无法适用的。在我们社会的急速变迁中，从乡土社会进入现代社会的过程中，我们在乡土社会中所养成的生活方式处处产生了流弊。陌生人所组成的现代社会是无法用乡土社会的习俗来应付的。① 大规模的失地农民被整体迁入一个半熟悉半陌生的社区，在这一社区中不同群体具有不同的特质和交往习惯，原市民对农村人口的傲慢与冷漠、农民工社会交往的地域倾向性、失地农民面对不同类别群体的差异化态度，这些因素交织在一起，使社区成员关系呈现多元化和复杂化的特性，极易诱发各种矛盾。

三是村民与村干部矛盾。集体土地征收是通过政府行政强制力量推动，而非经由村集体和村民相互协商完成，这种超速度的城镇化使村集体组织和村民都遭遇了较大的冲击，也带来了村民与村干部之间的利益

---

① 费孝通：《乡土中国》，上海世纪出版集团，2007，第11页。

第二章 有限的参与行动：被动的乡城转型

纷争。村委会作为政府和村民之间的桥梁和纽带，在征地拆迁中不仅要代表村民与政府谈判以帮助村民争取更多利益，而且又作为政府的"嘴"发挥与村民沟通、说服村民的作用，村委会能否把握平衡点显得尤为关键，一旦利益的天平倾向于政府，忽略了村民的利益诉求，村民则会滋生怨恨情绪，与村委会及村干部形成对立。地方政府为了顺利拿到土地，通常选择与村委会成员沟通，而不是与村民直接接触，对于拒不配合者，他们大多会采取利益诱导的方式通过利益交换获得村委会成员的妥协和配合，村民一旦发现这两方的利益结盟必然产生对抗心理。乡镇街道一级的基层政权与村级干部形成的利益共同体实际上导致了上层与下层之间利益输送的断链，村民在土地征收过程中利益受不到保护，就与村级组织、基层政权产生了严重的对立情绪。[①] 同时由于农村土地集体所有，征地补偿费用并不会直接分给村民，而是由村委会统一分配和使用；但是由于相关政策缺乏操作细则，不同地区的村委会对补偿款的分配方式不同，甚至相邻村落差别较大，一些集体经济较好的村落给予失地农民的比例较高，为此对于获得较少的村民则会产生失衡心理，部分人选择以上访、找村干部理论等方式寻求利益追加，矛盾由此产生。此外，按照法律规定，村集体应该为未来的发展预留部分补偿款，这又给村集体的寻租和腐败留下了很大的空间，一些村干部故意隐瞒政府给予的具体补偿金数额，不合理地分配给失地农民，当某些村干部非法占有补偿款或分配不公平，必然会引起村民的抗议。补偿款的分配在许多地区并不透明，大部分村民往往并不清楚补偿款的实际数额和自己应该获得多少，更毋论参与讨论确定分配比例了，村委会操作的模糊性极易引发村民的不满和质疑，使他们怀疑自己遭到利益剥夺。笔者的一位访谈对象谈到补偿款，明确表示他们没有拿到全部补偿款，并且坚信村集体组织今后会把剩余部分付给他们，但实际上征迁已经过去了

---

① 朱静辉、马洪君：《村社消解背景下失地农民的日常抗争》，《南京农业大学学报》2014年第6期。

10年,他们想象中的剩余款其实并不存在,大多只是道听途说,不知未来如果达不到他们的心理预期会不会引发激烈的矛盾。另外,在村庄改制过程中,许多地区对集体资产的处置未能进行集体协商讨论,失地农民既没能表达意见和建议,也没有实施有效的监督,因此在一些地方出现了集体资产被非法转让或承包的问题,致使资产流失,引起失地农民与村或社区组织的矛盾,有关村集体资产纠纷问题成为在中国"村改居"过程中的普遍性问题。① 失地农民缺乏有效的参与,他们是在信息半透明甚或不透明的情况下被动地实现乡城转型,因此必然会对原村委会产生猜忌心理和离心力,使村民和村委会(失地农民和居委会)产生了隔阂和分裂。

(二) 物业矛盾

回迁安置社区大多建设在城市的边缘地带,地理位置、公共交通、周边环境相对较差。同时为了缩减成本,安置小区建设标准偏低,其建筑质量、配套设施、小区绿化、物业管理等方面和城市商品房相比差距较大,很难满足居民多层次的发展型需求。在安置房的规划设计与建设方面,失地农民主体缺位,未能参与协商与监督,以致后期容易出现安置房质量问题和居住的不适应。当失地农民遭遇房屋质量问题或对安置小区内外部环境(基础设施和公共服务等)不满时即会引发物业纠纷。失地农民最初对即将入住城市小区充满了美好的期待和憧憬,但当他们兴高采烈地搬入新房居住时,却发现现实与想象之间存在距离,有的住户发现房屋存在安全隐患,如调查中有失地农民反映房屋存在墙体开裂现象,有的反映房屋的防水措施做得不好,引起墙皮脱落等现象。他们将这些问题反馈给小区物业公司或者社区工作站,或者是找原来的村干部现在的居委会成员寻求解决,但往往都难以得到根本解决。此外,一些细心的住户还对房屋面积进行了测算,发现房屋存在面积严重缩水的

---

① 杨发祥、茹婧:《村域空间转型与生活世界的流变》,《新视野》2015年第6期。

现象。事实上,笔者在调查中发现,有时候并不是房屋面积缩水,而是开发商使用了市场化的房屋面积来交付房屋,即失地农民所分到的房子是包括公摊面积在内的,但是他们认定的住房面积是纯粹的使用面积,两者之间自然存在差异,从而引起失地农民的普遍不满。这种不满实际上还蕴含着一定的心理因素,这就是说,失地农民过去居住在农村的房屋是自己建造的,住房面积通常都有几百平方米,当他们住惯了这样的"大房子"之后,再将他们放到面积仅有几十平方米的房子里时,即使房屋的面积分毫不差,他们仍然会感觉到面积不足。另外,有些安置小区规划缺乏远见,地下车位设置不足或根本没有地下车位,致使很多车辆在路面上随意停放,不仅影响了小区的面貌,而且对小区居民的日常出行和消防安全带来了严重的不便和隐患。还有些安置小区在活动场所、学校、医院等方面资源匮乏,或设施简陋,使居民生活不便,抱怨颇多。安置小区较之商业小区,在房屋质量、配套设施和内外环境等方面均有所欠缺,在后期居住过程中会出现一系列问题,这时失地农民会将矛头指向物业公司,要求其进行修复和维护,但与此同时,由于失地农民没有缴纳物业费的习惯和意识,回迁小区的物业费主要由当地政府拨款,金额较少,物业公司因而缺乏充足的经费用于房屋修缮、小区环境和卫生整治,造成居民不满,物业矛盾由此产生。访谈中一位社区主任对回迁小区的矛盾和问题表示出了无奈:

> 安置小区矛盾很大,活动场所、停车场停车位这一块确实给回迁户带来很大困扰,因为物业公司收不到物业费,收到25%左右,物业公司无法生存。再有就是居民的习惯,他们农村人就觉得我住在哪儿为什么还要交费,大多数都不交,所以这给我们社区工作带来很大的被动。低保、养老保险等等,我们社区做了很多服务性的事,但是得不到认可,回迁户没有讲(我们)好的。政府经济负担重,维稳隐患大。对于征地拆迁我认为货币补偿最好,不要安

置，安置想稳定的可能性很小。公共维修资金没有，后来房屋出问题了没钱解决。（访谈编码：E003）

从访谈对象无奈的话语中可见回迁社区的治理困局，虽然他们做了很多服务性的事务，但是依然得不到失地农民的认同，这是被动乡城转型带来的典型后遗症。失地农民在短时间内不可能实现思想和行为的快速转型，尤其是同类集中居住更阻隔了他们向城市的融入，强制性的搬迁政策和行政化的社区治理使失地农民的主体意识始终未能得到体现，由此导致他们对社区工作人员难以产生足够的信任。因此，在社区物业管理中如何调动失地农民的积极性使他们参与和配合是我们需要重点思考的问题。

此外，由于失地农民的生活观念和习惯难以随着居住空间的变化而转变，常常将乡村生活习惯直接顺延到城市，如在公共场所乱扔垃圾，儿童随地大小便，对小区设施和环境缺乏保护意识，甚至存在破坏公共设施、在公共空间堆放杂物以及违法搭建等现象，加大了物业管理难度。加之许多回迁安置小区由于在早期缺乏有效的管理，对公共设施维护不到位，以至于小区环境较差，设施、绿化损毁严重，违建较多，给后期的管理留下了诸多难题。积习难改的生活习惯和文明社区建设形成了冲撞，对于企图纠正其行为的物业管理者，本就不满的失地农民更易产生对抗情绪，使矛盾激化。目前回迁社区管理最大的难点在于违建拆除，特别是早期的失地农民违法搭建较多，普遍的是在一楼院落加盖房屋或在楼顶违法建房用于自用或出租，后期物业公司加强管理强制其拆除，在这一过程中产生了十分尖锐的矛盾和冲突。

(三) 干群矛盾

这里干群矛盾主要指在征迁安置过程中产生的失地农民与地方政府及其干部之间的矛盾纠纷。地方政府在"经营土地"和"经营城市"方面的竞争在推动中国迅速发展的同时，也带来了一些问题，其中最为重要的，是城市迅速扩张所导致的耕地面积减少的威胁以及与大规模征地拆迁相伴随的上访和群体性事件对社会稳定的威胁。① 在政府主导并强制实施的征迁安置中，征地拆迁矛盾的直接后果之一就是干群关系的紧张。这类矛盾的诱发因素非常复杂，既有失地农民的主体因素，也有政府的政策原因；既有失地农民主观上不当的利益预期，也有地方政府客观上的利益剥夺，但症结还在于"征地"所施加的刺激。此类矛盾并不会随着征迁的结束而消逝，会一直延续并异化为新型的干群矛盾，甚至伴随失地农民城市融入的整个过程。

首先，征迁政策的动态性和地区差异性成为矛盾的导火索。从纵向来看，不同发展时期土地补偿和住房安置标准也不同。自然资源部副部长曹卫星在2017年11月召开的全国耕地保护工作会议上指出，对于农民的征地补偿普遍做到3~5年调整提高1次征地补偿标准。② 该规定有助于使补偿标准跟随物价及社会发展的情况相应得到提高，使失地农民获得与经济发展同步的收益，但同时也诱发了一系列社会矛盾。当看到后期征迁的失地农民获得了更多或更好的补偿安置，一些前期失地农民则会抱怨、谴责、谩骂，将不满直接指向所在地政府，认为自己遭受了政府的剥夺，要求政府补偿差价，从而造成干群关系恶化。从横向来看，不同城市、不同区域征迁政策不同，笔者在调查中发现甚至同一个县区不同街道具体的补偿安置政策亦有差别，有些发展条件优厚的地区自行提高补偿安置标准，地区政策的差异性会导致失地农民相互攀比，当感知自己处于利益劣势后会形成失衡心理。特别是同一个城市相似地区的政策差异更容易激起失地农民的怨恨情绪，笔者调研的H市一个城区为了弥补早期各个阶段失地农民的损失，竟出台了一项补偿性政策，即按现阶段的安置面积给予前期失地农民补差额，该政策尽管能够

---

① 周飞舟、吴柳财等：《从工业城镇化、土地城镇化到人口城镇化：中国特色城镇化道路的社会学考察》，《社会发展研究》2018年第1期。
② 朱江：《国土资源部：大力推进生态型土地整治助力乡村振兴》，人民网，2017年11月14日，http://finance.people.com.cn/n1/2017/1114/c1004-29644564.html。

给本区失地农民带来福利,但是将会引起其他地区失地农民的心理失衡,使矛盾激化和扩散。在调查中有多位失地农民向笔者表达了他们内心的不满,认为自己与相邻地区相比获得较少,甚至认为自己的土地收益被当地政府或官员非法占有。调查中一位访谈对象如是说:

> 住房安置是每个人 45 平方米,我们这里是原来房子多大,给我们钱,拆掉以后我们现在是拿钱买这 45 平方米,跟滨湖那边不一样,滨湖那边是拆 60 平方米换 45 平方米,我们这边不划来(不划算),我家以前有 700 多平方米,拆掉后补给我们 20 多万元。我们安置时是每人前 20 平方米是 400 元每平方米,后 25 平方米是 600 元每平方米,我们给了 3 套房子,总共 300 平方米,我们补的这 20 多万元不够,还贴了几万元,再加上后来的装修,花得更多,我们家原来家底还可以,要是家庭困难的就麻烦了。(访谈编码:A102)

上述访谈对象提及的滨湖区与其所在地区相邻,同一时期各地的政策不同,而人们往往从个人角度去衡量自己的利益得失,他们在参照群体选择方面明显具有实用性,通常是向上对比,即选择比自己获利多的群体进行比较,由此产生的相对剥夺感也是必然的。美国社会学家默顿(Robert King Merton)建立的相对剥夺理论(Relative Deprivation Theory)指出,当人们将自身处境与某种标准或某种参照物相比较而发现自我处于劣势时所产生的受剥夺感,这种感觉会产生愤怒、怨恨或不满等消极情绪。[①] 失地农民这些不良情绪的存在必将使他们和地方干部走向对立进而出现对抗行为。

其次,地方政府和失地农民缺乏长远规划亦留下了矛盾的隐患。早期许多地方政府盲目追逐土地收益,仅注重征地过程,一补了之,对失

---

① 周连根:《基于集体行动理论视角的群体性事件因应机制探略》,《河南师范大学学报》2013 年第 5 期。

第二章 有限的参与行动：被动的乡城转型

地农民未来生活缺乏合理设计和考量，征地制度的缺陷使失地农民进入城市后容易陷入困境。另外，部分失地农民对自己及家庭的长远发展缺乏可持续的设计也产生了很多问题。少数失地农民小农意识根深蒂固、好逸恶劳，短时期从天而降的财富致使他们心态失衡，未能理性规划未来生活，无限度奢侈花销，一旦用光补偿款，可能再一次陷入贫困境地，甚至走上犯罪道路。还有一部分失地农民在当初征迁时因房价便宜便选择一次性货币安置，或者要的房屋面积较小，后期子女长大结婚成家需要住房，而此时房价上涨幅度较大，他们已无力购置新房。出现以上这些问题，部分失地农民又会反过来去找政府，期望政府能够给予解决，这不仅加重了政府的负担，也影响了干群关系和社会稳定。在访谈中两位街道办事处负责人均表示出了忧虑：

> 我们做过统计，我们一个 15 万平方米的小区，棋牌室就有三十几个，他们拿着得来的钱，生活很舒服，所以这一块是我们最担忧的，怕他们这种生活方式直接影响下一代，也怕以后会带来问题。（访谈编码：D003）

> 我自己也在思考的问题，就是征地拆迁引发的后续矛盾。在我们那儿，征地拆迁各户的补偿款大多在 20 万元甚至 30 万元，对农民来讲，突然间面对这么大量的现款，不知道怎么办了，然后成群结队去消费，这是第一种，第二种是赌博。征地后的两年内，他们很安静；但是两年之后，等补偿的那些钱款消费殆尽的时候，他们就要找政府了。在农村有句话叫作"不推不跌，不跌不死"，他们认为如果不是政府征我的地，我就不会生活无所依了。他们开始提条件，要求低保，但是低保和征地是两码事，而他们又不符合低保的条件所以按政策是不能实现的，结果就是"闹"和上访。从根源上来讲，他们现在的生活困难是他们自己在经济上没把握好，但是客观上，征地以后他们的生活成本的确是提高了，这对年轻人可

能不存在多大影响,年轻人本来就不是依靠种田吃饭的,但是对年龄比较大的,比如老年人,比如40岁、50岁人群,他们本身对土地的依赖很强的。水、电、粮、油每一项现在都是要掏钱买的,但是以前有天有地时花销没有这么大,这也是客观存在的状况。(访谈编码:C003)

从这两位基层干部的话语中可见,造成部分失地农民生活困难的既有失地农民自身因素——未能理性消费和合理规划,也有客观因素——生活成本骤升致支出上涨。但这些也仅是表象,究其根源在于在相关制度设计和执行过程中,农民始终是缺位的,征迁制度人为打破了失地农民的常规生活却未能为他们重建新的生活秩序,由此造成了失地农民对地方政府的失望和不满,为后期的干群矛盾带来隐患。

再次,失地农民强烈的心理依赖和政府的能力限制加大了干群隔阂。征地引发的干群矛盾会进一步延伸到失地农民的城市生活场域。在城市化过程中,农村人口大多对城市生活、对成为"城市人"充满了美好的向往和期待,因此主观上乐于搬迁。他们迁移的预期收益较大,憧憬未来生活能够得到显著改善,而一旦他们发现事实迁移成本较高,实际收益远低于预期,理想与现实间存在差距,他们则会产生深深的失落感、挫折感和焦虑情绪。失地农民由于是在政策主导下的被动迁移,也容易对政府产生强烈的政策期待和心理依赖,若政府未能在其城市生活中予以进一步的支持,也会招致失地农民的不满和抗争。较之农民工群体,失地农民的相对剥夺感较强,当遭遇诸多生活、就业等方面的挫折时,主动城市化群体即农民工会更多地从自身寻找原因,认为是自我选择的结果,而被动城市化群体即失地农民则往往会将自己的困境归咎于政府,认为是征迁这一事件造成自己陷入困局的,在征迁后很长一段时间仍有部分失地农民持续上访要求政府对自己生活负责,从而也影响了干群关系。笔者在D县的调查中,一位社区书记就

第二章 有限的参与行动：被动的乡城转型

这样说：

> 农民生活保障有问题，因为农民就业难，部分农民生活就出现了问题，他们把一切希望都转向了社区，希望社区怎么样去解决。到目前为止，去县委、县政府上访这一块居多，这就给社区增加了压力。（访谈编码：D006）

失地农民生活有困难向政府求助、向社区求助都无可厚非，客观上来说，这是计划经济体制下遗留下来的"有问题找政府"逻辑的延续。全国各地的农民普遍有这样的思想，在实践中，他们也是如此践行着这样的逻辑。但是对于失地农民这一特殊群体来说，他们对政府的依赖心理更强，因为他们认为正是政府改变了他们的生活轨迹，是他们陷入困境的根源。王春光在调研中亦发现 A 社区居民把遇到的困难归咎于政府的拆迁和撤并做法，因此"凡有困难就找政府""凡有困难就怨政府"就成了居民理所当然的生活逻辑。① 政府在征地后承担了无限的责任，但政府对于失地农民的诉求不可能也没有能力全部予以解决，于是在失地农民的需求和政府的需求满足之间产生了错位，矛盾由此出现。并且失地农民对政府的需求依赖和责任追溯会一直延续下去，成为政府无法彻底摆脱的潜在风险源。笔者在 H 市 20 世纪 90 年代征迁的回迁小区调查发现，因为早期失地农民安置补偿标准相当低，平均每户获得不到 1 万元的补偿，还需拿出几万元购买安置房，且社会养老保障水平低，后期生活困难的较多，各类群体怨气较大，如今正在实施二次拆迁，难度远远大于前次征迁，很多人认为自己第一次征迁牺牲太多，现在以此为理由要求获得更多的补偿，也使干群矛盾激化。

---

① 王春光：《城市化中的"撤并村庄"与行政社会的实践逻辑》，《社会学研究》2013 年第 3 期。

最后，各主体在征地中的利益争夺及行为失范造成了直接的干群对立。从失地农民的视角来看，近年来出现了过度的利益索取现象。目前出现了一种新的形势，部分失地农民诉求过高，采取一系列非制度化方式表达利益诉求，由此在征地拆迁中出现了越级上访、恶性事件或群体性事件，而某些地方政府官员迫于基层治理和维稳考核压力只能无奈做出让步，无原则的妥协犹如按下了葫芦浮起瓢，结果使其他已经征迁的失地农民萌生不公平感，不断向政府施压要求弥补自己过去的损失，从而致使社会矛盾扩大。从地方政府的视角来看，明显存在利益剥夺问题。因为征地仍然被视为一种行政交易而非市场交易行为，失地农民只能接受与土地的农业生产率有关的价格补偿，而不是其市场价值，所以通过重新分配产权而获得的大部分收益通常是不经过任何谈判或讨论就被地方政府和村集体拿走，一方面地方政府获得了相当数量的土地出让金和财政收入，另一方面失地农民最终只能从村集体那里得到少量的货币补偿。从调研对象的访谈中可知，无论是失地农民还是干部群体基本上都认为失地农民没有公平地享有土地收益，在征地过程中利益受到侵害，应该获得更多的补偿。目前在学术界和广大民众中，也已经形成了一种思维定式，即认为在土地征收中，政府获利过多，对失地农民造成剥夺，这一普遍的社会心态使地方政府被贬抑，处于社会认同的劣势地位，不利于地方和谐干群关系的建立。更甚者，一些地区因土地引发了寻租腐败问题，少数地方官员滥用土地征收权，在土地开发过程中暗箱操作、收受贿赂，强征农民土地，一些基层政府工作人员甚至虚设农户套取安置房或补偿款，最终损害了失地农民利益，引发群众强烈不满。虽然在现阶段这一现象已逐步消退，但极少数的个案产生的负面影响较大，易产生信任危机。根据中纪委国家监委网站发布的23次"每月通报"，惠农补贴、危房改造、征地拆迁领域，成为不正之风和腐败问题高发地，各级纪检监察机关共查处涉及民生资金管理领域违纪问题1711

起，涉及征地拆迁补偿资金违纪问题261起，占22.3%。[①] 某些地方在征地拆迁中出现的违法违规问题，特别是经媒体报道放大之后，会使老百姓对地方政府及其官员失去信任，从而始终以一种怀疑态度对待征迁过程，想当然地认为自己也遭到利益的侵害，由此陷入"塔西佗陷阱"。因为对征地补偿不满或后期城市生活困难，认为受到政府不公正的待遇而引发的失地农民上访、聚众等较为突出，甚至长期成为悬而不决的社会矛盾。失地农民多以集中居住为主，倘若在征地拆迁中普遍利益受损，则不满情绪、剥夺感会相互强化叠加，为集体行动提供可能，从而加剧公共风险，诱发社会危机。

[①] 赵国利：《严查群众身边的不正之风和腐败问题，中央纪委23次"每月通报"点名道姓3333人》，中纪委国家监委网站，2017年5月11日，http://www.ccdi.gov.cn/toutiao/201705/t20170511_125590.html。

第三章

分化的参与主体：差异化的转型路径

并不是所有的群体和个人都以同样的方式经历文化适应，人们如何参与这个过程有很大的不同。这些变化被称为文化适应策略，这些策略包括两个（通常相关的）组成部分：态度（个人对如何适应文化的偏好）和行为（个人的实际活动），它们在日常的跨文化接触中表现出来。① 个体的态度和行为不仅与其自身的内在特质有关，而且与他所处的文化背景和社会结构密切相关，于是造就了主体的分化。分化同样表现在城市迁移和城市融入过程中，征地产权再分配在不同时期、不同地点的结果并不均衡，失地农民作为参与主体，他们的行动亦受到多重因素的作用，在不同的制度背景和生存环境下，他们有着不同的行动目标和参与方式。对今日的失地农民而言，他们并非完全同质化的群体，受到自身特质和外在力量的作用，异质性不断增强，内部分化加剧，不同的个体以不同的方式体验着新的时空变化，以不同的心理空间去感知和反应外在的物理空间，由此呈现多样化的参与样态以及在此背景下形成的差异化的乡城转型路径。

---

① Berry, J. W., Acculturation: Living Successfully in Two Cultures. International Journal of Intercultural Relations, 2005, 29 (6): 697 – 712.

第三章 分化的参与主体：差异化的转型路径

第一节 基于参与维度的主体类型化

对于进入城市的失地农民群体来说，随着他们逐步适应城市，分化也在同步发生。无论失地农民是有意还是无意地寻求融入城市，融入均是一个不可避免的过程，他们的内在表现和外部环境不同，融入的进度和结果也必然不同。从笔者的调研来看，农民在今日原本已经发生了分化，而再经过"征地"这一重大事件的冲击和洗礼，又进一步激发了人们潜在的原动力，差异化更加显著。失地农民的差异化既表现在主观意识层面，也表现在参与行动方面，不同的失地农民在生活场域中具有不同的参与动力，动力与其自身主客观条件紧密相关。虽然乡城转型是在群体和整体层面上进行的，但是个体对社会的参与程度是不同的，从接触情境中要达到的目标也是不同的，由此失地农民类型化成为必然。吉登斯在讨论个人面对制度性转变所引出的问题时会采取的不同反应，勾画出四类个人适应行动：一是现实认同型，当现实中大部分事物皆在人的控制范围以外，暂时性的得着便可能是个人所能计划及盼望的了；二是持续乐观型，这是对人性乐观的想法，蕴含一种直觉地相信人类终归会化解任何危机的态度；三是悲观嘲弄型，那些对于高代价的危机十分恐惧的人，他们在没法忘却这些危机所带来的心里惶恐之下，使用一种嘲讽的或厌倦世界的形式去发泄他们的忧虑感；四是积极参与型，这是一种对现状做出一种实在的评估后，对要面对的危机做出直接回应的人。① 因而失地农民面对新的情境、新的社会结构时显然也会形成不同的自我身份认同，做出不同的参与反应和行动。不同的失地农民对所处的城市社会抱有不同的心理和态度：有的积极主动，努力寻求融入之径；有的则消极悲观，自我逃避，止步不前。由此导致了不同的生活路

---

① 谢立中：《西方社会学名著提要》，江西人民出版社，2003，第539页。

径和城市适应性。

根据笔者的调查资料，从失地农民的参与程度和主体意识强弱角度大致可以将其划分为三种类型：积极进取型、被动顺应型和守旧依附型。

第一类积极进取型失地农民在各领域的参与意识较强，能够以积极的态度构建新的身份认同，他们会主动应对新的环境和社会规范，对新生事物进行理性的判断，能够在现有的社会规制下运用自己掌握的有限资源努力寻求生存机会，并具有较强的社会创造能力，积极地顺应社会的变革，并企图改造社会环境。他们并不会过度依赖于政府，相信个人努力是决定性的因素。他们对未来做好规划，把挫折和苦难视为一种资本，自觉地了解和学习城市社会的文化规范并参与城市经济社会生活，从而可以快速实现身份和思想上的转型，嵌入城市社会。"嵌入性"一词指的是一个个体在社会中找到自己的位置，并感到对社会的归属感和参与。[①] 这些人能够在新的生活环境中快速恢复其社会心理稳定，并明确定位他们在新社区中的位置，努力通过全方位的参与赋予自己的存在感。这类人群不仅能够逐渐适应安置的过程并扎根城市，甚至部分成功者在接纳城市文化的同时亦能坚守自己的文化，并试图去影响并改变城市制度规范和城市中的人群。不过，该类人群规模较小，调研中发现这一类群体占比较少，且多数已搬离回迁安置小区。在失地农民群体中，年轻一代主体意识相对较强，他们由于受教育水平较高，思维较为活跃，对土地和乡土社会的依恋较弱，往往把土地视为换取经济资本的工具，且多数已经通过外出务工或创业拥有了城市生活体验，受城市文化的影响较深，融入城市的意愿和主动性亦较强。

第二类被动顺应型失地农民参与动力不强，他们期望改变自身处境，期待早日实现身份和角色转型融入城市社会，但缺乏内生动力，对

---

① Davids, T., Van Houte, M., Remigration, Development and Mixed Embeddedness: An Agenda for Qualitative Research? *The Conditions of Modern Return Migrants*, 2008, 10 (2): 169-193.

新的环境、新的挑战有畏惧情绪，消极等待机会降临，等待政府帮扶，改变自身境遇的主体意识和参与意识较弱，自我提升的积极性和主动性不强，发展异质性社会关系的信心不足。长期巨大的城乡差距在主客观层面形成了深深的城乡沟壑，使大部分失地农民在面对现代化的城市时显得无所适从，能力和信心均不足，很难快速地调整心态、主动应对城市生活。这一群体对新身份具有消极的认同致使自我角色混乱，思想观念较为保守和落后，往往只追求眼前利益，经济投资和知识储备意识不强，开拓精神和创新精神缺乏，由此造成他们变迁缓慢，小富则安，止步不前，陷入了城市化、现代化的漩涡之中。面对新的境遇他们通常介于理性和感性之间，他们会采取各种权宜的方式，吸取那些对自己有利的新事物和新价值观念，但大多数时候他们也会固守自己一直以来遵从的传统行为逻辑，对新的城市生活适应性较差。这类人群渴望稳定和安全，他们害怕变革和创新，因此无法改变自己的眼下生活，亦无法控制自己未来的生活轨迹。这一类人群在失地农民群体中占据主体，他们普遍缺乏与城市生活相适应的劳动技能和价值规范，与城市社会之间存在隔阂。在调研中发现，大部分的失地农民对当下的城市生活总体满意，但是与此同时也认为自己获得较少，渴望生活水平能进一步提高，感觉与城市人有差距，指望政府能够给予直接财物补助，对提升技能的就业培训兴趣不大。

第三类守旧依附型失地农民参与意识和能力较弱，他们被动依附，过分渴求政府的给予，缺乏内在的主动性，一旦未达到心理预期则心态失衡、怨天尤人，对政府充满怨恨和敌视，长此以往必然会陷入困局，沦为城市社会中的弱势群体。一些失地农民在心理和行为方面具有一定的惰性，他们就业观念僵化，就业期望值高，进取精神和创业精神不足，他们关心的是日常的生存，而不是向上的流动性，不主动谋求能力提升和思想革新，墨守成规，拒绝跟随社会的变迁步伐。甚至有部分失地农民因为获得了多套安置房或高额的货币补偿，物欲膨胀，好逸恶

劳，游手好闲，放弃市场就业，以房租为生，成为食利者群体，或吸毒赌博自我放纵。对此，一位社区书记进行了形象的描述：

> 我们这有一户明显的，他是安置两套房子，征地补偿了十几万元，日子应该是很好过的，有两个女儿，然后他什么都不干了，天天到澡堂子去泡澡、打牌，卖掉一套房子，回头家里闹得不行，家属肯定不愿意，叫他出去干活不愿意，最后背着他家属把另外一套房子也卖掉了，最后导致离婚。前一段时间跑到我办公室来找我，被我讲到闭口无言走掉了。他说："书记，我现在没有落脚的地方，能不能给我搞廉租房？"我说你年纪轻轻怎么能张开嘴的，你怎么没有落脚的地方了？你是因病导致的还是什么原因导致的，我说你好逸恶劳，去赌、去搞，搞得妻离子散，我说你自己想想，他二话没说就走了，不找我了，走掉了。有这样的人，我们社区有好几户，还不是一户，一个是没有文化，第二个没有长远意识，拿到钱不知道怎么搞，就像人家说的乍一富了不知道怎么搞了，就像买彩票一样，一下中奖不知道怎么搞了，就这种情况。（访谈编码：C002）

从访谈中可知此类人群并非个案，无节制消费陷入困境后仍未能对自己的行为进行反省和纠偏，对政府的依赖心理较强，由此反映出该类人群缺乏自我认知，行为管理能力弱。另有一些失地农民虽然身份已发生了转变，但在思想和行为方面却深深地嵌入原有的生活方式和社会网络之中，过度依恋旧有的生活，对陌生的城市怀有忧虑和恐惧心理，受到传统的乡村文化束缚和制约较深，传统行为习惯根深蒂固，既不主动接受新知识和技能的学习，也不积极参与社会活动，在经济、社会、政治和文化价值观念等层面融入意识不强，安于现状，始终与城市处于隔离状态，这一类群体以老年人居多。老年人的城市适应能力相对较弱，心理失落感较强,对土地怀有深深的眷恋和依赖,即使在某些情况下,他们的依恋似乎是"非理性的"、"多愁善感的"或"无利可图的",农民们还是会紧紧抓住土地不放①。当他们在新的环境中遭遇失败和挫折后也更易在心理上消极悲观,回归原身份意愿强烈。

失地农民的类型化决定了他们不同的社会参与程度,也带来一个直接后果就是这一群体在城市中进一步分化,并出现了阶层化的现象,由统一的"农民"这个阶层分布到高低不同层级。洪大用将阶层化定义为社会成员之间的垂直分化,包括权利、财产与声望等在社会成员间的非均质分布,使得一些人与另一些在社会表现、生活方式以及价值观念等方面存在明显的差别,从而形成一个个层次,并由上至下排列成等级阶梯或社会的金字塔。②失地农民由最初的经济分化开始向其他领域扩散,在社会生活、政治权利、文化价值观等方面差距进一步扩大,最终生成一个阶梯化的城市融入格局。

第二节 参与主体分化的渊源

征地拆迁使大规模的失地农民在尚未做好充分准备、未能熟知城市生存技能的情况下就被抛入一个充满风险和挑战的社会,他们在瞬息万变的城市社会中摸索前行,经历了一个极其复杂的变迁过程,在主客观、内外部因素的共同作用下生发出多样化的生活情景。不仅不同时期不同地域的失地农民在乡城转型过程中会以不同的参与方式和参与程度走向迥异的人生境况,而且相同批次同一区域征地的失地农民也会呈现差异化的参与图景。究其原因,既有失地农民内在主体因素的作用,也有社会结构因素即外在力量干预的结果,这两种要素共同作用、互相形

---

① Willems, E., Peasantry and City: Cultural Persistence and Change in Historical Perspective, A European Case. *American Anthropologist*, 1970, 72 (3): 528 – 544.

② 洪大用:《农民分化及阶层化研究的回顾与展望》,《社会学与社会调查》1992年第5期。

塑,对失地农民群体施加不同程度的影响,生成了不同的参与动力与参与机会。正如布迪厄所主张的"建构主义的结构论"指出的,在社会世界自身中存在各种客观结构,它们独立于行动者的意识和欲望,并能够引导或约束这些人的实践或他们的表象,同时他也声称自己是"结构主义的建构论",他强调在社会分析中要考虑行动者的感知、思想、行动模式的社会生成过程,以及社会结构的生成过程。[①] 因此,失地农民作为社会结构中的行动主体,既受制于外部的客观结构,又具有自身的主体反应,需要对这两方面的因素进行综合分析。

一 失地农民主体因素:内在禀赋差异下的参与分化

同一批次和相同地域的失地农民在同等的征地补偿制度下,在相似的生活背景和境遇下,出现了较大的分化,关键在于失地农民的主体差异性。不同的主体具有不同的主体意识,主体性是指人从自己的主体地位出发以不同的方式掌握客体所表现出来的功能特性[②],具体表现为人的能动性、参与性和创造性的发挥。失地农民主体意识的逐步形成是其城市融入的自身增能过程,对失地农民而言,作为市民的主体意识的建立与发挥不仅意味着他们真正以城市人的身份参与了社会的建设和发展,而且也有助于其获得城市社会的尊重和认可。因传统乡村社会的风俗习惯、价值规范、生活方式等与城市差异明显,在失地农民迁入城市之初,必然会感受两类文化的冲突,当旧的习俗规范失效,而新的习俗规范还没有生成,就不可避免地会在失地农民内心产生一种震动和自我意识的挣扎,能否迅速建立主体意识将是其是否能够适应城市并融入城市的关键因素。作为人,我们可以自主选择,而不是简单地对周围的事件做出被动的反应。跨越"结构"与"行动"取向之间的鸿沟的方法

---

① 杨善华、谢立中:《西方社会学理论》(下卷),北京大学出版社,2009,第155页。
② 夏甄陶:《人在对象性活动中的主体性》,《人文杂志》1995年第4期。

第三章 分化的参与主体：差异化的转型路径

是要认识到在日常生活过程中，我们能积极的作用和反作用于社会结构。① 失地农民是一个具有主体意识的存在体，不可能完全被动地接受社会结构的安排，同时也具有能动性，失地农民主体意识和参与意识的增强有助于其在城市社会形成主人心态而非过客心理，有助于弱化其对原乡村生活的眷恋情绪，从而积极地融入城市生活。但是失地农民也是一个差异化的群体，不同人群存在不同的主体意识和行动逻辑，他们对外部环境的反应不尽相同，有些人会积极并自觉地调整自己，通过全方位的主动参与在短时间内就快速地融入城市社会，而有些人则排斥变迁，与城市社会保持隔离状态，甚或一生都停滞在以往的传统生活中，于是造就了差异化、不均衡的融入格局。影响失地农民主体差异的主要因素是个体的内在禀赋性，内在禀赋来自先赋因素（如年龄、性别、智力、认知、个性等）和自致因素（如经济、文化、社会资本等）两种获得途径。失地农民的先赋因素是先天赋予的，无法依靠后天的努力去改变，个体的生理和心理差异是客观存在的，也是不可避免的。例如，年轻人较之中老年人具有典型特征：更具活力，敢于打破常规推陈出新，容易接受社会的变迁和适应新环境的挑战，在乡城转型过程中投入的精力更多，有更强烈的参与欲望和参与动力，因此融入城市的能力更强。而对于中老年群体来说，更易恪守成规，惧怕变迁，当其从前长期隶属的社区衰落瓦解，基于特定社会关系的新身份模式尚未完全发展起来，他们更易出现身份认同危机，从而丧失了适应新社会的潜能和动力。调研发现，如今生活困难的失地农民绝大多数在失地时已经处于中老年阶段。人格特质对个体的发展也具有重要作用，性格开朗、思维敏捷、擅长人际沟通的失地农民更易获得社会资本，也更热衷于利用各种参与手段赢得更多利益，他们的参与意识较强，因而能够获取更多的城市融入必要的物质和社会资源，有助于在社会结构中实现向上流动。从

---

① 〔英〕安东尼·吉登斯：《社会学》，赵旭东等译，北京大学出版社，2003，第847页。

乡村转向城市，传统的建立在血缘和地缘基础上的社会联系强度及作用日渐式微，不同主体会建立和维持不同的生活立足点，心态积极乐观、行动力较强的人能够在多重社会关系中发掘机会、发现资源，并在与他人的关系中构建自我，实现自身价值，然而另一些自我封闭、传统守旧的人则会对传统的社会结构和关系存有深深的依赖心理，对新社会关系的认知较为模糊和怯懦，难以通过发展与各类群体的关系而获取知识和资源。在一个广泛变化和流动的时代，建立多元化的社会联系显得尤为重要，足以影响一个人的社会融入。调研中发现，来自失地农民群体中的经济精英，大多通过经商或转向建筑行业而实现身份逆袭，这一群体沟通能力较强，更热衷于并善于在内群体之外寻求社会交往网络，获得社会资本。

自致因素是后天习得的，而教育和就业是最重要的获得方式。人力资本是通过教育和工作经验获得的，它可以通过多年的学习和工作轻易衡量出来，而且与最终的社会经济成就之间存在明显的相关性。[①] 受过更多教育、拥有更好工作的失地农民更有能力在经济上适应城市社会、在社会上维系成员关系。教育是获得人力资本的重要途径，教育一方面能够提高失地农民的文化水平，另一方面能够提升其劳动技能水平，相对而言，受教育程度越高的失地农民越能够适应城市社会，权利意识越强，参与的积极性亦越高。非农就业对失地农民来说是其实现乡城转型的一个关键要素，拥有城市就业和城市生活体验的失地农民比其他失地农民更愿意在经济、社会、政治和文化方面积极参与。2001年国际劳工组织在"全球就业论坛"会议中通过了《全球就业议程》，议程指出："工作是人们生活的核心。不仅是因为世界上很多人依靠工作而生存，而且它还是人们融入社会、实现自我以及为后代带来希望的手

---

① Alba, R., Nee, V., *Remaking the American Mainstream: Assimilation and Contemporary Immigration*, Harvard University Press, 2009: 47.

第三章 分化的参与主体：差异化的转型路径

段。"① 若失地农民在城市能够获得一份稳定且较高收入的职业，即意味着拥有了一定的经济地位，如此他们不仅能够在与原市民的交往中充满信心，而且也易于被原市民接纳和认可。因此非农就业在失地农民的乡城转型过程中发挥着重要作用，是失地农民向市民角色转型的阶梯。首先，充分的就业可以使失地农民获得稳定的收入来源，建立城市生活保障和对城市社会的安全感，为乡城转型提供物质基础。物质生活是最基本的生存需求，也是城市参与的首要条件，若没有持续的收入来源，城市融入也就失去了根基。其次，就业对失地农民的心态和人格会产生深刻影响。职业及相应收入的获得意味着个体价值的实现，通过就业走出家门，迈向社会，有助于失地农民增强自信，消除自卑，从而能够在心理上接受新的社会环境，为乡城转型提供心理基础。再次，通过业缘关系的发展，能够扩大失地农民的社会交往圈，特别是增强与原市民的交流沟通，使其在与原市民的社会互动过程中建立彼此信任关系，赢得新型的社会性和情感性支持，从而获取更多的社会资本和城市资源，为乡城转型提供社会基础。异质性倾向于打破僵化的社会结构，产生更多的流动，失地农民通过正规就业可以与多元化群体发展交互关系，习得不同的文化和劳动技能，有助于实现向上流动。最后，城市就业有助于失地农民对分工、时间、效率、规则等一系列现代职业观念深化认识，可以更好地体验城市现代化的生活方式、思维方式和社会规范，对消除传统的农耕文化，加深失地农民对城市社会的理解、接纳和认同以及形成城市的生活方式和价值理念具有重要作用，为乡城转型提供文化基础。童星指出，有工作者比没工作的失地农民更倾向于认为自己是城市人，更愿意融入城市，对于城市的适应也就越好。② 笔者在调查中也发现，失地农民若能够获得相对稳定和较高收入的职业，其身份和心理转型就较快，城市认同也越强。由此可知，位于大城市郊区或邻近经济技

---

① 杨宜勇：《千方百计扩大再就业》，《文汇报》2002年9月24日。
② 童星：《交往、适应与融合》，社会科学文献出版社，2010，第166页。

术开发区、工业园区的回迁小区居民就业机会相对较多,他们在经济、社会、政治、文化观念等方面的参与也就越多,城市融入也更为容易。

从失地农民视角来说,不同人群拥有的城市生存的必备资源不同,这些资源部分来自文化领域,部分来自他们以前的职业经验,部分来自每个群体能够聚集起来的团结,因此失地农民的差异化是不可避免的。除了群体和个体的差异外,如果从家庭来看其内部也明显存在差异:在家庭成员之间,不同个体往往以不同的速度、不同的目标参与城市生活,甚至会带来家庭的张力。当下农民在失地前已经发生了分化,只是征迁又进一步加剧了分化。与 20 世纪八九十年代的征迁不同,现如今大量的农村青壮年劳动力在征地前已经流入城市,摆脱了对土地的依附,从事非农就业,获得了城市的职业经验和关系网络,因此征地事件对这一部分群体影响相对较小。但在这一类群体中,分化还是非常明显的,其中最容易适应城市生活的是收入水平、文化技能水平和就业层次较高的人群,因为他们在征地前城市融入程度已经较高。经济和社会地位的变化越快,世界观的变化就越大[1],经济地位的提升又会产生连锁反应,进一步促进失地农民在社会、政治和文化观念方面的融入。而大多数失地农民就业不稳定、就业层次较低,甚至部分人长期处于半失业状态,虽然征地不会对其产生太大的震荡,但其城市融入的进度明显较慢。影响这类群体社会参与和城市融入的主体因素既有主观要素也有客观要素。从主观层面来看,其融入的意愿和动力相对较弱,正如林顿(Linton)所指出的,社会地位较低的群体中的某些人可能不愿被同化,并可能因此而强调他们自己文化的独特特征。[2] 从客观层面来看,该类群体拥有的物质资本、文化资本和社会资本较少,同时身份的改变使其对就业产生了更高的期待,从而就业范围较窄,既不能与原城市居民相

---

[1] Akand, M. M. K., Folk Culture and Urban Adaptation: A Case Study of the Paharia in Rajshahi. *Asian Folklore Studies*, 2005, 64 (1): 39-52.

[2] Linton, R., *Acculturation in Seven American Indian Tribes*. New York: Appleton-Century, 1940: 513.

第三章 分化的参与主体：差异化的转型路径

抗衡，又无法或不愿与农民工相竞争，从而使他们处于一种尴尬的就业境地。

二 社会结构因素：外部力量差异下的参与分化

失地农民的参与程度和城市融入状况除与个体的内在特质和拥有的社会资源息息相关外，也受到外在社会结构因素的影响。外部力量是失地农民参与程度的关键要素，如前所述，失地农民被动进入城市存在客观身份的边缘化和主观心理的弱势化，因此其参与意识和能力较弱，很难迅速地以主人的心态积极参与经济、社会、政治和文化领域，仍需要在外部赋权和协助下获得参与提升。笔者在调研中发现不同地区、不同时期的失地农民参与意识和发展状况往往会存在较大的差异，他们对征地和城市生活的态度亦不同，一些地区的失地农民被剥夺感和不满情绪强烈，对征地的抱怨较多，而另一些地区的失地农民则幸福感较强，对生活现况满意，这表明不同地区对失地农民赋予的经济和社会福利、参与权力和机会不同，从而进一步证明了外部力量对失地农民乡城转型具有的重要支撑作用。外在力量的干预是失地农民乡城转型的外部赋能过程，政府、社区、社会组织和集体经济组织等外部力量可以为失地农民提供诸多参与支持：增强参与意识、提升参与能力、扩大参与机会等，从而推动其快速融入城市社会。在征迁安置过程中，若失地农民能够有更多的参与渠道和机会去表达自身利益诉求、捍卫自身合法权益，则必然能够公平地获得各项利益。参与机会既需要失地农民积极争取，也需要政府等外在力量的权力赋予。失地农民进驻城市，一方面由相对较为传统的社区进入一个新的、较为复杂的现代社会，其经济适应能力和抗风险能力较弱；另一方面其原有的农民意识和乡村文化依然深深地影响着他们，在短期内不可能消退，他们很难自主地放弃原有文化，吸纳新的城市文化，因此先天的弱势性再加上城市社会的歧视和排斥，他们很容易陷入困境，沦为城市新的边缘群体。能否维系我们对抽象系统之信任有赖于我们与此系统的相处时所体会到的经验而定。① 失地农民面对新的社会系统，能否对其产生信任并主动愉悦地接受该系统的规范体系，取决于他们的实际体验。若他们在该社会系统中能够感受到公正和支持，则他们会积极地去迎合这套社会规范；若他们更多感受到的是排斥和贬抑，则他们会选择退缩，内心渴求回归原属社会系统，与城市社会格格不入。吉登斯指出社会排斥并非"天生的"或"必然的"，政府、个人和社区可以做很多事情来解决这些问题。② 因此，对处于不利地位的失地农民，新社会系统赋予的强有力的外在干预力量，必然有助于加速其城市融入的进程。农民市民化过程是一个有机的支持系统，即宏观结构层面的制度和政策支持、中观结构层面的社会网络支持、微观结构层面的人力资本支持。只有三个维度共同作用，农民才能最终完成向市民的转变。③ 失地农民由农村进入城市，原有的社会支持系统瓦解或弱化，加之拥有的经济、人力和社会资本不足决定了其社会适应能力较弱，因此，需要政府、社区、社会组织、集体经济组织等各种力量提供外在的支撑，从宏观、中观和微观三个层面为失地农民的乡城转型过程创造一个新的支持系统，使其在城市迁移和城市融入阶段能够不断增强主体意识，全面而平等地参与政策制定和城市生活。从这些不同的外在主体来看，政府主要通过创造公正的制度环境，为失地农民的经济和政治层面融入提供基础条件，集体经济组织主要提供经济支撑，但是文化和社会层面的融入更为复杂，很难完全依赖于制度解决，这时必须通过社区和社会组织等社会力量参与。

从政府角度来看，提供有效、可持续的制度安排是影响失地农民城市参与的一个重要因素。政府建立针对失地农民的利益表达机制、参与

---

① 谢立中：《西方社会学名著提要》，江西人民出版社，2003，第535页。
② 〔英〕安东尼·吉登斯、〔英〕菲利普·萨顿：《社会学》（第七版），赵旭东等译，北京大学出版社，2016，第526页。
③ 文军：《论农民市民化的动因及其支持系统——以上海市郊区为例》，《华东师范大学学报》（哲学社会科学版）2006年第4期。

激励机制和社会保障机制，对失地农民无疑是最有力的支持，在塑造失地农民城市经验方面具有重要作用。政府如若能够彻底消除针对失地农民的排斥和歧视，在征迁安置、就业、教育、社会保障等领域不断完善相关制度和法规，并为失地农民参与协商谈判、表达利益诉求创造条件，则能够为失地农民的城市融入提供基本的支撑和决定性力量。公平的制度环境也有助于增强失地农民的参与性和积极性，从而能够改变外来者和弱者心态，在城市社会发展中建立自信和主体意识。通过提高征地补偿标准及健全失地农民养老和医疗保障制度，既可以使失地农民获得在城市生活的安全感从而免除后顾之忧，也可以减轻子女的经济负担，减少家庭矛盾。政府获取了巨额的土地财政，如果能够划拨更多的土地出让金用于回迁社区的软硬件设施建设，在失地农民居住环境提升、职业技能培训、就业援助、文化娱乐项目开展等方面实施有效的激励，必然能够减缓失地农民在主、客观层面的不适应，加速其城市融入。其中城市就业渠道的增加和就业能力的提升对失地农民的城市参与尤为关键，有助于创造更多的经济参与机会，从而减少其城市风险冲击，增强失地农民对城市生活的信心和认同感，政府在此方面的作用不容忽视。对此，一位社区主任的话很有见地，值得思考，他在访谈中这样讲道：

> 失地农民这一块要进入城市首先要解决他的能力问题，并不是我们把老百姓的房子拆掉了就行了，前期很重要，后期也很重要，保障是有的，但是缺少顶层设计。政府顶层设计我认为有三个重点。一个是人的城市化，就看你失地农民怎么变市民，这是重点应该考虑的问题，尽管政府有许多的想法做法，但是从长远看要有一定的政策。不是把农民的房子拆掉了，住进楼房就解决问题了。农民城市化首先要讲社会保障，社会保障跟城市居民不应该有差别，对失地农民还要客气些，为什么？城市居民他是有生活经验和基础

的，失地农民刚丢掉土地进入城市，征地拆迁补助点钱，那只是暂时的，钱用掉以后呢对吧，那是不稳定的，政府这一块对失地农民还要有新的政策。因为他们没有土地了，也没有进入城市，通过失去家园来适应城市，所以政府应该要把社会保障提高，最起码要和城镇居民一样的。第二个重点是规划设计要城市化，早期政府这一块有欠账的，因为失地农民这一块的管理都有的。早期一看这是居民区，过一段时间又要进行二次改造，规划上不协调，从规划层次上看档次就低。农民住进去心里有落差，走亲访友也好，进去一看就是农民小区。所以讲城市规划一定要标准化，不能太低档了。所以讲失地农民这一块怎么样才能解决他的问题，从规划设计上就要考虑到。第三个重点就是社区服务要全覆盖，而且要早期化，为什么这么说呢？比如说拆迁后原来的村庄就打乱了，这样在新城区要进行早计划，区域化的发展，这就避免许多矛盾，像是后期特别是信访，还有其他问题，不能等矛盾出来了再考虑，再成立社区再去搞就没有用了，我觉得要提前，这个我们做得很好，但是还是慢了。在城市化进程规划出来以后，就要设定好社区里面多少个服务中心等等，都要进行全覆盖。这几个工作搞好了，作为我们基层社区就避免了许多矛盾。（访谈编码：D004）

从这位社区主任的叙述中可见，许多地区的工作存在重征迁、轻安置的特性，对失地农民城市生活缺乏应有的支持和保障，这一模式既损害了失地农民的合法权益，也在后期引发了诸多社会矛盾。该社区主任多次提到"矛盾"和"问题"，由此可以推断其在回迁社区工作中面临着一系列的矛盾化解难题，他也找到这些矛盾的症结，在征地安置前政府缺乏顶层设计，未能对安置社区硬件和软件设施进行合理规划，未能使失地农民享有公平的社会保障，由此产生矛盾和问题隐患。这些问题在经济欠发达地区普遍存在，其中既有客观的地方经济原因，也有官员的主观理念问题。若地方政府能够做好顶层设计，建立以失地农民为中心的理念，把失地农民视为城市中的重要主体平等对待，在社会保障、安置区建设、社区服务等方面进行较高标准规划和设计，而不是人为地在城市制造新的二元结构，必将能够逐步消除主、客观层面的城乡壁垒，加速城乡融合。

从社区角度来看，一个有黏合力的、亲密的社区，在单个的家庭和他们迈进的又大又复杂而且危险的城市社会之间充当着一条缓冲地带……这样一种亲密关系给人提供了心理上的防护，可以化解为适应城市生活而产生的压力。[①] 农业和农村的消逝，意味着依托乡村文化的载体失去，必须建立新的载体来承接失地农民的文化和信仰，使尚未能够立即转型的失地农民心灵得以安放，为此社区就成为最理想的实体和精神空间。回迁安置社区作为由农民向市民转型的过渡生活区域，不仅有助于缓解失地农民因角色变化而产生的不适应，而且也能够为失地农民融入城市社会提供条件。社区是失地农民融入城市的重要场域，也是城市参与的组织平台，作为最基本的社会共同体，社区是失地农民生活的依托，是社会关系网络营造的场所，也是失地农民主体地位展现的空间。完善的社区服务有利于缓解失地农民的实际困难，消除他们因不适应而对家庭和社会造成的冲击，从而促进社会和谐稳定。失地农民迈入城市，生产和消费方式均发生了改变，土地的托底和保障功能瓦解，他们一旦失去了生活来源必将陷入绝境，这时社区的支持作用尤为重要。因此，若社区能够以失地农民需求为导向，顺应不同发展阶段结合失地农民面临的不同问题，在社区管理和服务方面做出动态调整，满足不同层次、不同阶段失地农民的需求，必然能够提升其生活能力，使其在物质和文化心理层面实现城市社会的全面参与。例如回迁社区提供的底层救助、就业帮扶、技能培训等对失地农民来说相当于获得了生存的保

---

① 〔美〕F. 普洛格、〔美〕D. G. 贝茨：《文化演进与人类行为》，吴爱明、邓勇译，辽宁人民出版社，1988，第283页。

障,以此能够降低他们城市生活的风险。再者,社区通过建立一个紧密联系的群体网络结构,还能够树立群体规范并直接影响个体的表现,密切的社会网络是社会资本的一种可替代形式,提供了一系列有形的援助。失地农民进入集中安置小区后,往往会依然坚守"圈内文化",与具有相似背景和相似经历的人交往,对包括农民工和原市民在内的圈外人群存在天然的排斥感,这不仅阻隔了城乡文化的融合,而且不利于失地农民社会资源的获得。社区通过开展多样化的活动可以增强各群体交流互动,弥合群体间的裂痕,促进亲密、友善、合作邻里关系的建立。依托社区建设及失地农民的社区参与,能够从微观处引导失地农民的日常行为,帮助失地农民构建起新的社会关系和熟人社会,从而形成对新社区的归属感、安全感和认同感,为城市融入提供心理条件。例如,上海市某回迁社区居委会组办了舞蹈队、编织队、腰鼓队、网络学习班、剪纸等兴趣班,建起了社区文化活动中心,开辟出专门的录像室、电视室、棋牌室,逢年过节举办联欢会或游戏活动,促进社区内不同类型的居民间的交往,有效地促进了失地农民向城市社会的融入。[①] 社区若能够开展一系列的经济、政治、社会和文化活动,就可以将不同群体聚合起来,形成利益共同体,从而有助于打破失地农民一直以来固守的小群体圈,为新、老市民的良性互动创造条件。社区内部不同群体只有通过长期的沟通和交流才能消除彼此误会,加深了解。长期而频繁的共同参与不仅能够使原市民弱化对失地农民的偏见和排斥,以客观公正的态度对待失地农民,而且可以降低失地农民对原市民的戒备和敌意,以此为失地农民赢得更加宽松和平等的城市发展机会。笔者在调研中发现,一些社区能够结合居民需求开展丰富多彩的活动,新、老市民的积极性和参与性也能被调动起来,他们在互动过程中会有意或无意地调整自己的思维方式和行为习惯,这对于形成相互包容、平等以待的社会关系具有

---

① 王慧博:《从农民到市民——城市化进程中失地农民市民化问题抽样调查研究》,上海社会科学院出版社,2015,第89页。

第三章 分化的参与主体：差异化的转型路径

重要意义。

从社会组织角度来看，农民的组织化无论在城市迁移还是在城市融入阶段均能增强该群体的参与力量，使其能够以独立的主体参与到乡城转型过程。正如亨廷顿所言："像中国这样的大国要进行土地改革，在政府和农民之间有两种组织联系是必不可少的，其一，政府必须建立一个新的、经费充裕的行政组织，并配备立志于改革大业的专门人才去主持其事，即建立专司其事的机构，其二便是农民自身的组织。农民的参与对通过法律或许并非必要，但对执行法律却不可或缺。如果没有农民组织参与其执行，此类法令只是官样文章。农民联盟、农民协会、农民合作社都是保证土地改革具有持久活力的必备条件。不管它们自己宣布的宗旨如何，组织本身就在农村形成了新的权力中心。"[①] 因此，农民一旦拥有了自己的组织即意味着获得了参与的权力，在征迁安置中，由于农民的组织力较弱、力量分散、行为无序，可能成为利益被剥夺者。若失地农民能够成立自己的社会组织并通过该组织与政府展开平等协商，必将能够形成集体合力而提升参与动能，以组织的形式参与既意味着失地农民土地权利的公平获得成为可能，也代表着其主体地位的提升，同时也为失地农民的有序化参与提供了条件。此外，处于中立地位的第三方力量也即政府和失地农民之外的社会组织也能够发挥极其重要的功能。在征迁安置过程中涉及多个主体的利益：政府、开发商、失地农民等，各个主体均期望实现利益最大化，由此产生利益分歧，地位的不均等及信任的缺乏使他们很难进行直接的利益沟通和协商，这时就需要借助于独立的第三方组织来参与调解，组织各方开展博弈，发表不同看法。独立的社会组织能够在权衡各方利益和诉求后提出解决方案，促使各方由对抗转向合作，最终达成一致，实现帕累托最优。在失地农民的城市融入中，社会组织能够依靠其公益性、灵活性和专业性的特征，

---

① 〔美〕塞缪尔·P. 亨廷顿：《变化社会中的政治秩序》，王冠华等译，生活·读书·新知三联书店，1989，第364~365页。

在社会网络的重构、社会资源的获得、城市文化价值观的塑造等方面发挥积极作用，为失地农民的城市社会生活提供多元化、多领域的社会支持。社会组织一方面作为居民和政府之间的桥梁和纽带，有助于政府获知基层的声音，让相关部门的管理者可以通过此平台真正做到密切联系群众，帮群众解决最迫切的问题；另一方面，社会组织扎根社区，不仅可以协助居委会开展居民自治及相关的管理服务活动，而且能够代表居民利益，为特定居民提供各类服务，从而赢得居民的信赖和支持。这些方面对于改善干群关系、提升地方治理水平都具有重要意义。此外，通过社会组织将社区居民整合起来，实现各个领域的参与互动，对提高社区公共服务水平、促进社区融合发展也发挥着重要作用。由社区居民发起成立的社会组织在回迁安置社区开展公益慈善、邻里互助、民事调解、文化体育等各类活动，能够唤起失地农民的参与意识，显著改善和提升失地农民的生活环境和生活质量。例如福建的老年协会延续了乡土中国"乡绅治理"的传统，在教化乡里、移风易俗、调解邻里纠纷、开展公益慈善事业、推进基础设施建设等方面，都发挥了重要作用。[1] 通过社区社会组织的参与，不仅能够满足失地农民和其他居民多样化的物质和精神文化生活需求，减轻政府和社区居委会负担，而且能够为各类居民的沟通创造条件，促进了社区的文明和谐。为此，民政部在2018年1月印发了《关于大力培育发展社区社会组织的意见》，充分肯定了社区社会组织的重要功能：有利于激发基层活力，促进居民有序参与社区事务；有利于引导多方参与社区服务，满足群众多样化需求；有利于加强社区矛盾预防化解，助力和谐社区建设。[2] 综上所述，作为一种重要的社会资源，社会组织在失地农民的征迁安置和城市生活发展中均是不可或缺的。代表失地农民利益的社会组织可以显著增强该群体的生存权、话语权和参与权，使失地农民获得有别于政府和社区、具有完全自

---

[1] 杨毅涵：《老年协会"民生·民声"》，《福建日报》2011年10月14日。
[2] 张维：《大力培育社区社会组织》，《法制日报》2018年1月9日。

主权的支持力量,为失地农民在城市化的整个过程中争取更多的机会和资源。

从集体经济组织角度来看,若社区内部建立起集体经济,则能够为失地农民经济参与和社区参与提供长效支持。集体经济是失地农民实现共建共享的重要领域,保留经营性的集体资产不仅可以为失地农民提供持续的物质收入来源,增强其经济融入能力,而且有助于拓宽失地农民的就业和创业渠道,使其在参与集体经济发展中获得归属感。社区内建设的综合服务大楼、农贸市场等商业设施对失地农民来说无疑是一个重要的经济参与契机,使他们可以低成本、低风险地投入市场中来,就此解决了大量失地农民的就业和创业问题。此外,集体经济收益还能为社区的发展提供财力支撑,在地方政府财力有限、公共服务投入不均衡的情况下,可以为回迁社区提供更多的公共服务和基础设施建设资金,使社区有更多的资金用于改善失地农民的生存环境和生活水平,从而使失地农民集体受益。通过集体经济收益为失地农民建立起完善的福利保障体系,对降低他们在市场和城市中的风险发挥了一定的托底作用,使他们能够无所顾虑地投入城市的各个发展领域。访谈中某镇的一个社区在征地拆迁后重建了集体资产,为失地农民的基本生活保障和居住环境的改善创造了条件,在访谈中,我们听到这样的案例:

> 我们主要是把过去拆迁原有的资产盘活,将近1000万元,我拿这个1000万元全部投资到固定资产上去,我建了一个综合服务大楼,用资1500万元,对外出租,出租的费用就是为了解决失地农民这一块的实际问题。第一步首先给60岁以上的老人每人购买一份意外伤害保险,固定资产所欠的债估计明年就能还清,全部还清以后,第二步再把所有失地农民养老保险、合作医疗全部解决掉。固定资产我们正在对外挂网招租,商业服务中心挂网之后还没正式运营。我的公司赚的几十万元已经全部投到物业运营里去了。

小区存在的特殊问题，安置小区的基础设施建设、质量远不如开发小区，配套设施不完善。（访谈编码：E001）

从该社区书记的话语中可见，其不仅有远见，而且民本意识较强，将土地出让金盘活，建设了综合服务大楼对外出租，租金服务于社区居民，提升了居民的获得感和安全感。但遗憾的是 H 市大部分地区征地后并没有保留集体经济，甚至征地前原有的集体资产有的被拆除，有的被区或街道收归国资部门统一管理，由于缺乏长远的规划与设计，后来新建的社区自我生存和发展能力弱，社区治理陷入了困境。如果通过成立集体股份合作公司鼓励失地农民以征地补偿款入股分红，可避免因瞬间获得高额补偿款而产生暴发户心态和非理性消费，从而可消解征地带来的社会风险，促进农民向市民身份和心理的转变。笔者在调研中发现，是否拥有集体资产在失地农民就业安置和社区治理方面具有显著的差异，集体经济组织可以为就业困难群体提供经济参与机会，同时拥有集体经济收益的社区多将集体资产用于回迁小区的物业费缴纳、软硬件设施建设，以及失地农民养老补助、子女教育奖励、社会保险缴纳和辖区内困难群体的帮扶等，为此失地农民享有的福利待遇和生活环境相对较好，生活幸福感较强，对居住社区和城市社会的认同度亦较高。而没有集体经济组织的社区，如果当地经济发展再滞后对回迁社区投入有限，则社区建设明显落后，社区无序化的问题也较为突出。

第三节　迥异的城市融入样态

不同的失地农民主体因素和外在社会结构因素叠加在一起，形塑了差异化的社会参与情景，结果也造就了多元化的城市融入样态。就移民及其后代而言，他们可能无意寻求同化，旨在成功适应的实用主义决定的累积效应可能导致行为上的变化，但最终导致同化，在不同的民族和

第三章 分化的参与主体：差异化的转型路径

种族群体中，同化发生的速度不同，在同一种族群体中，同化程度也有很大的差异。[①] 笔者在调研中发现，随着乡城转型向前推进，失地农民分化越来越明显，呈现多样化的生活图景，一部分人获得了向上的社会流动，而大多数人则是水平流动，甚至有少数人在分层体系中向下流动。虽然同一征迁事件作用于同一群人，但最后在城市融入过程中却分化出了不同的人生走向：有的人成为企业家，踏入了精英阶层；有的人却生活贫困，沦为底层。尽管失地农民在征地前已经发生了分化，但征地这一事件明显又加速了分化的进度，使失地农民群体进一步裂变，异质性更加突出。面对新的情境，失地农民展开了不同程度的，或主动或被动的社会调适，以此构建新型的生活世界，他们对物质和精神世界的改造能力和改造程度不同，也必然带来不同的共享范式。城市作为各种活动的实体空间而出现，拥有着众多的优质资源，人们普遍期望从农村向城市转移获得成功，然而，在现实中，成功率存在差别。乡村人口一旦进入城市，就必须适应城市环境，必须面对与适应相关的各种问题。城市化不仅涉及向城市的转移，以及伴随而来的从农业到其他职业的重组，而且涉及行为和信仰等模式的转变，这是一个复杂多变的过程，充满着不确定性和风险，人们的表现不同融入的程度也不同。今天随着社会流动率不断加快，乡村人口分化加剧，他们在资源拥有方面差异逐渐扩大。对于失地农民来说，在乡城转型过程中投入的时间和精力决定着其未来城市融入的样态，参与主动性越强、程度越深即意味着投入越多，获得也就越多。作为转型主体的失地农民，在城市融入中有被动和主动之分：主动者积极应对新环境带来的挑战，努力消除生存障碍，与外在支持力量密切配合，积极利用各类资源；而被动者消极面对新的变化，受环境所牵制和摆布，缺乏自主能动性，难以抓住外界机会。不同的主体特性决定了不同的融入速度和程度。今天对于大部分的农民来

[①] Alba, R., Nee V. *Remaking the American Mainstream: Assimilation and Contemporary Immigration*. Harvard University Press, 2009: 38.

说，农业只是一种基本保障和生活方式，而不再是一种以营利为目的谋生手段，失地前的乡村实质上已经产生了较大的分化，少部分人群尤其是老年人仍然维持着传统的农业耕作方式，习惯且依赖于这种方式，而绝大多数的青壮年劳动力已流入城市，承受着城市生活与文化的冲击和洗礼，在此过程中产生了阶梯化的人生样态。而征迁这一事件彻底割断了他们对土地和乡村的所有幻想，使他们不得不重新审视他们身处其中的城市社会，可以说，这一轮新的资源重组既是契机，也是挑战，在这一过程中，失地农民进一步分化，差异更加显著。

一部分群体能够实现自身禀赋和外在力量的完美结合，在社会结构的规则体系中积极利用内在的禀赋和外在资源来钻营自己的生存策略，借助外在平台和自身努力获得了较为稳定的职业和较高的收入，流入社会的中上层。他们会努力地去发展新的社会关系，获取更多的社会资本，从而也更容易得到原市民的接受和认可。这些人总是竭力寻求和利用机会，通过目标导向性的行动来改善自己的生活，同时构建自己新的身份和城市认同。在自身生理和社会环境所施加的许多限制下，他们仍试图通过在可感知的选择中进行抉择来克服他们所面临的问题和困境，从而进一步实现了人生的跨越。正如翟学伟指出的，当社会个体无形或被迫接受社会先于自己的那些社会角色和社会位置，而在相应规范的制约下又打算有自己的意图要表现时，他会采取一种同社会结构相变通或相权衡的行为方式来行动。这时的社会个体关注的问题是他如何能将自己的主观意图或计策同外在规范调适起来，即既能在行动的边界上不违反形式上的合理性，又能实现自己主观策略性的介入。① 这类群体通常一方面能积极利用现有的制度和政策红利为自己谋利，另一方面又能够通过变通或走捷径的方式实现自己的利益最大化。笔者调研中的几位成功者几乎都是在当时的社会结构下能够窥探并充分利用潜在的机遇，结

---

① 翟学伟：《个人地位：一个概念及其分析框架——中国日常社会的真实建构》，《中国社会科学》1999年第4期。

合自身的资源打破制度制约积极行动实现了人生突破。比如征迁与工程建设和房地产开发是密不可分的，这背后必然带来一系列相关产业的兴起，于是这部分群体能够及时地发现商机，寻找出路。笔者的一位访谈对象1993年征地时21岁，初中文化，由典型的农民变为失地农民，失地后他先是自谋职业后开始创办公司，并通过自学考试获得了大专和本科学历，以及一级建造师，其建筑公司规模越做越大，目前资产达几千万元，他在访谈中这样讲道：

> 我们区从小到大，它这个趋势是放大了我们个人奋斗，就是说我们以前在没拆迁之前，我们种西瓜、种蘑菇，当时我们村种蘑菇是很厉害的，可以说整个H市的蘑菇市场是由我们村提供的。拆迁后就是说机会爆满，你讲做生意，像我们失地了之后，没办法了，就只能到工地里面去干小工，慢慢地我们有一批人，像我们这样的一批人，慢慢地就是做生意。像陈××开店，现在很厉害，很多的人，像他们搞机械的很厉害，像我只算几十分之一，几百分之一，就是说慢慢地机会比较多……我是参加成人高考，上了我们工大的建筑技术大专，然后通过专升本上了工大的土木工程，2008年通过了二级建造师，2012年通过一级建造师。（访谈编码：A103）

该访谈对象一再强调"机会"，可见他并未把征地当作完全的剥夺，而是能够在风险境遇中善于把握机遇，笔者在访谈中既能感受到其成功的喜悦和成就感，也可见其奋斗过程的辛酸和曲折。该类群体参与意识较强，能够紧紧抓住政府和社区提供的有限机会和资源寻求上升的途径，甚至在现有社会体系供给资源不足的情况下亦能通过自身创新性的行动赢得发展空间。他们最终成为失地农民群体中为数不多的成功者，也理所当然地受到其他群体的尊崇。随着这一部分人在劳动力市场上逐渐适应和确立了自己的地位，他们开始把其他群体甩在身后，通过

在更有优势和便利的商业小区购买住所，离开了原先的安置社区，这一居住空间的转移不仅使他们与原隶属群体在物质和文化心理层面的差距进一步拉大，而且使他们逐步弱化"失地农民"这一身份和标签的束缚，与原市民有更多的接触，为社会融合创造了条件。

大多数失地农民群体或者内在主动性不强，或者资源占有不足，或者外在支撑力量缺乏，在进入城市后并未实现生活水平的显著提升，在各个领域融入缓慢。从失地农民主观特性来说，危机意识缺乏和主体能动性不强是其未能实现向上流动的重要因素，他们对来自外部的资源供给反应冷淡，敏锐性不强，往往仅局限于常规的发展通道而无法克服传统思想和行为的束缚。笔者在调研中发现，一些地区在征地后为了解决失地农民的就业问题开展了免费的技术培训、职业介绍等就业服务，但是许多失地农民对这些有助于能力提升的机会并不热衷，缺乏长远的眼光，他们认为技术培训浪费时间，耽误挣钱，由于未能准确地把握和利用这些外在机会而影响了后续的城市参与和发展。当然融入缓慢也有客观必然性，许多人不熟悉在广泛的城市环境中管理适当行为的规范，对大多数移民来说，独自学习这些规范将是一项非常艰巨且心理负担过重的任务，尽管文化上与主流群体越相似，他们拥有的城市经验越丰富，这种任务就越轻。[①] 对于完全没有城市生活体验的失地农民来说，城市的生活将是一个艰难的历程，他们在迁移之初会显得格格不入，也容易遭受城市的排斥，最早一批的失地农民曾经历了这一嬗变的过程，与此同时，他们也未能获得有效的外部支持，主体参与性的薄弱和外在力量的欠缺使他们处境艰难，就业层次低，在城市的夹缝中生存，这一部分人虽然已在城市长时间生活，身份上早已转化为城市居民，但在生活方式和心理等层面仍未实现完全融入。而对那些征地前已经在城市就业和生活的郊区失地农民来说，城市规范的习得并不十分困难，搬迁对其生

---

① Graves, N. B., Graves, T. D., Adaptive Strategies in Urban Migration. *Annual Review of Anthropology*, 1974, 3（1）: 117–151.

活和心理也不会产生巨大的冲击，因此征迁后多数人小富即安、向上流动的动力不强，这时外部的刺激尤为重要，若某些地区能够在经济、社会、政治和文化心理层面提供足够的支持，将有助于激发失地农民的内生动力，使其主动参与到城市发展中来，但如果外部刺激欠缺，他们往往会原地踏步、保持不变。这类群体在自身现有的知识体系和经验认知范围内活动，他们受到制度的约束力较强，他们的参与行动大多局限于传统范域，缺乏创新性和主体能动性，对于外在社会结构性力量认识存在偏差，消极等待机会降临，主动出击意识薄弱，往往以农民的心态在城市生活，从而只能实现水平流动。从笔者调研的H市情况来看，一方面由于失地农民受到传统性的束缚较深，思想观念守旧者居多，且拥有的经济、文化等资本相对较少，另一方面来自各层面的支持力量不足，作用有限，因此大多数人的生活仍维持现状，征地并未能使其在经济方面获得较大的提升和人生的反转，居于城市社会的中下层。

还有少数人最终沦为城市的底层，生活贫困，成为社会脆弱群体，主要依靠政府的低保和救助生活。受征地影响最大的人群主要有两类。一是长期以土地为生、纯粹务农的人员，调研发现早期的失地农民基本没有城市经验，城市的就业和生活对这些人群来说是一个完全陌生的领域，加之其文化水平低和非农职业技能欠缺，难以充分地参与城市社会，因此搬迁对他们带来的冲击是非常大的；二是把土地作为保障和寄托的老年人，这类人群对土地依赖性强，且年龄较大适应能力差，突然的职业和环境改变会使他们惶恐不安、不知所措，精神生活空虚，主、客观因素均制约着他们的角色转型，因此在多个层面的参与意愿和能力较弱，城市融入缓慢。另外，在H市大部分经济欠发达地区政府和社会能够提供的支持力量较弱，致使许多失地农民缺乏可利用的经济、社会和政治等资源。特别由于社会保障水平普遍偏低，失地农民进入老年后有限的社会养老保障金甚至无法维持最基本的生存需要，生活极易陷入困境。访谈中笔者明显感觉到这部分人群抱怨较多，以老年人居多，

他们反复强调自己生活困难且要求政府给予帮扶的呼声较强。在笔者的实地调查中,有几位生活较为困难的访谈对象。以下是笔者在 C 市(县级市)一社区和一位老人的对话:

笔者:老人家,征地以后您现在的生活怎么样?

被访者:我感觉还可以,就是这个生活条件太低了。那时候书记来说拆迁,那时候拆迁给 17500 元,一亩田就搞这么多钱,你说我们怎么办?

笔者:那您现在养老金一个月能拿多少?

被访者:现在能拿 200 多元。

社区书记:他们都没买(养老保险),那时候都没有钱买。他是 2010 年 10 月份之前失地的。他失地了,那时候没有补助他的钱,但是之后只要他不超三分地都可以。

被访者:我们就没有生活了,钱没了我们生活怎么搞?吃没有吃,政府不管我们。

笔者:您当时搬迁的时候多大年龄?

被访者:那时候我 60 岁了。

笔者:后来您有没有去找工作?

被访者:这么大年纪找工作别人也不要了。

笔者:那 60 岁以后也就在家了?

被访者:就在家。

笔者:一个月就拿两百多块钱?

被访者:那时候还是 110 元,那时候更少。

社区书记:最早的时候是 80 元。

笔者:那您靠什么生活?

被访者:就靠给我们补助的两个钱,我们夫妻两个四百块钱。

社区书记:夫妻两个 500 多元,275 元一个人,加上他们要达

第三章　分化的参与主体：差异化的转型路径

到 80 岁的话另外加 30 元，两个人大概在 600 块钱。他家属扫地，在小区扫扫马路。

被访者：现在扫马路也不要她了，年龄大了，不要了。怕你被车子撞到，他要负担责任。

社区书记：你到小区能看到好多的老年人都在扒垃圾桶捡垃圾，生活没有保障的人都在捡垃圾。

笔者：那孩子能不能给你们一点？

被访者：孩子也有负担，他有他的负担，他也就那点打工的钱，你再要，小孩也要吃要喝。电费、水费还有燃气，我们那时候是竹林，烧大锅，这些都不用买，现在什么都要买。

笔者：那你们现在平常在小区里，平常时间怎么打发？

被访者：怎么打发，什么也不管干（不能干），就散散步，打打牌。

（访谈编码：C101）

相对于 H 市的城区，本案例中的 C 市经济发展水平较低，一方面征地补偿较少，征迁后政府和社区对回迁安置社区投入能力较弱、给予失地农民的帮扶缺乏，另一方面市场机会远不如大城市充足从而很难获得稳定的经济来源，因此该类地区征地后生活困难者较多。调研中明显感受到不同类别社区在硬件和软件方面的差异，显然失地农民陷入弱势化境地有客观原因，但是除了社会结构因素影响外，也有失地农民自身内在因素的制约。这类困难群体抗风险能力弱，缺乏上升的动力和机会，大多节衣缩食依靠微薄的政府低保金或保障金生存。倘若土地不被征收，他们的乡村生活并不会很宽裕，也只是维持在较低水平，在 H 市目前大多数农村老年人社会养老保障金每月 100 元左右，还主要依赖于家庭养老。但是土地被征收后，城市生活显著提高了他们的生活成本，支出明显增加，负担确实加重了，再者征迁完全改变了他们习以为

常的生活模式,使他们必须面临新的转型,这些人就会将贫困和不幸归结为政府所致,认为政府理应对自己负责,而缺乏自我归因。对这部分人群来说,贫困不是一天形成的,失地前他们的生活并不富足,日积月累下造就的贫困文化对该类群体影响深远,这种贫困文化抑制了失地农民在城市的发展和提升,成为城市融入的障碍,倘若地方政府和社区等组织再无力消解该贫困文化或给予有效的支持,这部分群体必然难以摆脱边缘化的境地。被动的乡城转型带来一个突出的后果就是产生了新的城市贫困人口,他们自感无力摆脱底层化的命运,沿袭着传统的生活方式和思维模式,在城市的夹缝中艰难前行。

第四章

渐强的参与意识：走向共享型城市共同体

从 20 世纪 90 年代掀起的征地热潮到今天，不同时期的失地农民经历了不同的人生境遇，他们最初处于懵懂依附阶段，完全屈从于政府的政令，在征迁和城市生活中被动地顺应，虽然在身份上已转变为城市居民，但始终未能以城市的主人自居而主动地参与城市各项生活，因而既未能公平地享有城市化的成果，也未能承接起城市化的责任，生活贫困者居多，成为那个时期城市化和社会发展进程中的牺牲者和边缘者。其后随着信息的传递、知识和经验的累积，失地农民的自主意识和参与意识日渐增强，他们中的一部分人不再满足于被动接受，开始主动地参与利益博弈，为自己争取合法权益，进入城市后他们也在努力改变自己的生活态度，在城市建设中承担起主体责任，发挥自身的影响力。此外，一方面中央政府不断强化对征地拆迁行为的规范和对失地农民的利益保护，另一方面地方政府在度过了财政困难时期后也开始实施利益平衡和人文关怀，这使得征地过程越来越规范公平，失地农民在征迁安置和城市生活中也获得越来越多的利益福祉和参与权力。通过对失地农民社会参与的历时性探究，可以清晰地发现我国这一特殊乡城转型的发展和变迁过程，这是一幅在失地农民自主意识渐强下的权利演变图景。根据阿恩斯坦的公民参与阶梯论，迄今为止，在中国 30 年的征迁发展历程中，我国失地农民的参与实现了从非实质性参与向象征性参与形式的转变，政府由第一阶段的绝对操纵和控制转向了第二阶段的有限赋权，失地农民逐步享有了征迁安置过程的知情权和表达权，参与行动日益增多，由此也实现了更多的权利获得。

第一节　从剥夺型走向福利型征迁

剥夺型征迁和福利型征迁是笔者所做的一个理想类型的划分，从剥夺型到福利型征迁是一个连续谱，两者没有绝对的分界线，只有程度的不同，随着时间的推移，在失地农民的参与博弈、中央的政策干预和地方政府的人性关怀等诸多因素作用下，失地农民在这一连续谱中不断向前演进，获得的补偿亦呈现上升的趋势。在 20 世纪 90 年代开始的征地浪潮中，巨大的城乡差距以及土地耕种收益的逐年弱化使那一时期的失地农民对城市充满期待，城市身份对他们而言是一个极大的诱惑，从而忽视了一系列的利益诉求，权利意识薄弱。此外，这一阶段的征地拆迁尚处于摸索阶段，制度设计不健全，补偿方式不合理，失地农民利益受损严重，牺牲过多，未能公平享有土地收益，这一时期可界定为绝对的剥夺型征迁。在早期征迁阶段，土地被征、房屋被拆后，失地农民获得的补偿极其低下，土地出让金的绝大部分被地方政府拿走，村集体和失地农民只能获得少部分的收益，最后落到失地农民手中的已经寥寥无几，而且整个过程是在失地农民懵然无知的状态下发生的，他们没有反对的机会和可能。耕地被征后失地农民往往只能获得少量的青苗费，房屋被拆也只有为数不多的经济补偿，甚至很多地方没有任何的住房安置，而极少量的货币补偿根本无法维持失地农民的家庭生活和住房保障，一位 1993 年被征迁的访谈对象这样讲道：

第四章　渐强的参与意识：走向共享型城市共同体

> 你不是把房子、把地都征掉了，然后我们在这边也是花钱买了房子，其实每户基本上都要花个几万块钱。那个我记得我家的这套房子拆的时候正好是修繁华大道，是第一批的时候。我记得我家总共拆迁就补了2万多块钱，3万块钱都不到，要去买房子，买哪里都不够。当时没有房子，他就给你钱，给你补偿，那时候不像现在就是讲房子盖好了，按照人均45平方米补偿给你。那时候你只要有钱，你想买一套房子也行，想买两套房子也行。那时候的人拿不出钱来。我家拿不出钱来，两万多块钱你怎么够买房啊？那不就得借，自己东借借西借借的，你不能讲你不住（房子）。你两万多块钱把房子拆了，你就给他拆了。那时候老百姓也老实。（访谈编码：A101）

这位访谈对象的话不仅表达了房子被拆后的无奈（"你两万多块钱把房子拆了，你就给他拆了"），也证实了那个时期土地被征房屋被拆补偿的低额度。根据这位被访者反映的情况，房屋被拆之后只给了两万多元的补偿，而买房子要花几万元钱，政府拆迁后给予的补偿根本不足以购置新房，但房子又是刚需，所以他们只能"东借借西借借"。不仅如此，面对失地农民赖以生存的土地资源被征收，政府并没有对他们的职业做出有效的安排，失地农民只能自主择业。而这一时期的失地农民绝大多数是以土地为生，没有任何城市职业和生活体验，显然缺乏非农职业知识和技能，加之学历低，对新知识接受较慢，因此很难在城市中谋得像样的职业，从而导致生活窘困者居多。一位被访失地农民这样谈道："我们都是农村的，都是种田，没有事干。（土地）征掉后找不到工作，招工有限制，一个是年龄这一块限制，学历也限制。我就给厂里下下货，生活很困难。"（访谈编码：A104）

另外，该时期的失地农民失去赖以生存的土地后绝大多数却未能享有任何失地农民社会保障，未获得相应的社会养老、医疗保险和最低生

活保障，生活缺乏安全感，一旦未能正常就业失去生活来源，则会陷入绝境。访谈中，C市（县级市）的一位社区书记讲述了2010年前后失地农民在社会保障方面的差异：

> 我们市在养老保障这一块，2010年之前失地农民没有享受到，没有生活保障。2010年10月，市政府出台了一个政策，就是对失地农民进行养老保障，后期的人，只要你是失地农民，有合法土地的、承包土地的人，只要失地了，社保局就给你办理失地农民的本子，你具有这个本子以后可以交一部分钱，然后女的到55岁、男的到60岁的时候，保障局会按月打工资给你。但是如果他在2010年之前就失地了，他就没有享受到这个。他们只能享受到普通的社会保险，就是每个人一个月拿200元，另外按照高龄补贴，60岁加75块钱，80岁再加30块钱，他们一个月只能享受这么多。（访谈编码：C001）

对于早期的失地农民而言，因没有专门的失地农民养老保障支撑，许多失地农民进入老年后，失去就业能力，收入锐减，生活非常艰难。而且政府的工作重心在征迁领域，未对失地农民的城市生活进行风险评估和政策关照，失地农民被抛向城市，被众多学者称为"三无"人员，即"种地无田、上班无岗、低保无份"，由此带来了一系列的社会问题。这一时期的失地农民利益受损严重已经在社会形成共识，无论学术界还是干部群体在话语体系中均对失地农民表示了深深的同情。在针对基层干部的调研中发现，绝大多数基层干部在访谈中都提到这一时期的失地农民获得的补偿太低，未能公平地享有土地收益。访谈中一位见证并参与了早期征地拆迁的老村书记对当时的情况进行了详细的描述，也印证了这一事实：

第四章　渐强的参与意识：走向共享型城市共同体

我们这边从1993年开始陆续拆迁，开发区不像现在拆迁，现在拆迁是一竿子打到底，因为当时开发区建区的时候只带着政策，没有钱，所以全是我们这些祖居居民做出牺牲。土地征掉后只有一个青苗费每亩600元、400元、1000元，就是一个青苗费补偿，土地费没有拿一分。住房安置当时是先拆，拆的时候是补偿，补偿只有100多元一平方米，还算好的。当时最早的一批1993年大概一户拆了只有几千块钱，但是房屋还要你自己花钱去购买。当时整个房屋拆迁，开发区有一个60号文，怎么个补偿标准？一个就是土墙大约在70元/米^2，檐口在9尺，就是说高度在9尺以上，大概在70元/米^2；砖瓦墙也是90元/米^2，也，就是讲3米高以上也就是大约在90元/米^2，楼房一般在140元/米^2，农村那时候也有楼房，大约就这个补偿标准，再低于这个就是30元、50元/米^2，补偿标准很低，我们家都不超过一万块钱，估计80%以上不超过一万块钱的补助，当时拆过以后，政府没有安置，怎么搞呢？就说那你挪到征地外，征地红线外可以自行搭盖。然后又由XX乡组织盖了一个两层楼房大约盖了151户，盖过以后卖的是380元/米^2，当时卖也很便宜，但是他没拆到钱，拆6000元你现在让我拿100平方米的房子，让我拿38000元钱拿不起，当时XX乡政府说可以分批给钱，上来必须要交50%，然后第二年要交多少钱，然后慢慢把这块钱给还上。原来农民他有地他自己在家至少吃饭不成问题，他养个鸡、养个猪，或者是农闲的时候，去干干农民工，就是说现在搞搞建筑，基本上都是木工、瓦工，还有油漆工等一些他都能做工，他就能搞一点钱回来。地也没了，除了原来自己有一点手艺这些人，他可能讲我可以放下担子我去干活了，但是还有一部分人，他原来没有一技之长的这些人怎么搞呢？特别是二级劳力（男41~59岁，女36~55岁），大部分没有一技之长，也没有享受到劳动保障、劳动保险这些待遇，他们的生活相当困难。（访谈编码：A002）

从这位老村书记的话中可见，最早一批的失地农民为当时的城市发展确实做出了巨大的牺牲，"开发区建区的时候只带着政策，没有钱"，失地农民土地被征、房屋被拆仅获得极少量的货币补偿，没有住房安置，大多数拆迁户获得的经济补偿低于1万元，还要自建或自购住房，在那个时代绝大部分农民家中是没有储蓄的，因此征地后他们生活不仅没有好转，而且背负大量债务。当笔者问起当时这批农民牺牲这么大，他们有没有抗争时，这位老书记这样说：

被访者：那肯定有，不过农村这块人很淳朴，比如说就像我们家范总和刘总他们家人，只要晚上跟他们讲讲，你看你搞我们日子也不好过，怎么搞呢！后来也都愿意拆了。

插话（失地农民）：我们完全是靠他强大的个人魅力把这个事情抹平了。

笔者：他们意见很大，你就一个一个去做工作？

被访者：对，怎么办，那不就慢慢磨，自己做不了工作再去找他亲戚，找他舅太爷，找他家比较有威望的人，慢慢搞，所以说工作很难，但是难也做了，最后事情也解决了，也办了。（访谈编码：A002）

从这位老村书记的话中可见，那个时期虽然也有部分反对者，但人们反抗意识还不是很强，大多没有采取激烈的抗争方式，通过村书记的柔性策略（自己或动员其亲属做工作），最终都妥协了。在20世纪90年代，失地农民面临的困境和遭遇的不公并不是个别现象，也非失地农民自身的主观和片面感受，是H市乃至全国几乎每一个地区的普遍问题。由此可见，这一阶段的征地拆迁，既没有进行合理的住房安置，也没有进行有效的就业安置，享有的社会保障水平低甚至根本没有任何社会保障。由于早期的征迁补偿方式极其不合理，补偿费相当低，最早一

第四章 渐强的参与意识：走向共享型城市共同体

批的失地农民群体中大部分人在土地被征后因借债买房而负担沉重，遭遇严重剥夺。人们日夜期盼的征地和由此带来的城市身份并没有使他们的生活得到明显的改善，反而还因收入下降消费骤增陷入更加贫困的境地。不能不说农民在中国的发展进程中始终处于弱势地位，无论是失地农民还是农民工群体均是经济发展的重要贡献者，也是利益牺牲者。

进入21世纪，随着城市加速扩张和工程建设步伐增快，征地规模进一步扩大，失地农民骤增。为了遏制地方政府滥征滥占农村耕地的违法行为，防范征地风险，2003年7月，国务院以清理整顿各类开发区为突破口，连续下发了关于清理整顿各类开发区、加强建设用地管理、加大力度进一步治理整顿土地市场秩序等多份遏制地方政府征地冲动的文件。2004年，《国务院关于深化改革严格土地管理的决定》强调，要实施最严格的耕地保护制度，这一系列举措标志着我国"后征地时代"的到来。① 中央以及H市所在的省均在不断完善征地制度、规范征地行为，使征地趋于透明化，让失地农民能够越来越多地参与到征地中。另外，在后征地时代，失地农民的主体意识和参与动力也开始凸显。一方面早期失地农民窘迫的生活处境深深地刺激了其他农民群体，他们开始理性计算失地后的生活成本和风险，意识到应该为自己争取更多的利益，逐渐采取了一系列行动和策略；另一方面政府通过土地出让获得巨额收益，使失地农民看到土地的巨大价值，产生了心理落差和强烈的被剥夺感。这一时期，失地农民权利意识和参与意识开始觉醒，随着失地农民的维权意识不断增强以及对利益的渴望，他们为了获得更多的补偿开始与地方政府进行利益博弈，与此相关的抗争行动不断增多，征迁矛盾冲突大规模爆发，由此引发了大量的个体和群体上访事件，甚至在部分地区出现了暴力抗征及流血事件，产生了极为恶劣的社会负面影响。以下是访谈中听到的各种征迁抗争行动，可见失地农民参与意识已经觉

---

① 崔艺红：《中国"后征地时代"的特点》，《山东省农业管理干部学院学报》2013年第4期。

醒，开始采取一系列策略争取自己的权利。

> 我们2008年搞强制征迁，我们县长签字的。当时有一家的房屋最多值50万元，她就是要赔她200万元，后来就是强拆的，这个女的叫王美玲（化名），这个女的多次到北京上访。这就形成了社会矛盾了，最后我们政府妥协了，总共赔了她100万元。主要是这种考核机制不好，对政府来讲很不合理，基层干部没有精力搞经济发展，征迁未来会越来越多。征地90%都愿意，一小部分人不愿意，他们有的就在网上发帖，我一天接到五六个媒体记者采访，目的是想要钱。（访谈编码：E004）

> 在征迁中"钉子户"肯定是有的，他们都是相互学习的。比如说拆迁问题，如果有几个"钉子户"，对于整个工程的损失会有多大？这不是损失一点点的事，他要是不走你又不能强迫他。征迁引发的矛盾冲突，我们都遇到过，像举把菜刀、拿汽油威胁啊这样的事情太多了，特别是10年以前，有些没处理好的，甚至会出现一些伤人的事件。（访谈编码：B002）

从两位被访者的话语中可知，越来越多的失地农民开始采取一系列的参与行动，通过越级上访、网络媒体、暴力等方式进行抗争，而一旦抗争胜利又会驱动更多的人以类似方式参与维权，民众非制度化的、渐强的参与行动强烈地冲击着现行的政治体制与公权力。与此同时，也有越来越多的失地农民要求参与到征地安置政策的制定和实施过程中，他们期待对征地拥有更多的自主权。地方政府在来自中央和失地农民的双重压力下开始做出妥协和让步，逐步完善土地补偿制度，不断增加失地农民的利益获得，在土地收益分配方面向失地农民倾斜，大幅度提高了补偿标准，例如H市市区目前的征地补偿标准最高已超过10万元/亩，失地农民可以获得较多的现金和住房补偿，社会保障水平亦相应提高。

第四章 渐强的参与意识：走向共享型城市共同体

由此可见，失地农民通过各种制度化或非制度化的参与为自己赢得了更多的利益和权力。土地收益的增长使失地农民能够拥有较为丰富的资源禀赋，从而可以更好地选择自己的未来，并在城市经济中拥有更清晰和更长期的利益。失地农民的利益觉醒和权利抗争不仅制约了地方政府的侵权行为，而且也促使政府开始重视失地农民这一主体利益，将政策关注点向其城市生活辐射，使失地农民在城市融入中的参与日益深化。2004年在《国务院关于深化改革严格土地管理的决定》中明确强调：应完善征地补偿办法，县级以上地方人民政府要采取切实措施，使被征地农民生活水平不因征地而降低；妥善安置被征地农民，县级以上地方人民政府应当制定具体办法，使被征地农民的长远生计有保障。① 为了贯彻这一政策，各个部委也下发了一系列文件用以保障失地农民的城市生活，地方政府亦将政策设计由征地领域向失地农民城市融入领域转移，越加重视失地农民的土地权益。为了减少失地农民的生存障碍、加速其城市融入，近年来H市各地政府特别是经济较为发达的地区实施了较深层次和人性化的政策关怀，在居住环境、劳动技能培训、就业服务、市民素养提升等方面给予关照，为失地农民参与现代都市生活提供了更多的机会和保障。征地补偿和城市福利的增长标志着剥夺型征迁逐步转向福利型征迁，在这一阶段失地农民的获得感和幸福感日渐增强。

在住房安置方面，与第一批失地农民举债自购住房相比，这一阶段各地开始实施回迁房集中安置，并且不断提高人均补偿面积。H市现阶段基本按照家庭人均一定面积进行安置（人均30~50平方米），此举有助于增强操作透明度，防止按原住房面积补偿带来的暗箱操作和权钱交易，从而减少社会矛盾，促进社会公平。一些地方的安置政策更加人性化，例如笔者调查的C市一个社区除享受人均40平方米的安置房外，另外还规定独生子女、双女户、未婚子女18周岁以上的均可再追加享

---

① 中华人民共和国中央人民政府网站，http://www.gov.cn/zhengce/content/2008-03/28/content_2457.htm，最后访问日期：2019年3月2日。

受40平方米住房,这些举措能够解决失地农民眼下及未来的住房需求,改善了失地农民的居住条件,获得了失地农民的认可。同时为了减轻失地农民居住环境变迁带来的震荡和不适,一些地方政府在安置社区建设和推进过程中,也做出妥协,开始从失地农民的角度进行规划设计,使社区配套设施更能够满足他们的需求,例如设置晾晒场,建设婚丧嫁娶所需的公共活动场所,组织居民参加传统文化活动等。自上而下的政府空间规划与自下而上的村民自主选择之间往往会产生错位,一些完全由政府刻意打造的社区共同体,反而不如融合了失地农民的意愿、由失地农民参与创造的空间更有活力,近年来随着回迁社区各类矛盾不断激化,社区治理出现困境,一些地方政府在推进乡城转型的过程中亦开始深入思考这一问题,在社区建设方面逐步回应失地农民的现实需求。

在就业安置方面,各地亦陆续实施了新市民的就业培训和职业介绍等工作,免费为失地农民提供技术培训和就业指导。将政府一些公益性的岗位和本区域内部建设工程向失地农民倾斜,鼓励失地农民参与就业和创业,增加收入。调研中,一个社区在失地农民就业方面进行了提前规划和后期介入,为失地农民的就业提供了支撑,虽然当地的经济不发达,但通过一系列举措解决了大多数失地农民的就业问题,提高了这一类群体的生活条件,值得欠发达地区学习。该社区书记向笔者介绍了他们的具体做法:

> 成立社区之后,安排(失地农民)在政府部门等,搞搞什么卫生啊电工啊之类的,做点杂工,这是一个方面。还有就是到工厂,(当初)成立了工业园,他们可以到工厂里面当工人。再有就是利用城市发展鼓励他们去创业,第一个就是接点小工程,比如土方工程等市政工程,第二个就是搞一些校园经济,像辽阳社区离大学比较近,目前有370多人在开店,当时在建小区时我们就考虑到这一块,在大学的后面建的小区。(访谈编码:D005)

第四章 渐强的参与意识：走向共享型城市共同体

值得一提的是，该地在回迁小区建设之前就能考虑到失地农民可能面临的就业困境，将小区建设在大学城附近，这一做法对于增加失地农民的就业是非常有效的。调研中发现近年来不少地方都在积极谋划解决失地农民的就业问题，想方设法增加就业岗位，不仅将政府部门的一些公益性就业岗位向失地农民倾斜，而且鼓励失地农民创业。可见地方干部逐步改变了以往在征地中粗暴强硬的工作作风，开始关注失地农民征地后的生存和发展问题。H市近十年城市化发展速度非常快，各类城区均在不断扩张，失地农民众多，作为省会城市，稳定是头等大事，因此为了安抚人心、减少社会矛盾和冲突，各级政府均把失地农民的安置问题摆在了重要位置，针对失地农民出台了一系列保障措施。该市的人社局局长向笔者介绍了他们在失地农民就业方面采取的一些举措：

> 我市失地农民的数量还是比较大的，我们把失地农民纳入城镇的公共就业体系，把他们和城镇居民同等看待，这一块分为几个方面，第一个是优惠政策，跟企业签订一年以上的劳动合同就给1000元的奖励，还有就是你介绍一个失地农民就业了，就给就业补贴，就业补贴的标准是120～250元，还有就是小额贷款这一块，如果是失地农民需要创业，需要贷款的，可以享受同样的城镇居民享有的小额贷款，现在一般可以达到5万元，女同志一般可以达到8万块钱左右，这是关于就业的一些优惠政策。第二，就是培训方面的相关政策，如果失地农民愿意参加培训的，当地政府给予培训机构相应的补贴，300元左右。这样失地农民就业这一块我们就纳入了城镇就业保障体系。（访谈编码：H002）

在社会保障方面，现阶段各个地区已经为全体失地农民购买了养老保险。完善的社会保障有助于增强失地农民的抗风险能力，也能够建立安全感和作为城市人的认同感。失地农民的社会保障包括养老保险、最

低生活保障、医疗保险等，H市各市县区已经建立了基本的失地农民社会保障制度，并且进行动态调整，但是与城市居民社会保障还存在差距，且保障水平不高。地方政府从土地补偿费中划拨一部分为失地农民缴纳社会保险，在养老保障方面个人可以增缴，在男性年满60岁、女性年满55岁即可领取养老金，各地的保障标准不同，现有保障可以满足失地农民老年的基本生活。

在社区生活和服务方面，为了消解征地拆迁过程中利益分配不公产生的心理失衡和怨恨，政府近年来开始加大对回迁安置社区的福利注入，并对社区内部特殊群体实施了政策倾斜，以期预防因征地带来的社会矛盾。笔者走访的几个2000年以后安置的回迁社区，特别是H市的城区，均建立了面向失地农民相对较为完善的服务体系，尤其针对老年群体和未成年人的服务设施和免费活动较多，例如通过老年大学定期开设各类课程和开展各项活动，丰富了老年人的文化娱乐生活，缓解了老年群体的心理不适应，这对于实现老年群体的心理转型具有重要作用。这亦说明政府开始将土地红利更多地投向失地农民，使其获得越来越公平的土地收益。政府这一转变不仅使失地农民享有更多的福利，而且有利于稳定人心，在提升失地农民生活幸福感的同时维护社会稳定。若庞大的失地农民群体长期对政府征地行为不满，认为自己遭受了利益剥夺，必将威胁社会稳定。政府通过后期对回迁社区公共服务的投入提升了失地农民的满足感，消解了其前期因利益受损而产生的怨恨情绪，甚至一部分人对政府充满了感激之情。以下是笔者与一位已退休的原乡村小学校长的对话：

笔者：社区对你们有没有做一些活动？

被访者：活动我们经常做，你看过节，我们今年端午节还炸圆子，搞一些活动，八月节，去年我们做月饼，一个人发一点，给老年人尝尝。

第四章　渐强的参与意识：走向共享型城市共同体

　　插话（被访者女儿）：他这样做也是为了稳定人心，你想想多少回迁人员！

　　被访者：老年人有文化活动，你不能讲都住在这里没有事做。

　　插话（被访者女儿）：讲真的，比一般的社区还丰富，比我住的那社区丰富多了。

　　被访者：我在这边（被访者所在办公场所）是我们街道老年大学把这个设在这里，我就代表烟墩街道老年大学当校长，在这里主持工作。明天下午就有一个文艺汇演，一个团队、一个班搞一个节目。

　　笔者：这是你们从外面请来的还是自己组织的？

　　被访者：这个学员都是我们这个小区还有对面的几个小区的。老师是我请的，他们教课，每天一节课或来下去转转课教得怎么样就行了，我的任务就是这个。

　　笔者：除了文艺活动有没有其他活动？

　　被访者：其他活动比较多。每天下午在二楼，那边就是放老电影的。还有棋牌室，还有专门看管小孩子学习的，这边有老师，专门配老师看管。

　　笔者：老师从哪来的？

　　被访者：老师也是社区给钱，街道给钱，也是他们有一个机构，专门就做这些，各个社区都有。（访谈编码：B101）

　　上述访谈中受访者的女儿是一位高校教师，文化层次较高，她对政府的福利追加认识更为理性，看到政府行为初衷是"为了稳定人心"，而包括受访者在内的大部分失地农民并没有这一深层次的意识，当他们与前期失地农民或相邻地区未征迁的农民这些参照群体比较之后感受到自己的利益获得，他们则不会产生过多的相对剥夺感。笔者在对几个不同时期征迁的回迁小区调研中发现，新时期被征迁的失地农民幸福感明

159

显强于早期的失地农民,而剥夺感和不满情绪最为强烈的则是20世纪90年代初的失地农民。因此,近年来渐进式的城市化福利增长机制使失地农民的获得感随之上升,新时期大部分的失地农民是能够感知自身利益的增加的。由此可见,我国30年的征迁演进轨迹既是各级政府对失地农民的福利支出不断拓展的过程,也是一部失地农民通过渐强的参与博弈而利益不断增长的变迁史。

但是福利型征迁也只是相对的概念,虽然与早期的征迁相比,失地农民今天获得了越来越多的政策关照,但是总体来看,与他们土地的永久失去相比,他们的收益依然偏低,所获得的补偿并不能使他们的生活得到显著的改善。除此之外,失地农民在征迁安置过程中的参与程度和深度仍较低,主体地位依然未能得到体现,被动的特性仍十分显著。在现阶段,土地财政对于多数地区特别是欠发达地区仍是主要的财政来源,在巨额的土地出让金背后,是大量农用地被征收,农民失去土地和家园,今天的城市化对某些地方来说,已经演变为地方政府追求土地利益的城市化,以人为中心的理念还没有得到根本体现。目前H市失地农民虽然已经享有了社会养老保险,但养老金仍然偏低,普遍在每月1000元左右,而各个县更低,在消费上涨、人情开支负担沉重的今天,显得捉襟见肘。从居住空间和社会地位来看,失地农民的边缘化仍较为明显。未来的城市化不能以牺牲农民利益为代价换取,失地农民应该公平地享有土地收益,他们也不应是被动的群体,而应真正作为城市的主体参与经济发展和社会建设,实现政府自上而下的规划与失地农民自下而上的需求有机结合,进而达到一种利益与权利均衡的社会融入格局。

第二节 从社区融入走向社区融合

失地农民由乡村迁入城市社区,无论愿意与否都将面临向市民的角色转型过程,自20世纪90年代到今日,随着失地农民在城市经济、社

第四章 渐强的参与意识：走向共享型城市共同体

会、政治和文化等诸多领域的参与日益广泛和深入，他们的角色转型也表现出不同的发展特性。早期失地农民在城市社区生活的过程也即意味着逐渐被城市所同化，慢慢地丧失了农民的属性，最终融入城市的过程。后期绝大多数失地农民在迁入城市之前已经和城市社会有了千丝万缕的联系，他们在主体意识提升的同时也开始了理性选择，不再全面被动地接受城市的洗礼，由此乡城文化的融合依稀闪现。但是城市文化的强势主导地位依然存在，且失地农民的力量薄弱并不足以对整个城市社会产生显著影响，目前可见的是，在回迁安置社区内部呈现的乡与城的文化交融景象，这是一个社区融入向社区融合的演进历程，在这一历程中我们看到不同主体在观念和行为上的改变。

以往对于社会主流意识来说，农民迁入城市社区即意味着全面接受城市社会的生活方式和文化价值观，并按照城市规范行事，完全忽略了农民的自主意识和文化价值。人们普遍认为乡村文化与工业文明是不相容的，在研究农民文化的人类学文献中，有一种观念主张在工业革命所特有的大规模技术和经济变革中，农民无法保持其文化特征[1]，因此人们通常将城市融入的过程视为城市文化对乡村文化的全面替代过程。从主客观层面看，乡城转型的过程也主要是农民由乡村向城市社区的融入过程，人们常常将城市等同于现代，并将其作为参照系来衡量失地农民是否蜕化为了真正的"城里人"或"现代人"。以精英阶层的视角来看，理想的状态便是失地农民完全融入城市社会，忘却并放弃其原有的乡村生活规范。受到这一价值理念的影响，在城市化初期很长一段时间，无论是学者还是政府大多主张用城市文化取代乡村文化，使失地农民向城市居民靠拢，对回迁安置社区的建设和治理也是基于城市逻辑，以消除回迁安置社区的所有传统习俗为该类社区发展的最终目的。同时由于长期的依附和被动性，在快速的工业化和城市化的背景下，失地农

---

[1] Willems, E., Peasantry and City: Cultural Persistence and Change in Historical Perspective, A European Case. *American Anthropologist*, 1970, 72 (3): 528-544.

民也无力或无意维护自己原有的文化。城乡文化之间通常具有"主导－从属"关系，这种关系会影响融入的方向，对于涌入城市海洋中的失地农民来说，从属的特性更为明显，始终处于被支配地位。失地农民的被动性决定了其在城市社区的融入过程缺乏主人心态和自信，始终以外来者身份全面接受城市的洗礼，受到城市良好生活环境和现代文明的诱惑，部分失地农民在主观意愿方面也倾向于流入城市，并习得城市生活方式和文化，成为一个真正的城市人。城市社会也以强者姿态居高临下地同化着这些处于弱势地位的外来人口，传统文化在失地农民的城市融入过程中日益丧失。

近年来，乡村文化的内在价值及其对城市现代社会的影响引起了越来越多人的思考。事实上，乡村文化并非一无是处，乡村社会有着独特的文化价值，例如质朴醇厚的情感特质、互助崇善的邻里传统、熟识信任的人际关系。正如有学者指出的，农村的价值不再仅仅是人类食料的提供，而且承载着一系列具有根本性意义的社会文化价值。[①] 乡土文化虽具有"土气"的特点，但这种文化是有根的文化，是根植于乡村生活的文化，饱含了民间的智慧、经验、价值和情感。乡土文化是乡村社会的黏合剂，在乡村秩序的建构中有着基础性的功能。[②] 同样，乡土文化对于回迁安置社区的秩序重构和社区整合都具有重要意义。学者和外行人一样，仍然经常忽略或未能认识到移民社区及其机构的价值和贡献，种族社区对新移民和接受社会都发挥了极其重要的作用，它弥合了农村（旧世界）传统与新城市世界之间的鸿沟。[③] 作为乡到城的过渡区域，回迁安置社区在传承乡村文明、实现城乡文化融合方面十分重要。传统不等于糟粕，不应被全面抛弃，它对社会发展仍具有其内在的价值，且或多或少地也在影响、反作用着城市及生活在城市中的人群。所

[①] 田毅鹏：《乡村振兴中的城乡交流类型及其限制》，《社会科学战线》2019 年第 11 期。
[②] 陆益龙：《乡土重建：可能抑或怀旧情结》，《学海》2016 年第 3 期。
[③] Nelli, H. S., Italians in Urban America: A Study in Ethnic Adjustment. *The International Migration Digest*, 1967, 1 (3): 38 – 55.

谓"村落终结"看起来似乎是一个简单的"化乡为城""化农民为市民"的直线式发展过程，但实际上却是一个复杂而多重的演化图景，其变化不是从"传统"到"现代"的单向推进，而是一个复杂的、长时间的"双向互动"过程。[①] 根据结构二重性理论，大量失地农民进入城市在受到城市制度规范和文化约束的同时也在重塑着城市社会，他们还会依据情势在已有知识体系的基础上结合生活实践而建构出新的知识，同时政府为了应对这庞大的移民群体并使其安居也必然会进行制度的重建或改变，新的结构和制度得以生成。正式制度在实践层面，因不同制度代理人以及生活主体之间的复杂互动所导致的"非正式实践"以及"非正式制度"的再生产，反过来推动正式制度的自我修正和自我变革。[②] 因此，随着失地农民主体性不断增强，他们并非只能被动地顺应改变，也必然能够成为城市社会的建设和参与主体，随着超大规模乡村移民群体入驻城市社区，逐步向城市各个角落扩散，最终将使新老市民趋向接近、融为一体。农民从乡村进入城市社区生活，不可避免地会与原市民建立一定的联系，这是一个相当复杂的双向作用过程，在这一过程中，既有城市文化对农民的渗透，也有乡村文化和思想对原市民的影响，因此双方交流互动的过程也应当是一个文化的彼此融合过程，而非单向度的乡到城的融入过程，两个交往场域可以实现交融而非相斥。乡村文化并非完全与城市文化背离、对立、互斥，不能全部否定和摒弃，在城市化过程中应保留优秀的、积极的原乡村社会交往的重要特性，如信任、互助、参与意识、以情感为纽带的社会互动等，消除消极因素，如保守、依赖、低效率、不文明生活惯习等，最终实现乡城文化在共识中走向融合。不应片面地否定失地农民原有的一切秉性，将其等同于落后、粗俗、愚昧，迫使失地农民全面放弃以往的文化与生活，融

[①] 田毅鹏：《"村落终结"与农民的再组织化》，《人文杂志》2012年第1期。
[②] 肖瑛：《从"国家与社会"到"制度与生活"：中国社会变迁研究的视角转换》，《中国社会科学》2014年第9期。

入全新的生活环境和城市文化。因此,我们不应该期望完全用城市文化取代乡村文化,乡村文化也可以在城市社会延续、传承。如 Wirth, L. 所言,我们可以推断,在城市的影响下,农村生活在某种程度上将会通过接触和交流来承载城市主义的印迹[①],同样的,乡土文化也在不断向城市渗透,这是一个双向作用的过程。随着城市化进程的不断推进,一些地区的多样性开始增强,文化的多元性也以不同的形式出现。乡城文化在接触和碰撞过程中最终会融为一体,而不再是相互隔离和冲突,新、老市民也最终会形成共同的情感和价值体系。因此,在引导失地农民除于经济、政治、社会和文化思想领域实现向城市靠近外,也需要尊重失地农民内在的文化和习俗,突出乡村文化中的积极因素,实现各主体的融合发展。正如哈耶克(Friedrich August von Hayek)在《自由宪章》中所述:"倘若我们对于已经形成的社会制度、风俗习惯以及源自长期规定和古代传统的那些对自由的保障,不是怀有一种真正的敬畏之情,那么便谈不上对自由的真正信仰,也不会成功地使一个自由社会运作起来。一个成功的自由社会,在很大程度上也是一个受传统约束的社会。"[②] 尊重传统、敬畏传统是我们在追求城市化的过程中需要认真思考的一个问题。传统文化或乡村文化能否在现代化的城市社会环境中保持生命力而不发生重大破坏,取决于当时的历史、经济、社会和文化条件,因此城市需要以包容的态度创设条件接纳失地农民及其附着的文化,城市也会在对乡村文化吸收过程中焕发新的活力。

在充满现代气息的都市社会,表面的繁华却掩盖不了背后淡漠和自私的人性,齐美尔(Georg Simmel)曾分析了大城市生活方式中四种相互关联的关系,分别是:"理性化",即城市居民用他们的头脑代替了心;"精于计算",即居民彼此间的往来,往往以权衡利弊得失为先;

---

① Wirth, L., Urbanism as A Way of Life. *American Journal of Sociology*, 1938, 44 (1): 1-24.
② 〔英〕弗里德里希·奥古斯特·哈耶克:《自由宪章》,杨玉生等译,中国社会科学出版社,2012,第95页。

第四章 渐强的参与意识：走向共享型城市共同体

"厌倦"，即对与自己无涉的事情，漠不关心；"彼此间缺乏真情实感"，即居民退却到自己的保护屏后，很少流露真实的情感。① 这一城市人格特性使生活其中的社会成员之间常常处于戒备状态，物理距离趋近而心理却走向了疏离，许多人在大城市中毗邻而居，却几年之中甚至互不相识，在这种环境中首属团体的亲密关系削弱了，基于此种关系的道德结构秩序也逐渐消逝了。② 滕尼斯（Ferdinand Tonnies）笔下"出入相扶、守望相助"的亲密共同体成为人们一种美好的想象，正因为此滕尼斯才会有了对共同体和社会的分类，其中充满了对共同体的眷恋之情。郑杭生对该共同体，即社区赋予了新的内涵，即进行一定的社会活动、具有某种互动关系和共同文化维系力的人类群体及其活动区域，其中核心内容是人们的各种社会活动及互动关系。③ 而对于今天的城市特别是欠发达地区的城市社区而言，郑杭生笔下的理想社区并没有真正建立起来，现代社区中生活的人们普遍缺乏参与、信任和互助精神，这也是未来城市社区建设的核心要义，即打造一个和谐有序、友爱互助、共建共享的生活共同体，为此乡村文化就有了留存的价值，使人们在享受高品质生活的同时也能够找到情感的归属和心灵的依托。同样对于近年来产生的大规模的回迁社区，如何使失地农民快速摆脱尴尬的非农、非城身份，剥离消极思想的束缚，也成为今天社区治理的一个重要议题。所以，在回迁安置社区建设和新、老市民互动的过程中，应深入发掘乡村文化和城市文化的优势，使两种类型文化的精髓和特质得以呈现并实现融合。若使新、老市民消除偏见，由相互排斥走向彼此包容，构建共建共享的城市生活空间，需要营造新的文化空间，创造新的社会秩序，形成新的集体情感，这一过程亦是乡村优秀文化传承的过程。

今日，随着失地农民主体意识和参与意识不断增强，他们中的一部

---

① 王颖：《城市社会学》，上海三联书店，2005，第79页。
② 〔美〕R. E. 帕克等：《城市社会学——芝加哥学派城市研究文集》，宋俊岭等译，华夏出版社，1987，第24页。
③ 郑杭生：《社会学概论新修》，中国人民大学出版社，2013，第232~233页。

分人不再盲从于城市的全面改造,开始意识到自己文化的价值,而且乡村文化已经渗入他们的血脉成为他们生活经验的重要部分,不可能在进入城市后全面舍弃。在多样性文化的交织互构中,在应对强势文化对于自身所处弱势文化的侵扰中,一种猛然警醒的文化自觉会越发突出地体现在地方性的文化表达之中。① 特别是由于大量农村人口已经具有了城市的经历和体验,他们的独立意识不断增强,并形成了辩证思维能力,当他们再次以新的身份进入城市,他们开始审视乡村与城市这两类社会的典型差异,一些人不再片面地追随城市的全部生活方式和文化,在言语中表达出了对原乡村社会关系和文化结构的怀念与向往,他们在接纳城市文化价值规范的同时也在行动上自觉或不自觉地开始将原有的乡村文化向城市传播与渗透,于是在回迁安置社区逐渐呈现一副乡城文化融合的景象。地理空间的断裂并不能完全割断乡村文化的传承,它仍会以某种方式在城市回迁社区存续。虽然传统的公共空间已经被拆除,但活动的内容和村庄参与者依然存在,他们不断地将"地方性知识"融入对社区服务中心的使用中,使传统和集体记忆得以传承,并营造新的共同体认同。② 从笔者对 H 市不同时期回迁的社区调查来看,失地农民从迁移之初的社会关系断裂、生活方式紊乱、情感心理空虚等已经实现了不同层次的转型,尤其是第二代、第三代失地农民参与意愿逐渐增强,已形成了新的文化生活圈,他们在分享城市发展成果的同时自信心也在提升,并能够利用自身的影响力加之政府和社区的推动力,渐次在回迁社区内部实现与城市文化的交融。虽然传统与现代两种文化之间存在差异,现代文化也努力侵蚀着进入其中的传统文化,但从回迁社区的现实来看,传统的身份认同与民间观念的建构以及乡村生活方式等要素并没有被完全根除,在很多安置点内,仍然保持着一种"乡村化"和"民

---

① 赵旭东:《变奏中的乡土设计》,《社会科学》2019 年第 10 期。
② 吴莹:《空间变革下的治理策略——"村改居"社区基层治理转型研究》,《社会学研究》2017 年第 6 期。

第四章 渐强的参与意识：走向共享型城市共同体

间意识"状态。从许多回迁安置社区开展的各类传统文化活动，例如二月二舞龙活动、祭祀活动等，可以获知许多失地农民并没有彻底放弃自己的文化，他们也不期望与传统决裂，他们意识到保护传统文化的重要性，开始自发组织或通过社区组织一系列活动，使乡村传统文化在城市存续，这不仅有助于形成新的集体认同和社区归属感，而且也为城乡文化在社区内部的融合创造了条件。在回迁安置社区传承乡土文化，可以聚合人心，抵消由于现代生活和城市文化的冲击而造成失地农民的无根感，这既是失地农民扎根的需要，也是城乡有机融合的需要。正如埃尔曼对土耳其的乡城移民研究所指出的：只有少部分进入城市的移民完全拒绝与农村的联系，割断了自己与乡村的纽带，声称自己已经是"真正的城市人"；大部分进城移民及其子女徘徊在乡城之间，努力在新生活和旧生活之间保持平衡，既不愿放弃他们的乡缘社区和血缘群体，又同时做出改变以适应更广泛的城市社会；另有一小部分的进城移民完全排斥城市社会，对农村社区之外更广阔的社会不感兴趣，对自己就是农村人有深深的认同。[①] 在我国，具有某种相似性，特别是对于生活在回迁安置社区的众多失地农民来说，过渡社区的特殊性更使他们缺乏心理转型的动力。征地搬迁人为地割断了失地农民与乡村的物理联系，却割不断文化和情感联系，长期形成的乡村文化和情感对农民来说是难以割舍的，也是变迁最为缓慢的，在大多时候还会以其他方式和载体获得重生。人口迁移是历史上的决定性力量之一，它伴随着各民族和文化的碰撞、冲突和融合，据说，文化的每一次进步都始于人口迁徙和迁徙的新时期。[②] 个人和群体将以不同的速度，通常是有选择性地适应并融入城市，对于一些精英群体，他们在保留自身文化习俗的同时，也

[①] Erman, T., Becoming "Urban" or Remaining "Rural": The Views of Turkish Rural-to-Urban Migrants on the "Integration" Question. *International Journal of Middle East Studies*, 1998, 30 (4): 541 – 561.

[②] Park, R. E., Human Migration and the Marginal Man. *American Journal of Sociology*, 1928, 33 (6): 881 – 893.

会抛弃某些传统文化习俗的牵绊和束缚。在城乡文化的相互渗透中,若新、老市民能有意识地抛弃阻碍社会进步的要素,吸纳彼此精华,实现文化交融,则将会带来新一轮的文化转型。依托社区内或社区外各类实体性空间,失地农民参与其中,通过可见或不可见的方式将乡村的优秀文化向城市传播、渗透,从而可以在促进文化进步的同时实现社会文明的跨越。

乡村与城市最基本的差异在于文化性的不同[1],费孝通曾经指出,中国社会的各方面,像经济、政治、宗教、教育等问题所共具的基本问题可以说是文化问题,因为这所有的一切都受到文化的影响,而中国社会变迁的过程最简单的说法是农业文化和工业文化的替易[2],因此城乡社会融合的根本也在于文化的融合。我们看到,随着越来越多的乡村人口向城市迁移,随着两类人群的频繁接触,乡村文化也在以各种显在和潜在的方式向城市扩散,尤其在回迁安置社区这一场域内呈现乡城文化融合的迹象。

首先,信任和互助文化向城市社区传播。费孝通曾指出:"乡土社会是一个生于斯、死于斯的熟人社会,并且乡土社会的信用并不是对契约的重视,而是发生于对一种行为的规矩熟悉到不加思索的可靠性。换句话说,熟等于信任,陌生等于不信任。"[3] 现代城市商业小区人际关系淡漠,老死不相往来,彼此猜疑,不再互信互赖,属于典型的陌生人社会,而乡村社会多是建立在信任和互助基础上的熟人生活共同体,人际关系友善和谐。卢曼(Luh-mann)在《信任与权力》中指出,在所有的现代社会中,都存在两种信任体系,即人际信任体系和制度信任体系,前者建立在"熟悉性"人情上,后者建立在法律等惩戒性或预防性机制上。[4] 在今天制度信任体系尚不完善的情况下,还应通过重塑熟

---

[1] Wirth, L., Urbanism as A Way of Life. *American Journal of Sociology*, 1938, 44 (1): 1 – 24.
[2] 费孝通:《乡土中国》,上海世纪出版集团,2007,第 241~242 页。
[3] 费孝通:《乡土中国 生育制度》,北京大学出版社,2007,第 9~11 页。
[4] 李培林:《村落的终结——羊城村的故事》,商务印书馆,2004,第 103 页。

第四章 渐强的参与意识：走向共享型城市共同体

人社会构建起人际信任体系，使社区居民获得安全感，只有熟悉才会投入感情，也才能实现互助。对处于过渡期的半熟人社区——回迁小区，重构互助文化有一定社会基础和心理基础，失地农民在回迁社区已经建立了若干个紧密联系的群体圈，并以居住地为基础不断地向外拓展。与典型的城市商业小区相比，回迁社区互助文化氛围较浓，信任度较高。随着失地农民社区参与意识不断增强，他们会逐步改变以往小群体圈的自我封闭状态，开始与社区内各类居民开展沟通交流与合作，这将有助于消除新老市民的隔阂与排斥，建立互助互信的邻里关系，形成互识性的熟人信任圈。调研中发现一些社区居委会也在积极推动居民融合，为互助文化的传播搭建平台，对原乡村社会中的优势资源和互助传统加以利用，成立了互助会、老年协会、志愿者团体等组织，进一步拓展了社区居民互助资源，营造互助网络，鼓励失地农民在内群体和外群体中参与互助，传播互助文化。

其次，社会参与精神得以弘扬。笔者在 H 市社区调研发现，失地农民社区活动的参与积极性反而高于原市民，特别是在文化娱乐活动方面参与动机更加强烈。虽然他们的参与领域参差不齐，参与秩序化程度不高，参与目的具有某种功利性，但他们的参与积极性却相对较高，在社区开展的诸多活动中能够发挥主动作用，这源自农村人口的闲暇时间较多，热心待人的特性，也表明他们在新的环境中也期望改变单一、沉闷的生活和人际交往模式，用自己的方式积极去适应新的生活环境，试图建构起新的熟人社会交往圈和参与模式。经常性的社区活动是城市文明传播的舞台和新、老市民的黏合剂和润滑剂，为此许多社区和社会组织也在利用乡村人口这一特性，精心策划参与空间，如举办文体活动、开设老年大学、成立业委会社区小组等自治组织，充分调动失地农民的参与积极性，扩大其参与领域，让参与精神向原市民渗透，努力打造共建共治共享的社区治理格局。失地农民在一系列活动和组织的刺激下，也逐步摆脱自卑心理，开始自主步入参与空间，当原市民能够消除对失地农民的冷漠和歧视,他们自然会放下抵触和敌视以积极的心态参与共建新的家园。

最后,情感型社会关系获得重塑。台湾心理学家黄光国把中国人的社会关系分为三类:情感性关系、混合性关系和工具性关系,情感性关系属于家庭中的人际关系,混合性关系是个人和家庭外熟人的关系,工具性关系是个人为了获取某种资源而和陌生人建立的关系。① 若将三种关系类型外延扩大,可将情感性关系视为多以情感为纽带建立的关系,工具性关系则功利色彩浓厚,交往目的明确,混合性关系是两者兼而有之。传统的乡村社会交往以家庭或家族范域为核心,以情感性关系为主,重人情轻理智,"情"是中国传统社会的基质②。而现代城市社会看重工具性关系,市民之间的接触虽然也是面对面的,但该种联系通常是非个人的、肤浅的、短暂的,城市社会关系的肤浅性、匿名性和转瞬即逝的特性,也使得城市居民相对于农村居民来说普遍更具复杂性和理性。③ 尤其在大城市,社会成员的交往具有普遍的利益趋向,利益取代了情感。城市中绝大多数人是冷漠的,对他人不投入太多的感情,甚至排斥他人。④ 现代都市中人际关系表现出的某种矜持和冷漠使得社会交往的功利性较强,我们大多数时候倾向于选择一种对我们有用的关系,在这个意义上,每个人在我们生活中扮演的角色绝大多数被认为是实现我们目标的一种手段,不过从另一角度来看,该类关系也是复杂多变的城市社会的生存之本。追求工具型社会关系在现代社会虽然有助于取得一定的经济和社会成就,但不利于人们缓解心理压力,特别当遭遇挫折时难以获得情感的慰藉,造成大量心理亚健康以及抑郁病症的出现,这

---

① 黄光国:《儒家关系主义:文化反思与典范重建》,北京大学出版社,2006,第95页。
② 李烨、刘祖云:《拆迁安置社区变迁逻辑的理论解释》,《南京农业大学学报》2016年第6期。
③ Wirth, L., Urbanism as A Way of Life. *American Journal of Sociology*, 1938, 44 (1): 1 – 24.
④ 郑也夫:《城市社会学》(第1版),中国城市出版社,2002,第35页。

第四章 渐强的参与意识:走向共享型城市共同体

也是现代城市社会大量失范行为产生的重要原因,所以说人们在过度追求自由和个人利益的同时也付出了代价。近年来随着乡-城转移的不断扩大,随着越来越多的失地农民实现角色的转型,他们在强调工具性关系的同时也在重塑情感型的社会互动关系,让其生活世界充满理性和感性的色彩。质朴、率真已经成为乡村人口的一种特性,我们看到随着失地农民进入城市并广泛参与经济、社会、政治和文化活动,他们这一秉性亦对其他群体产生触动作用。特别是在回迁安置社区内,失地农民人际情感沟通仍在存续,他们以熟人的交往方式回应社区内居民,表现出自然的亲和力,调研中总能遇见热情打招呼的大爷大妈,上门的访谈也充满着熟识感,没有因陌生而带来的疏离感,这种以情感为特性的人际交往方式将有助于消除城市居民的戒备心理,促进新、老市民间的交流。情感性关系在城市社会的建构,不仅促使失地农民在与原市民的互动过程中实现社会关系向外拓展和重组,而且也改变了原市民的生活理念和交往方式,这对于增进社区的凝聚力、建立友善和谐的城市共同体具有重要价值。

由此可见,社区融合乃至社会融合是最佳的一种移民适应方式,即在失地农民进入城市之后既能保存乡村优秀的传统文化,同时又能吸纳城市文化的精华,使两种文化的精髓在城市得以互渗并融为一体。在快速的乡城转型过程中,随着大规模的乡村人口迁入城市,事实上不再有纯粹的乡土文化,也不再有纯粹的城市文化,两者互渗的过程是潜移默化、润物细无声式的,与之前乡土文化在城市文化的汪洋大海中更多地被侵蚀和湮没相比,今天处于弱势地位的失地农民日渐觉醒,开始以文化自觉的形式在城市扎根。虽然在农民明显劣势的社会背景下,全面城乡的融合还不太可能,但今天失地农民不断增强的主体意识和权利意识,使长期居于绝对优势和主导地位的城市融入理念开始呈现减弱的迹象,社会融合获得了生存的契机,至少目前在回迁安置社区内乡城文化的融合已经显现。最理想的社会融合状态就是公民对公共生活的积极参

与①，失地农民通过多方位的参与，势必能够使处于社会风险和社会排斥中的自己获得平等的机会和资源，全面参与经济、社会、政治和文化生活等领域，充分享受新的生活环境带给他们的多元化的社会福利，从而在主观精神层面和客观行动层面与城市社会融为一体，这是以人为本城市化发展的新特征，也是农民终结于城市获得新生的理想模式。失地农民的社区融合既非和城市社会并列而行，也非被城市社会全面取代，应当是在文化和制度包容条件下走向新、老市民差异消失和彼此渗透，这一社区融合过程也应该成为当下最为理想的失地农民乡城转型分析路径。当然，社区融合也不可能一蹴而就，必然是一个动态的由浅至深的持续过程，从回迁社区内的文化融合到社会的融合是一个长期的过程，有时需要几代人，有时需要几个世纪，随着未来社会的不断进步，随着社会成员主体性不断增强，社会融合也会在零星的、碎片化和无意识中走向深入和彻底。

---

① 王娟：《促进失地农民社会融合的实践路径研究》，《中国行政管理》2017年第4期。

第五章

合作型参与：乡城转型的理想态

失地农民的乡城转型过程也即他们在各个领域的参与过程，不同主体参与的程度和深度不同。综合以上分析可知，失地农民在各个阶段的参与格局还不甚理想。而参与对乡城转型具有重要的促动作用，失地农民参与的主动性越强，参与的程度越深，他们获得的城市融入资源也就越丰富，不同的社会参与格局形塑不同的城市融入结果。积极参与的公民胜过消极依附的公民，主动赋权的政府好过霸权强势的政府，因此需要在充分尊重失地农民主体意愿和自我选择的基础上从参与主体、参与环境等方面不断优化参与格局，以公民参与倒逼政府转型，以政府转型规范公民参与，双向联动促使参与向着良性的轨道运转从而建构合作型的参与格局。

第一节 乡城转型中参与的现实格局

从乡城转型的场域中分析失地农民的参与，可以发现这一特定主体在特定的情境中具有的特殊参与逻辑。在失地农民群体中，不同人具有不同的利益诉求和价值导向，在征地过程中必然会存在利益分歧。时至今日，绝大多数地区均未能建立理想化的参与格局，失地农民被动而弱势化的境地尚未根本扭转，现实中反而呈现一个异形化的参与格局。由于缺乏平等的参与权，失地农民难以通过制度化的渠道表达利益诉求、参与利益博弈，当他们不满政府的政策安排时，要么无奈接受，要么通过非制度化的方式抗争，由此在现实层面出现了大量自发的、不加限制的、无视社会规则的参与行为。根据霍曼斯（George C. Homans）交换理论的攻击-赞同命题，当失地农民未能获得预期的收益，他们则会产生不满和怨恨情绪，从而有可能在现在或未来出现攻击性行为，为社会矛盾和社会冲突埋下隐患。

一 个人利益导向型的参与动机

生活在底层的农民与中产阶层不同，在社会参与方面具有不同的价值追求，农民对经济利益的渴望更为强烈，对个体价值的实现意识较弱。尤其今日在社会急剧变迁和快速转型的背景下，农村社会发生了较为深刻的变化，人们集体意识日渐弱化，过分强调个人私利，倾向于因个人利益而牺牲公共利益，而不再为公共利益牺牲个人利益。乡村人口的这一新的特性使其在城市化进程中的利益趋向非常明显。农民"自私性"和"原子化"的一面得到强化，且难以形成共识，利益的争夺变得赤裸裸。① 失地农民的自主意识和参与自觉性较弱，如今能将他们集合起来参与公共事务几乎唯一的手段就是利益，无论在征迁安置还是在城市社区生活中，基于个体利益的参与导向非常明显，建立在共同体范域下的互助式参与行动已经微乎其微，参与出现了变异。当涉及的利益越多，与自身关系越密切，失地农民的参与热情也就越强烈。

对失地农民而言，征地的过程就是一场利益的重新分配过程，在这

---

① 黄家亮：《当前中国农村社会变迁与基层治理转型新趋势》，《社会建设》2015年第6期。

第五章 合作型参与：乡城转型的理想态

一过程中他们的参与意识前所未有地高涨，这一过程不仅与其利益直接相关，而且涉及的利益巨大，他们渴望通过自己一系列参与行动获得更多的利益补偿，为未来的城市融入提供物质基础和保障，于是可见各种制度化的、非制度化的参与涌现出来。失地农民的参与更多的是选择性参与，一旦他们发现参与会给他们带来实实在在的切身利益，他们的积极性则较高，否则就会置身事外、漠不关心。失地农民尚未能建立公民意识，面对参与机会他们大多从个人利益角度权衡是否参与，若他们已经获得了预期的利益，或者若政府的参与要求与自己利益关联性不强，他们则会反应冷淡、敬而远之，他们通常只会关注自己的利益点，对身边事物选择最大功用为我所用，因此存在理性的异化现象。他们的思维方式是一种自我中心主义，而一些问题的产生，并不在于国家承担职责的缺失或者是国家权力的压迫，而是农民行为逻辑的异化。[1] 在征地拆迁中，若他人的诉求影响了自己的利益，部分人群可能会对意见相异者加以排斥、指责甚至攻击，而无视他人的不同利益诉求。同时，每个人都有自己的利益预期，因此很难形成集体决策，村集体的统一意见难以产生，集体召开村民大会达成问题解决的案例较少，很多的村子经历了多次村民大会讨论仍未拿出解决方案，有的村庄甚至因为对征地补偿和安置款的争议过大招致村民内部拉帮结派现象严重。[2] 由此可见，个人利益取向的参与动机会使政府赋予的制度化参与渠道无法发挥应有的作用，最终迫使政府不得不收回权力。另外，个人利益导向型参与动机还表现在他们对征地消息的行动反应上。当一些人得知本村即将被征迁后，即开始了违背常规的逐利行动，例如在耕地上密集种植农作物、搭建大棚、在房屋上加盖建筑等，以期获得更多补偿。一位访谈对象向笔者描述了当时的情景：

---

[1] 朱静辉、马洪君：《村社消解背景下失地农民的日常抗争》，《南京农业大学学报》2014年第6期。
[2] 冯晓平：《城市化进程中失地农民风险与分化研究》，中国社会科学出版社，2017，第148页。

> 那时就是刚刚听到一点风声讲我们家就快要拆了，我们家就把那个砖什么的，我们家本身就平顶，就把小二层再盖上了，看可能多征点钱，然后（政府）讲你盖了也没钱，就吓了不敢盖了。我们家确实是老实。有好多人家就不怕就盖了，那最后补偿的钱就稍微多一点。（访谈编码：A101）

可见，失地农民对涉及自身利益的事项参与非常积极，"种房"在当时是一种较为普遍的逐利现象，后期安置政策调整，部分失地农民又突击种植庄稼、种树、建附着物，他们在自己的经验范围内用独特的方式展开行动，以期获得更多的利益补偿。现如今这一逐利行为进一步升级，一些失地农民在自家后院建简易厂房，要价极高，动辄50万元，甚至上百万元，一些人通过钻政策空子，谋求高额补偿，使征地拆迁的难度也越来越大。虽然这仅是少部分人的失范行为，但产生的影响却非常大，使政府陷入尴尬的两难境地，政府利益妥协会带来示范效应，不妥协则会使矛盾激化。这一参与行为既是个体对利益的追逐，具有强烈的功利化色彩，也可以说是在现有利益遭遇剥夺后的自我抗争，具有行动上的不合规性和道义上的合理性双重特性。

失地农民在城市社区生活中，参与行动亦表现出较强的利益化倾向。他们会理性地判断参与能否给其带来好处而选择是否参与，他们在社区发展中责任意识和奉献意识较弱，对社区组织的兴趣活动较为热情，但对志愿服务、社区选举等方面却参与不足。对此，一位回迁安置社区的工作人员这样说：

> 关于参与情况，主要是在参与涉及自己利益的事项上积极肯定高，例如农贸市场升级改造主要参与的是商户。回迁的小区基本还是被动的比较多，与他们利益无关他们一般不会主动站出来，都是

第五章 合作型参与：乡城转型的理想态

居委会根据工作情况，选择和动员一些有影响力的人。（访谈编码：A007）

尽管社区需要通过居民的参与促进社区内部公共事务的解决，但是很多事务与自身利益不直接相关，居民主动站出来的比较少，普遍存在搭便车的心理，需要社区反复地动员。现时期已经有越来越多的社区意识到，公共服务和社区治理需要调动居民的参与积极性，因此回迁社区开始选择和动员一些老党员和老年骨干参与社区公共事务，但普通失地农民的参与积极性却很难调动。在笔者调研的一些回迁社区为了激励失地农民参与，通常会提供礼品甚至现金作为参与的回报，如此一来，又会带来新的问题即参与的形式化，失地农民参与的目的只是获取自身的利益，而无心认真商讨社区事务，从而丧失了为特定群体争取利益的机会。

失地农民在利益追求上一方面倾向于个体私利而非公共利益，另一方面他们追求更多的是眼前利益，无暇顾及长远利益，且责任意识和规则意识欠缺。在原有的乡村社会，村民行为多具有浓厚的感性色彩，无论在成员关系还是在公共事务中通常缺乏理性的判断和分析，因此对于刚迈入城市的失地农民而言，他们往往对自己应当具备的权利和义务较为模糊，对城市的规则反应迟缓，未能形成与城市社会相契合的参与意识和参与行动。在城市小区的生活中，他们为了自己的利益可能会随意占用公共空间，甚至会为了争夺有限的空间和资源而发生纠纷，在公共空间堆放私人物品、乱搭乱建、破坏绿地种菜、乱扔垃圾等行为普遍存在，这都表明了部分失地农民在社区参与中缺乏公共精神，带有自利主义倾向。受到生存环境和利益导向的影响，失地农民往往会结合自身内在需求或难易程度，有选择性地参与并适应着城市，在城市参与方面具有典型的自利化色彩，有的领域参与程度较深，投入较多，而有的领域则参与较浅，投入有限，从而造成参与的不平衡。失地农民期待居住环

境良好、公共设施完善,他们渴望能够参与到更多的文体娱乐活动中,但是他们对物业投入和公共事务管理却不够主动,回迁小区物业费收取难已经是一个普遍的现象,只有依靠政府投入予以解决。失地农民渴望居住的社区安全有序,但是他们却对社区的选举活动和治理活动反应冷淡,通常需要在社区的经济利益诱惑下参与其中,参与社区巡逻等志愿活动的意愿也较低。一方面小农意识对失地农民的影响根深蒂固,他们不愿受到约束、害怕变迁、协作性弱;另一方面他们的公益精神和主人翁意识相对缺乏,从而很难形成自组织,对社区的民主治理热情不高,难以充分发挥失地农民的主体作用形成社区治理的合力,最终造成参与的个体化、碎片化、短期化。

失地农民参与的个人利益导向性,一方面与其所处的需求层次紧密相关,当前失地农民的需求大多仍居于生存、生产、物质和安全等领域,因此其参与的根本动力还在于利益,他们更多地考虑现实的经济利益,尚未关注到能否在参与中获得精神满足和价值实现,更毋庸说作为公民的社会归属感和责任感了。另一方面也受制于其职业层次,绝大多数失地农民特别是青壮年仍处于谋生存的职业阶段,工作占去了他们大量的时间和精力,虽然一些访谈者也表达了期待参与社区活动和公共事务的愿望,但却难以抽出额外的时间和精力付诸实际行动。在职业劳动与社区参与两者之间,根据价值命题,失地农民理所当然地会选择对其更有价值的行动,而职业劳动能给他们带来最直接的收益,除非社区参与领域与其利益密切相关。个人利益导向型参与动机带来的结果是,由于仅考虑眼前利益和个体利益,他们在乡城转型中只限于表层参与,缺乏深层次和多角度的介入。失地农民在城市迁移和城市融入阶段参与越弱他们获得就越少,他们就越缺乏参与的动力,因而也就不能争取更多的利益,由此形成连锁反应,陷入参与死循环。

二 政府功利化的参与赋权

从地方政府角度来说,功利化的参与机会供给和参与行动是显而易见的。对地方政府而言，为了提高征地效率以及获得更多的土地出让金，最理想的状态便是失地农民对征迁安置政策无任何异议，欣然接受政府的安排。为此他们会采取一系列方式，柔性的，刚性的，对失地农民施加影响，极力促使失地农民做出完全符合他们意愿的行为，及时签订征地拆迁补偿协议并迅速搬迁。政府当然不期望失地农民过多地表达意见，干预征地过程，他们认为失地农民的参与会改变原有的利益结构，并给他们带来一系列的压力和麻烦，因此他们对失地农民的参与常常怀有抵触心理。但是反对的声音总会出现，地方政府迫于上级权力和维稳的压力不得不按照上级政府政策要求提供渠道让失地农民表达诉求，但在渠道的设置方面地方政府始终是谨慎的，既不能违背政令阻止失地农民参与，至少在形式上营造参与的气氛，但又不能过于畅通致使失地农民过度过量表达反而带来更多的麻烦和利益出让，他们需要在鼓励参与和限制参与之间找到平衡，为此使得在失地农民参与渠道的供给方面具有典型的功利化色彩，当然对于地方政府来说，这也是一种管理的策略。许多地方在征地前会进行公告，也会召开居民会议使失地农民了解征地信息并参与讨论，但是大多数时候信息公开是半遮半掩的，公开并不彻底，而且公开也具有滞后性，公告和听证程序往往变成了一种既成事实的征地通知，失地农民的参与效果大打折扣。对于群众反对的声音许多地方政府常常不会深入讨论、认真对待，而是有选择地接受和反馈，有参与形式但未必有参与结果，存在典型的参与虚置化问题。很少有地方在征地程序实施前深入土地即将被征的农民群体中去调查该群体对征地补偿和安置房屋的需求和建议。对于少数失地农民超出常规的抗争或不甚友好的反应，一些地方政府总是极力缓和，想尽一切办法大事化小、小事化了，甚至不惜花钱买稳定，尽量抑制失地农民的非制度化参与。对于失地农民的群体抗争某些地方政府最初也会采取一定策略使他们不能达成一致意见，进而削弱他们的集体谈判权，使其无法形成参与合力。此类权宜之计看似维持了现时的稳定，但却埋下了安全隐

患，为后期带来了更大的不稳定。

功利化的参与赋权还体现在失地农民的城市融入过程中。在一些地区，政府和社区启动居民参与或是因为必须依托居民参与才能完成某些事务，或是为了追求政绩做表面文章，难以摆脱政府主导的参与模式。为了使失地农民尽快在城市安居，避免其频繁找政府和社区麻烦，地方政府强势介入失地农民的生活和回迁社区治理，期待全方位对此社区进行管理，因此在社区参与方面急功近利，有选择性地鼓励失地农民参与治理、为其提供有限的参与路径，对社区"两委"的选举往往避重就轻，形式主义色彩浓厚，忽视了失地农民的内在需求和自身的能动性。在此背景下，失地农民更加依附于政府，竭力从政府谋得好处，选择对自己有利的方面参与，最终陷入了社区治理的困局。笔者在针对地方干部和失地农民的调研中收获了不同的信息，地方干部特别是基层干部往往向笔者展示他们在征地或社区中赋予失地农民的参与权力，给笔者带来的感知是该地区征地比较规范，充分尊重了失地农民的意愿，在社区中也在努力提升失地农民的参与能力和机会。但是失地农民却带给笔者不同的感受，他们对征地程序和征地制度较为模糊，参与较少，没有公平享有土地利益。之所以产生信息偏差，根本原因在于各个主体均从自我利益角度对事物进行描绘，特别是对于基层干部来说，他们的反应更为敏感，在信息的供给方面也更加谨慎。笔者在与基层干部联系表达调查意愿之后，对方往往要求笔者先提供访谈提纲再决定是否接受访谈，由此可见，征地拆迁对大多数地方干部来说并不是一个能够坦然面对的过程，其中存在诸多问题，如征地程序不规范、征地报批材料有虚假成分等方面问题。在政绩和考核压力面前他们也只能左右权衡，尽量选择最稳妥的方式实施制度的推进，功利化的色彩不言而喻。

三 失衡的参与主体

回迁安置社区居于城市社区与农村社区之间，兼具城市和农村社区

第五章 合作型参与：乡城转型的理想态

的特性，但又相异于这两种典型社区，拥有着自身独特的社会结构和运行逻辑。若使这一特殊社区在短时间内实现结构的转型和居民身份转变，缩小与城市社区的差距和鸿沟，需要失地农民、政府、社区、社会组织等各个主体力量共同参与、合作共存。各个主体在社区参与中应该实现力量基本均衡，在社区建设中共同发力发挥作用，但从各地的实践来看，却是一个不平衡的主体参与格局。

失地农民在城市迁移和城市融入阶段是主要参与力量，但长期强政府弱社会的管理格局以及由此形成的依附心理，造成大量失地农民在征迁安置和城市生活中主体意识不强，未能积极主动地参与征地拆迁和社区建设，或参与热情遭到抑制，只是被动地接受外在安排，本应处于参与场域中心的失地农民却完全被边缘化了。甚至少数人对外在力量反应消极或抵触对抗，由此在乡城转型过程中呈现一个本末倒置、非均衡的参与格局。伴随着大规模的征地运动，产生了大量的回迁安置社区，而多数安置社区公共服务质量不佳，基础设施落后，人口流动性大，社区安全存在隐患。失地农民本应作为主体力量参与其所居住的生活共同体建设，但是现实状况是在社区建设中失地农民参与不足，能动性缺失。一方面部分失地农民对新的环境不知所措，反应迟缓，缺乏主体参与意识，完全依赖政府供给；另一方面长期的生活惯习使他们公共生活空间保护意识欠缺，甚至陷入"破窗理论"的困局，一旦有人破坏公共空间无人制止，则会滋生更多的破坏行为，由此造成整个"村改居"社区秩序混乱、环境问题突出，使该社区随着时间的变迁异化为一个具有显著特征的典型社区，被原市民打上了"乡土社区"的烙印。

政府对于失地农民的城市融入能够发挥重要的支撑和保障作用，但不同地方政府在失地农民城市融入中会有不同的表现。财力充沛地区对失地农民的投入相对较多，参与的范围也较广泛，涉及经济、社会、政治、文化等多个领域；财力不足地区往往无心关照失地农民的后续生活，他们的焦点通常是如何尽可能多地获得土地出让金用于维系地方的发展。因此各个地区在回迁社区建设方面是不平衡的。但是，各地区存在的共性是地方政府对乡村和社区的强行政干预，从而使村级组织以及后来取而代之的社区组织始终被基层政权所裹挟，成为类行政化的科层组织，政府强势介入征地拆迁和社区发展，使生活在其中的失地农民自主性受到抑制，参与动力不足。政府将行政触角伸向市场、社会各个角落，干预市场和百姓生活，扭曲甚至取代了市场和社会运行逻辑，塑造了一个行政社会形态。[①] 目前从 H 市抑或全国各个城市来看，城市化依然是在政府主导下加速推进的，无论是土地的征收、村落的拆迁，还是回迁安置社区的建设及运行，都是在政府统一规划下实现的，政府一方面想当然地认定农民参与能力具有先天的弱势性，另一方面为了快速获得城市化的红利、减少不必要的麻烦，于是独自承担着城市化的一系列功能。一些地方政府为解决失地农民的城市融入问题，或者出于补偿性目的，对回迁安置社区进行了强势介入，在社区治理、社区服务等领域积极干预，甚至在财力较好的地区推行了保姆式的管理与服务，主导失地农民的生活。"政府协管"更是基层政府对于社区事务的过度介入，极易导致政府陷入"行政社会"的现象。[②] 在这种政府主导的模式下，政府强势介入，全程参与和控制着社区建设和社区治理。无论是管理主体还是管理过程中都有强烈的行政化色彩，在具体社区工作中，政府自然习惯性地从头至尾扮演着负责人和管理者的角色，该模式在社区建设之初有助于提高效能，为社区建设和发展争取更多的资源，但从社区的长远发展来看，政府过于强势会弱化社会的力量，不仅使政府负担沉重，而且会使失地农民产生依赖心理，丧失能动性。这种建立在自上而下政策施舍下的依附关系而不是合作关系忽视和扼杀了失地农民的主体性，抑制了失地农民作用的发挥。还有一些地方政府只重视征地拆迁过

---

① 王春光：《城市化中的"撤并村庄"与行政社会的实践逻辑》，《社会学研究》2013 年第 3 期。

② 王春光：《城市化中的"撤并村庄"与行政社会的实践逻辑》，《社会学研究》2013 年第 3 期。

程，忽视了失地农民的可持续发展，未能对进城的失地农民做出政策关照。对于土地出让产生的巨额收益金用在失地农民后续城市生活的较少，在安置社区建设中既未能重点考虑教育、医疗、交通、环境等硬件设施的建设和改善，也未能在就业、技能培训、文化活动等领域开展多元化、人性化的社区服务予以提升失地农民融入能力，为此造成失地农民在短期内难以适应城市生活、城市融入艰难。调查中发现在 H 市经济较为发达的城区或拥有集体资产的社区对基础设施和公共服务投入较多，管理和服务质量相应较好，而在经济欠发达的县城，失地农民的生活质量相对较差，基层干部对回迁安置社区抱怨也较多，管理困难。政府将自己置于全能主义风险之中，不可避免地造成权力对失地农民生活的过多干预，也使干群矛盾加剧。

社区居委会本质上是一个居民自治性组织，居委会代表居民管理社区各项事务，但由于我国社区行政化色彩较为深厚，社区的一系列工作均被打上了行政化的标签，代表性有所缺失，难以体现居民的意志，偏离了自治组织的法律定位。居委会更多地表现为街道的派出机构，忙于完成街道交办的大量事务，如文明创建、综合治理、检查调查、计划生育、低保救助，甚至征地拆迁等工作，自治性功能未能有效发挥。特别是对于安置社区，更是具有政府强力支配下的印记，一方面为了减少失地农民因城市不适应而产生的行为失范现象和弱势化问题，另一方面为了防范失地农民在权利意识觉醒后的利益抗争，政府通过全方位的介入方式渗透进失地农民社区生活的各个方面，以稳定人心，维护该社区的安全和稳定，因此该类社区的行政化色彩也更为浓厚。社区不仅要协助失地农民重建新的生活秩序，还要落实政府的各项政策，居委会时刻受到政府的制约，行政任务较重，征询居民意愿、了解居民诉求的动力和能力不足。另外，在社区人员编制方面，为了对原各个村落的村委会工作人员进行安置，将他们进行了重新组合构成了现居委会、工作站、拆迁办人员，这也造成管理机构臃肿，容易出现人浮于事，使工作效率下

降。H市地区发展不平衡，在回迁安置社区的建设方面差异也较为明显，在笔者调查的两个市辖区，由于经济较为发达和管理者理念较为先进等因素，政府对回迁安置社区的投入相对较大，社区各类活动丰富多彩，失地农民能够获得较多来自社区的社会和心理等方面的支持，幸福感亦较强。但是在县级城市特别是边远的县，经济发展水平普遍不高，观念较为滞后，在回迁安置社区的建设、管理和服务等领域仍以传统事务为主，未能把失地农民作为一个特殊的、需要关照的群体来公平对待，也未能建立以失地农民为中心的社区参与模式，以至于失地农民城市融入步伐缓慢，矛盾问题突出。总体而言，虽然不同的回迁社区居民获得不同，社区行动力不同，但以失地农民为主导的社区参与模式尚未建立起来，居民会议多处于虚置状态，自治属性未能得到充分体现。

社会组织主要由居民根据选择意志自由建立、从事某一特定领域公益工作的组织，是实现居民自我管理、自我服务和自我教育的重要渠道，相对于社区而言可分为内生性社会组织和外源性社会组织两类。H市地处中部地区，与东部地区相比欠发达特性明显，这一特性不仅表现在经济领域，更表现在思想观念层面，社会管理者对社会组织的作用认识不清，重视程度不够，因此社会组织规模偏少，力量薄弱，特别是县级城市社会组织极为缺乏，未能够在社区建设中发挥应有的作用。此外，长期的政府强势管理加之公共意识的缺失致使失地农民自我组织意识和组织能力非常弱，动力不足，内生性社会组织缺乏，在经济、社会、政治和思想文化方面难以提供有效支撑以促进失地农民融入城市社会。公众参与的"弱组织化"使其无法形成规范的参与秩序、资源，优势无法得到整合，公众作为一个行动主体本身的力量得不到发挥，作为零散个体的个人因得不到组织力量的保障而对参与过程难以把握。[①] 自我组织力不强是失地农民碎片化的根本原因，不仅难以形成参与的合

---

① 曾粤兴、魏思婧：《构建公众参与环境治理的"赋权－认同－合作"机制》，《福建论坛》（人文社会科学版）2017年第10期。

力,而且容易生发无序化、非制度化的参与行动。外源性社会组织多关注相对成熟的城市社区,对村改居类转型社区介入较少,更甚者,回迁安置社区居委会负责人对该类社会组织了解不多,存在抵触和排斥心理,从而抑制了外源性社会组织的进入,造成了社会力量参与欠缺。有限的社会组织多是由政府主导和安排,行政色彩较强,居民通常是被动地参与其中,缺乏自愿性和自主性。在实践中往往只有可以为安置社区管理者所用的社区组织才能参与合作,而其他"无意义"的社区组织有时会被排除在外,又或者合作只局限于公共事务管理的操作层面,无法做到进一步深化。① 从笔者调研的回迁安置社区来看,各类活动和服务基本是在政府或社区主导下开展,失地农民较少能够以主体的身份和平等的姿态通过社会组织形式参与其中。

四 失序的参与方式

在这场被动的乡城转型过程中,失地农民作为利益主体,并非不愿参与,也并非完全没有参与,他们对未来的利益调整相当敏感,但是由于制度化的参与渠道不畅、农民的法律和规则意识薄弱以及代表其利益的社会组织欠缺,失地农民的参与注定是脱离现存秩序的。失地农民会在现有的制度框架下建构着自己特有的参与形式,以弱者的武器或明或暗地对抗着权威,伸张自己的权益,于是在城市迁移和城市融入两个阶段均可见规范有序的参与范域中掺杂着大量失序和失范的参与行为。

在征地拆迁中,失序的参与方式表现为信息传递方式的非正式化和利益表达及获得方式的不规范。因信息的不透明,失地农民无法准确获知有关征地信息,而征地牵涉每个人的核心利益,农民对此关注度非常高,渴望获得知情权和参与权,但是正式的参与渠道缺乏,他们只能以非正式的方式参与讨论。所以在某地征地消息流出之后,广大农民必然

---

① 李烨、刘祖云:《拆迁安置社区变迁逻辑的理论解释》,《南京农业大学学报》2016年第6期。

会在邻里、亲友之间频繁地打探、讨论各种有关信息,特别是新媒体时代更加速了信息的传递,在他们接受的巨量信息中既有真实消息,也包含着虚假消息。非常规的信息传递会造成信息的失真和扭曲,甚至使谣言在村民中传播,例如关于某地村民获得了高额的补偿,政府和村集体骗取村民土地占有土地出让金等谣言,这些变形的信息强化了失地农民对政府的不信任,使征迁工作难以顺利实施。在利益实现行动上,部分人为了谋取更多利益,以个体或小团体为单位采取应对策略,一旦制度化的渠道行不通,则会选择非常规的甚至非法的方式展开利益博弈。征迁安置政策尚不完善、在征迁过程中地方政府或村级组织违法或违规操作或补偿安置方案未能达到失地农民心理预期等,均会引发失地农民的质疑和不满。出现不满,大部分人选择发发牢骚,而少部分人则会想方设法寻求解决途径,进行抗争。一位被访者向笔者诉说了同村人的抗争经历,言语中充满了羡慕之情:

> 我们村有一家不同意征地,说政府补偿少了,他家房子大,就三天两头去找村里干部闹,他还一家一家地上门做工作,让大家都不要签字。后来他又到镇里闹,镇里没有人把他当一回事,每次去都让他家属把他给劝回来。听说他还给信访办、市委书记、市长都写过信,还去过省里、北京上访,闹那么一出后最后还是签字了,房子也拆了,估计他也得到不少好处,他儿子都安排到镇里上班了,他在外面都不讲。(访谈编码:E102)

虽然我国现行的征地拆迁制度对土地征收补偿标准和安置方式等方面均有明确的规定,但是相关制度在地方落实的过程中还存在许多问题,一些地区在制度执行中弹性较大、刚性不足,留下了人为运作的空间,这又会给失地农民传递一个信号,即可以讨价还价,从而会形成"会哭的孩子有奶吃"的社会心理,促使一些人为了增加利益运用一系

第五章 合作型参与:乡城转型的理想态

列行动策略——体制内的或体制外的,暴力的或温和的,逼迫政府做出妥协和让步。在失地农民中一些文化程度较高、阅历较丰富的人群权利和参与意识通常也较强,他们极力争取对征地的知情权和谈判权,期待能够通过自身的参与改变政府决策,特别是一些年轻人懂得借助法律和网络等手段达至利益诉求。但是一方面失地农民拥有的社会资源较少,底层的身份使其不足以与政府相抗衡,而且群体内部分化较为严重,不同的人诉求不同,甚至彼此之间还存在利益的冲突,因此通过听证会、居民代表会议、法院诉讼等制度化途径解决诉求不甚顺利;另一方面,失地农民总体文化水平偏低,规则意识较弱,维权多是基于生存伦理非正义伦理,因此在抗争过程中可能会出现一系列非理性的甚至非法的诉求方式。当制度化的参与方式受到抑制或抛弃,而失地农民又迫切需要表达诉求,维护自身权益,于是大量非制度化方式就会涌现,例如越级上访、暴力抗征(自残或伤害他人)、群体性事件等,部分失地农民寻求各种参与方式试图影响政策的制定与执行,获得利益的追加。这些非制度化的参与方式尽管可以快速生效,达到目的,但也会产生一系列的不良反应:一是会形成示范效应,鼓励越来越多的失地农民通过类似方式参与征迁过程;二是扰乱了社会秩序,激化了社会矛盾。大多数时候,失地农民是各自为阵地抗争,抗争形式分散、失序和无组织,但当他们受到的侵害十分严重已经激起了集体愤怒时,则会转化为群体性对抗事件。河北定州事件和广东乌坎事件就是失地农民对征地不满而爆发的大规模的群体抗议事件,这种参与形式造成了相当大的社会负面影响。据中国社科院 2013 年发布的《2013 年中国社会形势分析与预测》统计,我国每年因各种社会矛盾而发生的群体性事件多达数万起甚至十余万起,其中由征地拆迁引发的占一半左右[①],高发的群体性事件对社会稳定构成了非常大的威胁。这些利益空间的模糊性、操作过程的不透

---

① 陆学艺、李培林等主编《2013 年中国社会形势分析与预测》,社会科学文献出版社,2013,第 13~14 页。

明不仅激起了失地农民获得更多利益的欲望，并以各种方式逼迫政府做出让步，而且也致使失地农民对政府失去信任，认为基层政府对自己剥夺过多。从各地的调研来看，征地拆迁矛盾在各类刚性社会矛盾中位居第一，由此引发的群体性事件也最为突出，说明失地农民普遍缺乏制度化的参与渠道，或现有渠道运行不畅通。

失地农民在征迁中失序的参与近些年来似乎越来越突出。现阶段出现一种新的趋向，与以往绝大多数村民在主观方面乐于征迁不同，目前一些依靠土地致富的群体在内心抗拒征迁。由于现代农业的兴起，对于身处城市郊区的部分农民来说，土地的经济价值以另一种形式表现出来，一些农民利用地理优势开始发展特色种植和乡村旅游，获取了较高的经济效益。同时随着城乡差距逐渐缩小，特别是大城市郊区许多农民生活水平不断提高，居住条件日渐优厚，这些群体对政府的征地行为抵触心理较强，成为今天土地征迁中一股新的强烈对抗力量。在笔者的访谈中，一位社区负责人客观论述了他们面临的治理困惑以及失地农民不满的缘由：

> 作为我们社区一级就是在征地工程中，自始至终扮演着跳梁小丑的角色，两头受气。大部分人都不愿意拆迁，因为我们标准太低。2012年35800元一亩，我们在城郊，土地少。他们原来的土地收益比较大，他们以前的地作为资本，出租土地，作为商业用途。他们一户有三人，一亩多地租给做生意的每年几千元收益。还有一个原因，老百姓觉得我们拿到地能卖到163万元一亩，给老百姓才3万多元一亩，老百姓就算不过来这个账。最大的受益者是政府，其次是开发商，他们挣完钱就走了，留下的人和事就交给社区了，最后就形成了很大的矛盾。（访谈编码：E002）

从该访谈对象的陈述中可见，失地农民对政府的征地收益已非常清

第五章 合作型参与：乡城转型的理想态

楚，他们会理性地计算自己的得失，当征地不仅不能使他们获益，反而致使他们利益受损，他们的心理落差感和反抗意识便较强。对于这部分依靠土地获得较多收益的失地农民来说，征地对其造成的损失较大，他们尽管从心理上抗拒征迁，但他们亦清醒地认识到相对于城市化的滚滚车轮和地方政府的利益驱动，任何对抗力量都难以阻止土地被征，行政的强制力使其无力抗争或抗争无效，最终也只能无奈接受，他们既然无法改变政府的决策，就只有尽力减少损失，他们中一部分人开始寻求利益最大化，以各种方式向政府施压以期获得更多的利益补偿，因此这部分群体脱离制度控制的冲动更强、失序的行为也更加激烈。一些人过高的利益诉求，现有的政策显然不能满足，他们这时通常会选择体制外的渠道进行抗争。再者，少部分人群非制度化参与表达方式带来的短平快效益产生了连锁反应和辐射效应，激励其他人纷纷仿效，于是制度化的方式遭遇摒弃，非制度化的方式成为风尚，尤其一些"钉子户""老上访户"要挟政府、漫天要价，形成了一种抗争亚文化，使社会陷入治理困境。低效的制度化途径、逐利型的社会心态、失序的参与格局，造成了大量的群体性事件和恶性事件增多，这也是近年来征地矛盾尤为突出的重要原因。

在城市融入中，失序的参与行为也随处可见。由于失地农民原有的乡村空间具备多元化功能，几乎所有的私人和公共的事务都可以在此区域内完成，该空间承载着失地农民的生产、生活、交往、政治活动等众多功能，而城市社区以生活圈和交往圈为主，其他功能弱化，但是失地农民对空间功能的陡然变化常常难以完全领会和习以惯之，在参与中行为失范现象自然就产生了，最典型的表现就是将生活领域变成生产领域，将公共空间变成私人空间，相互争夺公共空间的使用权并据为己有，造成对公共空间的占有和破坏。此外，由于各地安置方式多是若干个村分散合并而成一个较大的回迁社区，失地农民原有的小群体圈被打破，初级群体的聚合力弱化，村规民约、道德习俗等传统规范和约束力量弱化，由此造成了失地农民的原子化倾向以及自我约束力下降，若他们未能快速习得城市文化和行为规范，则容易在社会各个领域的参与过程中陷入无序化状态，这也是回迁社区及失地农民成为社会关注焦点的重点原因。失地农民城市参与的失序具体表现为以下几个方面：在经济领域放弃就业以房租为生、非理性消费导致返贫；在社会领域破坏公共设施、擅自乱搭乱建挤占公共空间；在政治领域对社区必要的政治参与要求索要利益补偿等；在文化领域将乡村不文明的观念和行为带至城市；等等。虽然失序的行为仅占较小比例，但是产生的影响却是深远的，这些行为易使社区秩序陷入混乱，从而成为各个回迁安置社区的治理痛点。笔者在某一回迁社区调研曾遭遇了极为尴尬的一幕，在对调查对象发放毛巾等礼品过程中，却出现了部分失地农民哄抢礼品的现象，他们为了能够抢到并不贵重的礼品甚至发生了冲突，这一方面说明失地农民物质生活水平普遍较低，消费能力有限，弱势化倾向明显，另一方面也反映出失地农民文明素养偏低，对利益的过度渴求而丧失了道德底线和规则意识，出现了行为失范问题。

失地农民在社区参与中的失序行为在很大程度上是在空间突变后的必然反应。原有的乡村社区存在联系村民情感、加深村民交流的公共场所，如戏台、宗祠等，是村民社会参与的重要平台，人们在这些地方交流彼此的感受，传播各种消息。① 他们对这些场所的使用已经习以为常，在这一空间下往往不会出现明显的失范和越轨行为。标准化的大型社区集中安置后，用广场、老年活动中心、阅览室等替代了传统的公共场所，但这些新设施不一定能够成为承载集体记忆和历史积淀的公共空间。② 许多失地农民对这些标准化的公共设施和空间在搬迁初期很难形成认同，因为这些设施的建设并没有征询他们的意见，也即人们没能按

---

① 周尚意、龙君：《乡村公共空间与乡村文化建设——以河北唐山乡村公共空间为例》，《河北学刊》2003年第2期。
② 吴莹：《空间变革下的治理策略——"村改居"社区基层治理转型研究》，《社会学研究》2017年第6期。

第五章 合作型参与：乡城转型的理想态

自己的意愿去参与设计和规划。失去了土地和祖辈居住地，失去了常规的活动空间，也就意味着失去了精神家园，于是各种失范和失序行为就随之出现，失地农民有意或无意地通过各个领域以各种非正规的方式表达着自己的不适应，对抗着政府的制度安排。失地农民一系列非规范化行为的产生有其特定的情境，不能否定其自我理性基础上的选择，也不能片面地去批判，正确认识其行为的逻辑需要结合其生存的背景和条件，失地农民行为的构建过程也是其主观认识和客观事实双重作用的结果。

第一节　参与对城市融入的作用逻辑

失地农民通过主动或被动地参与开启了向城市融入的旅程，无论从微观的公民主体，还是从宏观的社会运行来看，积极有序的公民参与均能够发挥不可估量的作用。综合前文多角度的分析可知，社会参与和城市融入是相伴而生的，并深嵌于城市融入之中，参与和融入呈现正相关关系，失地农民在各领域的参与主动性越强、频率越高，其城市融入的程度也就越深。在剧烈的乡城转型过程，失地农民城市融入虽然受到诸多复杂因素的影响，但是稳定的参与为失地农民的城市融入提供了较为清晰的行动路径。在征迁安置中，失地农民若能充分地参与到征地各个阶段，一方面其主体身份能够得到尊重和保护，另一方面他们也能够与政府进行博弈，防止权益受到侵害，从而真正作为平等的主体分享社会发展成果。在城市生活中，当失地农民越是能够积极地参与到经济、社会、政治和文化活动中，他们就越能够拥有更多的话语权和主动权，也就越能够增强城市生活的信心和责任，因此随着失地农民在各个领域参与程度不断加深，他们也就可以获得更多的城市化福利。失地农民的城市融入过程即是在参与中不断分享社会成果、与城市社会融为一体的过程，这一动态的变迁过程呈现失地农民城市融入的运行逻辑。

众多学者研究资本对移民融入的影响，不同学者侧重点不同，有的强调文化资本的作用，有的强调社会资本的作用……从失地农民的城市融入视角来看，这是一个多维度全方位的转化过程，涉及经济、社会、政治和文化等多个层面，某一种资本理论无法予以完整地解释，而且参与对失地农民资本的获得也非单向度的，是一个多元化的作用过程，本书重点从资本视域考察参与对城市融入的作用逻辑。积极的社会参与有助于失地农民获得多方面的资本和资源，包括物质资本和权力资源、心理和人力资本以及社会资本等，这些资本和资源是其融入城市社会的必要条件，且各类资本和资源之间又具有交互作用关系，共同推动着失地农民的城市融入，见图5-1。

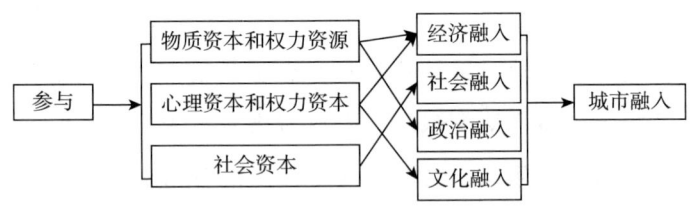

图 5-1　参与对城市融入的作用逻辑

从具体分析来看，参与有助于失地农民获得城市融入的物质资本和权力资源，它们是城市融入的根基。失地农民的物质资本是指失地农民进入城市后所拥有的财产及其货币表现形态。① 积极的经济参与活动本就是获取物质资本的直接手段，如果失地农民能够主动顺应职业环境的变化，以更加积极的态度和行动参与经济发展、谋求就业和创业机会，必定有助于其获得稳定的经济资源，实现收入提高和资产积累，加快经济层面的融入。失地农民在广泛的参与中亦可以收集更多的经济和社会等方面的关键信息，而这些信息成为其获取经济机会和经济资源的重要条件。同时参与也是失地农民公平获得土地收益的重要保障。通过参

---

① 冀县卿、钱忠好：《人力资本、物质资本、社会资本与失地农民城市适应性》，《江海学刊》2011年第6期。

第五章 合作型参与：乡城转型的理想态

与，失地农民可以影响并控制征迁安置的发展方向，抑制地方政府在征地中的权力滥用和利益侵害，从而保障自身权利得以实现，并获取应得的经济利益。丰富的社会参与利于增强失地农民的主体能动性，并能够赋予失地农民充分的话语权，使其可以通过积极的行动为自己争取更多更公平的利益，从而分享城市化成果。失地农民在城市迁移和城市融入阶段中的广泛参与，不仅可以降低城市化和社会发展进程中因利益分配失衡和政府决策失误对他们构成的伤害，也能够使他们之前遭遇的不公得到适当的补偿。此外，参与权是失地农民作为公民的一项基本权利，失地农民进入城市也必须拥有相应的在经济、社会、政治和文化等领域的参与权。公民参与地位的开放，不仅意味着社会成员参与共享的机会增多，能力增强，而且它本身就是共享社会发展成果的一种具体形式。① 因此，参与权利的获得也代表着一种社会成果的共享，即参与权也是失地农民作为城市主体所应当拥有的权利，充分、有序且有效地参与有助于失地农民在城市化进程中进一步获得决策权、监督权和发展权等各项权利，同时有利于平衡各主体利益，增强社会活力，实现社会公平，从而实现更长远、更大范围和更深层次的利益共享。失地农民一旦在参与中分享了利益、赢得了权力，也能够进一步激发其参与的欲望和热情，提升其参与的信心和动力，从而使参与的程度、深度和广度都会愈来愈强，那么城市融入必需的物质资本和权力资源也就会随之增长。

参与有助于失地农民获得城市融入的心理资本和人力资本。大量学者强调参与的教育和社会化功能，失地农民通过参与可以获得丰富的心理和人力资本，从而更好地适应新的城市社会环境。著名管理心理学家弗雷德·路桑斯（Fred Luthans）认为，心理资本是指个体在成长和发展过程中表现出来的一种积极心理状态，包括四个维度，分别是自信、乐观、希望、韧性。② 参与行动对参与主体来说一个重要的心理历练过

---

① 余敏江：《共享发展与共享政府构建》，《毛泽东研究》2018年第4期。
② 吴利红、刘君雨：《人际型心理资本书献综述》，《现代商贸工业》2019年第21期。

程,经常的参与将培养人们一种"积极的"性格,这些积极的性格与路桑斯所指的心理资本相契合。佩特曼(Carole Pateman)强调这种信心的获得,至少部分地属于那些参与社会的理论家认为可以通过参与过程逐渐积累起来的心理益处。[①] 参与对公民,特别是对处于相对弱势境地的失地农民的积极心态塑造具有十分重要的意义,随着失地农民参与越来越多,特别是当他们能够从参与中获得收益,他们的成就感和自信心就会不断增强,亦能够逐步消解传统小农的依赖思想和自卑心理,从而以积极的心态面对城市社会。同时失地农民经常参与协商,就会产生一种强烈的主人翁意识,责任意识、平等意识和理性意识也会相应增强,这些是失地农民得以在城市扎根的心理条件。长期性、经常性的社会参与和互动,能够对失地农民的心态和意识产生潜移默化的塑造作用,培养其参与理念和公共精神,最终在文化心理层面融入城市社会。笔者在一回迁社区调研,接受访问的几位老人(已迁入城市社区11年)获得感和幸福感非常强,他们一再强调拆迁使他们过上了好日子,他们已经完全适应了城市生活,对政府和社区的认同感亦较强,通过进一步交流后发现,参与访谈的这几位老人均是该社区打造的"亲、强、安、钉"四个"红色微管家"志愿服务队成员。

笔者:像你们老党员,社区有没有遇到一些难事,需要你们去开会帮助解决的?

被访者:经常的。有什么事情我们都要参与。现在家园社区成立了四个管家,一个叫钉管家,一个叫安管家,一个叫亲管家,还有一个强管家,把小区所有事情都能管住了。不同的管家有不同的志愿者。

笔者:你们几位老人都参加这些管家了吗?

---

① 〔美〕卡罗尔·佩特曼:《参与和民主理论》,陈尧译,上海人民出版社,2012,第44~45页。

第五章　合作型参与：乡城转型的理想态

被访者：都参加了。

笔者：社区给不给你们钱呢？

被访者：不给钱，都是义务性的。

笔者：你们都自愿的？

被访者：嗯。这个是没有钱的。我们在我们家是包14号楼、11号楼、13号楼、12号楼，这个楼有什么问题，我们这8个人就来处理，下面板凳坏了，他发的小锤子我们就来钉，跟老年人做工作，不能把小孩搞跌倒了，上门去，还有困难户，做工作，把卫生搞好，特别水、电、火，要搞安全。

笔者：一般一个管家多少人呢？

被访者：七八个人。老年人没事在一起，看到安全隐患跟社区讲。社区漂亮了，人家外面人来参观，我们家（家园社区）第一个开始干的，好多地方都来参观。凭良心说，家园现在确实不像别的小区吵嘴打架多，家园还是相当可以的。

笔者：为什么你们小区比其他小区要好一些呢？

被访者：时间长一些嘛，我们这些老党员们、老干部做做工作，帮助帮助，靠社区几个人哪行呢，好多人口在这里啊。像我们岁数大的人去劝，人家就不好意思了。不要社区出面，有些人到社区捣乱，我去劝。（访谈编码：B103）

从"家园现在确实不像别的小区吵嘴打架多，家园还是相当可以的"这句话中可知，该访谈对象对居住社区的优越感和归属感较强。从客观上来讲，21世纪以后的征迁政策确实明显提升了失地农民的生活，但是能够使这些老年人幸福感较强并快速融入城市社会的，"参与"发挥了不可替代的作用，他们在社区参与中自身价值得到体现并获得了居民的认可，由此他们的成就感和归属感也就得以形塑。而且通过失地农民的参与改善了社区的物理和人文环境，也有效提升了社区全

体居民的认同感和幸福感。

另外,失地农民参与的过程也是一个不断习得城市文化和知识技能的过程。乡村与城市具有不同的职业特征,农业劳动技能的获得更多的依赖于长期的代际传承,是一个潜移默化的过程,而城市的职业较为复杂,对失地农民的要求相对较高。因此,面对新环境的挑战,失地农民若想尽快融入城市社会,就需要迅速获得与城市社会相匹配的受教育水平、劳动技能、工作经验、价值理念、语言技能等人力资本。这些方面的提升除了学校和家庭的教育外,社会这一特殊的课堂也提供了丰富的学习机会。在参与中,对话的利益博弈、话语的交互影响、信息的相互传导、管理体验的彼此分享构成了纷纭复杂的参与过程的核心要件,也成为公民能够实现有序、有效参与的必要条件,它意味着共同体生活中公民资格必备的基本技能、策略和行动艺术。[①] 对于失地农民来说,乡城转型的过程是市民身份和市民意识的建构过程,这一过程也是新的生存技能和策略的习得过程,多元化的参与行动能够使失地农民获得城市共同体必要的各类技能。失地农民在各个领域的深入参与过程也是其人力资本的提升过程,他们通过与各类主体的共同参与,交流互动,分享经验,对城市社会产生了新的认识,并获得了市民文化、职业经验和知识技能,增强了在城市可持续生存和发展的能力。失地农民的参与实践越多其获得的人力资本就越多,就越有助于实现经济和文化层面的融入,融入的程度也就越深。只有当失地农民有更多的机会直接参与公共政策制定和社会治理等领域,他们才具备控制自己生活前景的能力。

参与有助于失地农民获得城市融入的社会资本。社会资本的多寡在中国社会尤为重要,其主要以关系网络的形式而存在,社会关系网络承载着失地农民生存和发展所必需的各种社会资源。从社会关系层面来看,一个参与缺失的社会,居民之间以及居民和政府社区之间的关系必

---

① 孙柏瑛、杜英歌:《地方治理中的有序公民参与》,中国人民大学出版社,2013,第73页。

第五章　合作型参与：乡城转型的理想态

定是淡薄和缺乏信任的。许多研究表明，公民参与有助于降低公民对政府的不信任，公民参与程度越高，他们对政府的不满意度就越低。① 参与不仅可以改善公民与政府之间的关系，而且对所有参与者的关系协调都具有建设性的意义。社会各个领域不同群体之间经由互动、协商过程可以实现相互理解、彼此包容而达至某种共识再到融合。参与可以协调各利益群体之间以及个体和群体间的关系，频繁的参与使各参与主体能够实现情景互换，将自己移入他人场景中设身处地进行换位思考，从而增强彼此的理解和信任。在征迁安置中，失地农民参与相关政策制定和执行监督，能够和政府之间增进了解，消除隔阂和对抗，建立互信关系。在城市融入中，失地农民通过在经济、社会、政治和文化领域的广泛参与，不仅能够在群体内部建立良性关系，而且有助于在与原市民经常性的互动中，获得原市民的认可，消解原市民对其惯有的偏见和排斥。克拉克·威斯勒（Clark Wissler）曾说过："看来似乎只有一种办法可以防止文化的融合：就是不让他们接触。"② 因此新、老市民的关系建构和文化融合离不开两类群体面对面经常性的互动，长期直接的参与合作，促使失地农民在与原市民交往中学习、模仿其行为规范和价值理念，有助于输出优秀的乡村文化，从而形成共同的价值体系和共同的情感，最终实现社会融合。一系列经常性的、制度化的和正式的参与行动可以使失地农民的参与动机由个人利益转向公共利益，促使回迁社区建立起合作互助的伙伴关系，这对于积极社会资本的培育具有十分重要的意义。只有失地农民能够充分地参与征地拆迁和城市发展，他们才能够真正平等地享有城市化的发展成果，作为城市的主人实现自己的利益和价值。只有这样才能够在失地农民之间、失地农民与原市民之间、失地农民与政府社区之间建立友善和信任关系，从而使失地农民在平等互助、合作共建的环境下消除转型的阵痛，增强对城市生活的信心，加速

---

① 王巍、牛美丽编译《公民参与》，中国人民大学出版社，2009，第33页。
② 〔美〕克拉克·威斯勒：《人与文化》，钱岗南等译，商务印书馆，2004，第42页。

社会层面的融入。

　　失地农民在参与中获得的这些资本和资源均构成了其城市融入必不可少的条件，同时这些要素并非独立发挥作用，它们之间还能够交互影响。物质资本的增多有利于失地农民充实人力资本、扩大社会关系网络，而人力资本则是物质资本获得的重要条件，社会资本的丰富亦可以使失地农民有更多的机会获取物质和权利，一旦失地农民拥有了丰富的物质资本、权利资源和社会资本，则他们也必然能够以积极、自信和乐观的心态应对城市生活，从而提升心理资本，这些要素共同塑造了失地农民城市融入的微观结构场。如若失地农民在乡城转型过程中通过主动的参与能够拥有与原市民平等的此类资本要素和资源，则意味着他们底层的身份和被动的地位将会消解，城市融入乃至社会融合就容易实现。自20世纪90年代到今天，失地农民的社会参与经历了一个由弱至强、由浅至深的变迁历程，在早期征迁阶段，地方政府对整个过程大包大揽完全无视失地农民的意志和利益，后期遭到失地农民越来越多的不满与反抗，他们以自己的方式通过制度化或非制度化的参与渠道表达诉求。面对日益突出的参与压力，政府开始进行反思和调整，赋予了失地农民更多的知情权和参与权，扩大了参与渠道，而与之相伴而生的是福利的增加，这是失地农民主动参与带来的制度妥协。随着福利型征迁不断深入，随着失地农民参与范域的进一步扩大，失地农民获得的利益越来越多，当他们在参与中尝到甜头，他们参与的信心也就会越来越强，他们也就越期待有更多的参与权利和参与选择。通过参与行动的大量实施以及政府的必要规制，失地农民的参与能力和规范化程度就会得到提升，这无论对失地农民的城市融入，还是对社会发展和社会稳定意义均十分重大。一方面，丰富和有序的参与实践活动在微观上有助于失地农民获取更多的物质报酬和发展资源，并且能够在反复的参与中增强其公民意识和理性化程度，使其可以更为自信地实现与城市社会的融合。另一方面，失地农民参与博弈还可以在宏观层面提升社会治理能力和社会文明程度，虽然从表面上看会对政府造成利益的损失，但从深层次和长远看却能够使失地农民乃至广大民众建立起对政府征迁行为的高度认同以及对政府的信任，从而可以营造一个积极互信的干群关系，这对于地方经济发展、社会建设以及政治稳定都是非常必要的。公共政策过程中的公民参与，公民与其他社会组织的合作及其磋商共识可以带动社会和环境的积极发展。① 因此，参与是一个双赢的过程，也是一个多方共享的过程，是失地农民顺利融入城市的必然路径选择。经由不同社区的对比研究发现，参与行动越丰富的社区失地农民的幸福感和归属感越强，而参与机会的多寡又取决于政府和社区意识的强弱，若政府和社区能够意识到失地农民参与的重要价值，主动营造参与机会，赋予失地农民更多的参与权，则失地农民城市融入的信心和能力也就越强，从而生成一个合作共享、平等互助的社会共同体。

第三节　合作型参与的建构

对于合作（collaboration）的内涵不同的学科有不同的范式解读，合作也给不同学者提供了丰富的想象空间以及理论演绎空间。合作是一种由互动塑造的社会活动，Gray 把合作界定为存在潜在利益冲突的人们"能够建设性地探究他们的不同之处并且寻找一种可以超越自身对愿景局限性理解的共识对策"。② 该定义强调各利益主体能够通过合作达成共识。维戈达（Eran Vigoda）将合作抽象化，认为合作的意涵在于：协商、参与、创新、互助、自由沟通、在相互理解和包容的基础上达成共识、权力和资源的公平分配等。③ 综上所述，合作的内涵非常丰富，主旨在于不同立场的人在参与协作的基础上能够消除潜在冲突，建

---

① 王巍、牛美丽编译《公民参与》，中国人民大学出版社，2009，第12页。
② 王巍、牛美丽编译《公民参与》，中国人民大学出版社，2009，第141页。
③ 王巍、牛美丽编译《公民参与》，中国人民大学出版社，2009，第73页。

立利益和价值共识。众多学者讨论了合作在参与中的地位，阿恩斯坦的公民参与阶梯论中将参与的最高阶段界定为完全型公民参与形式，其中包括"合作""授予权力""公民控制"[①]，该参与阶梯又可以分为四个层次：低档次的参与、表面层次的参与、高层次的表面参与和合作性参与[②]，其中合作性参与的公民参与程度最深。由此可见，学者们均对"合作"赋予了重要意义。多数学者从政治层面对参与中的合作形式进行探讨，涉及的视域较窄，通常局限于公民与权力机关间的合作，而且鲜有对合作型参与予以理论界定和推理。实际上，合作型参与是一个多领域的范畴，本书在诸多学者的研究基础上结合研究事实，将合作型参与的内涵界定为双方或多方利益主体以合作者身份共同实施行动，相互施加影响，实现协同互惠、平等享有权利的过程。合作型参与具有三个层次：共同实施行动、相互施加影响、互惠互利，只有这三个层次都能实现才构成合作参与，否则只有参与而无合作。合作型参与的本质是以合作的形式将利益相关者聚合起来，参与各方面活动，使各主体在权力博弈基础上形成共识，从而达至帕累托最优。为实现共同目标而与公共机构合作是政治参与的一种重要形式，当然，合作需要区别于顺从和习惯，如果公民按照公共服务目标行事，是他们害怕因他们的拒绝而受到报复，或者是因为他们已经习惯了那一套行为，那么他们的行动就不构成合作，合作是自愿的。[③] 因此，合作型参与的构成要素包括以下几个方面：首先是各类主体自愿自觉的行为，愿意参与并开展合作，而不是权力制约下的被动行为；其次是各主体具有平等的地位，建立在相互尊重的基础上，而非一方对另一方的压制或施舍；最后是在制度框架内的理性参与，以和平有序的方式参与合作，而非违背现行制度和法律的

[①] Arnstein, S. R., A Ladder of Citizen Participation. *Journal of the American Institute of planners*, 1969, 35 (4): 216-224.

[②] 蔡定剑：《公众参与：欧洲的制度和经验》，法律出版社，2009，第13~15页。

[③] Whitaker, Coproduction: Citizen participation in service delivery. *Public Administration Review*, 1980, 40 (3): 240-246.

第五章　合作型参与：乡城转型的理想态

合谋。

　　合作型参与具有其内在价值，这种内在价值体现在"合作参与"的过程中，并在其中展现出了对人性尊重、对人信任、倡导平等与社会正义等诸多优秀品质。① 罗伯特·帕特南（Robert D. Putnam）亦指出："对于公民共同体来说，至关重要的是，社会能够为了共同的利益而进行合作……公民参与和自愿的合作可以创造出个人无法创造的价值，无论这些人多么富有，多么精明。"② 具体而言，合作型参与的价值主要体现在两个方面：一是可以消解潜在或显在的冲突实现利益共赢和社会有序化。冲突是一个社会的基本形态，人们无法彻底消灭冲突，尤其在社会快速转型和变迁时期必然涉及一系列重要的利益调整，这一利益调整则易使冲突加剧并激化，为了减少冲突给各方带来的利益损失及对社会秩序构成的威胁，人们可以通过妥协的方式寻求合作，从而避免互害的结局并实现互惠互利。二是可以形成聚合力实现利益最大化。社会不断分化，利益主体日益多元化，不同个体有不同的利益诉求，无数原子化个体之间的利益争夺不仅降低了利益的获得而且会使社会陷入无序和混乱状态，只有在参与中建立合作关系才能够形成合力，创造更多合作盈余。因此，合作型参与是人们普遍追求的一种价值理念和实践逻辑，也是未来公民参与的发展方向，笔者在这里将其作为参与阶梯的最高阶段。合作型参与建立在各主体对参与的认知基础上，若各方均能认识到参与的价值，如果他们在一次次的合作参与实践中均获得了利益，他们就会形成自觉意识进而产生进一步合作参与的冲动。为此，合作参与的过程是一个良性循环的过程，广大公民通过参与和政府等组织形成了合作关系，收获了预期或非预期的利益，由此增进了对政府等组织的信任，并进一步产生了互信互惠的价值认知和行为规范，进而塑造了公民

---

①　李雪阳：《科层视阈中的"合作参与型"激励机制批判性考察》，《社会科学管理与评论》2012年第2期。
②　〔美〕罗伯特·D·帕特南：《使民主运转起来》，王列、赖海榕译，江西人民出版社，2001，第215页。

精神，于是在公民精神成长的过程中又激发了其参与合作的动力，如此反复的过程使合作型参与逐渐走向成熟，合作参与良性循环链见图5－2。

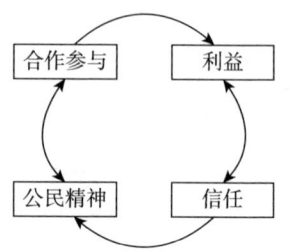

图5－2　合作参与良性循环链

农民的合作参与似乎并不为人们所认可，人们常常质疑其合作的能力，但实际上乡村具备合作型参与的先天条件。Ostrom曾指出，在规模小且同质性较高的团体中（例如某些农村社区），合作决策的效果是最好的。[①] 对于由乡村迁移到回迁社区的失地农民来说，规模不大且同质性相对较强的社区属性为他们的合作型参与提供了良好的条件和社会基础，同时人情味较浓、人际熟识的群体特性也使失地农民的参与和合作动力更容易被激发。本书讨论的合作型参与主要指失地农民、原市民、政府、社区等主体在城市迁移和城市融入阶段积极参与并建立合作关系，共同商讨公共政策制定和公共事务管理，这里既包括失地农民群体内部的合作，也包括失地农民与其他群体或组织的合作。合作型参与的建构体现在失地农民由乡村社会向城市社会转型的整个过程，在征迁安置中，合作参与表现为在土地补偿标准、补偿和安置形式以及回迁小区区位、房屋结构和环境等方面，失地农民通过与政府的协商和博弈，由被动接受政府安排到主动参与政策制定、执行以及监督等领域。在城市融入中，合作参与是指失地农民以主人的姿态积极且平等地参与经济、社会、政治和文化领域，与原市民、政府、社区和企业等主体合作共享，建立与城市社会的维系纽带，分享社会发展成果。一旦失地农民能

---

① 王巍、牛美丽编译《公民参与》，中国人民大学出版社，2009，第18页。

第五章　合作型参与：乡城转型的理想态

够与城市各类主体建立合作型关系，就可以摆脱被动依附的处境，由单向度的融入城市转变为互相渗透、包容共生的社会融合。失地农民在合作框架下通过与各主体的双向互动行使参与权利，这一互动遵循平等、开放、包容等原则，以此达至良性的参与，当然这既离不开公共部门主动赋权，也需要失地农民依法有序行动。

作为失地农民乡城转型极具亲和型的路径，合作型参与并非仅仅停留在理论层面和头脑想象，许多地区已经进行了实践探索。例如湖南省某小区在房屋拆迁中引入了"共议式"拆迁模式，这是一种"自下而上"的推进过程，参与主体多元，卷入征地拆迁场域的各个主体，包括居民、居委会、街道办事处、社区参与行动组织、物业和项目承包商等全部参与整个事件，事前事后都经过讨论商议，矛盾和分歧在讨论中达成妥协，最终形成社会认同。① 这一案例充分显示，在征地拆迁中各主体之间可以建立合作关系而非对抗关系，通过共同协商消除利益争端，在相互妥协中实现利益共享。笔者在 H 市的调研也发现，一些回迁安置社区也开始付诸实施，其中一个社区通过建立协商议事委员会在社区公共事务中开展了合作型参与实践，对此该社区一位工作人员向笔者详细介绍了他们具体的操作过程：

> 为推进小区民主协商广泛和制度化发展要求，保证居民在日常生活中有较广泛的参事议事的权利，在南湖春城党支部统筹引领下，成立了南湖春城小区协商议事会。首届协商议事委员会由 21 名委员组成，既有老党员、老干部，也有人大代表、律师、教师，还有企业老板，他们虽然来自各行各业，但有一个共同特点，那就是：在群众中口碑好、威望高，具有较高的代表性。近几年，社区和居委会都在积极地开展协商议事，涉及居民的事情都在采取这种

---

① 周爱民：《征地拆迁中矛盾化解的社会认同机制建构》，《中共中央党校学报》2017 年第 3 期。

方式征求民意。例如老旧小区改造、棚户区改造、农贸市场升级改造全部事先征求民意，得到居民和代表认可才开始此项工作，改变了以前政府包办包揽、出钱出力不讨好的现象。对所有收集的问题，协商议事会安排议事会成员进行分类归纳，从中挑选出反映众多、舆论较强、亟待解决的问题，再由协商议事会召开协商议事恳谈会，召集协商议事代表、事件相关人员参加会谈，细听民意、共同商讨、科学决策，提出解决问题的初步建议。（访谈编码：A007）

从该社区工作者的陈述中可见，他们借助社区协商议事委员会这一载体广泛动员社区居民，其中主要是失地农民，充分调动了他们的参与积极性，并且通过协商议事规则的制定保障了这一制度的有效运转，在失地农民群体之间、失地农民与原市民之间、失地农民和社区委员会之间建立了合作关系，确保了各合作主体充分发表意见建议，在协商中达成共识，建立互信。社区协商议事委员会是合作型参与的一种具体形式，是地方在不断摸索中创新性的发展成果，出发点在于发动社区居民平等参与，共同协商社区事务、解决社区问题。这一系列地方探索也有助于改变人们的惯性思维，即认为失地农民不具备参与和合作的能力，从而使合作型参与得以在城市迁移和城市融入中广泛应用。失地农民由乡村步入城市，虽然割断了与传统乡村社会的物理纽带，但同质性的群体集中居住使他们难以在短期内塑造市民意识，与城市社会融为一体。如前所述，参与成为失地农民城市融入的关键要素，失地农民在社会各个领域的广泛参与有助于形成一个参与式及合作型的社会，他们在参与中不仅能够获得利益、分享权力，而且依托参与的教育功能，也可塑造与城市社会相契合的公民品质。随着失地农民参与强度和广度的不断深化，其参与意识和参与能力也随之提升，理性化和制度化的参与趋于主导，由此合作型参与的社会格局得以建立。现时期失地农民依附性和被动性的地位并未根本扭转，在乡城转型过程中主体意识尚未完全建立，城市融入依然存在诸多障碍，因此未来在城市化进程中应消解政府主导型参与，逐步转向合作型参与。

合作型参与的建构意味着失地农民已经作为一个平等的主体参与了公共政策和社会治理，他们无论在心理和行为方面还是在权利获得等方面，均具备了城市融入的充分条件，如此失地农民的城市融入将不再成为问题。这一理论模型是多要素共同作用的结果，也是一个在不断探索中日渐成熟的范式，虽然各地在具体实践中运作形式不同，但归根结底离不开参与主体的回应、社会结构的支撑和动力机制的刺激等生成条件。

首先，合作型参与建构需要参与主体合作理念的塑造。传统的乡村社会是一个互助型社会，失地农民具备合作的基础，如邻里互助、村民自治等，但是这一合作范围较窄且约束力较弱，主要依赖于主体的自觉意识，缺乏合作型参与必要的价值认同和规则意识。因此，失地农民应当是富有参与性的，要摆脱依附心理，由外来者心态转换为主人心态，积极发挥自身的主体能动作用，实现最大限度的参与。失地农民还应形成合作的理念，由被动转向主动，增强整体观念和共同体意识，由自利性参与走向互利性参与。另外，失地农民还要树立责任意识和规则意识，消除功利化的参与动机，关注焦点由个人私利转向公共利益，平衡自我利益和公共利益的关系，以理性的态度参与征迁安置和城市生活，如此合作型参与才成为可能。若失地农民只关注个体利益，为了个体短期利益不惜牺牲他人和社会整体利益，甚至过度、无限制地追求个人私利，则只会消解合作的关系。针对现实中部分失地农民功利化和失序参与等现象，应当进行必要的干预和疏导，在扩大失地农民参与权利的同时应进一步反思如何规范他们的参与行为，防止过度参与和权利异化，抑制其以非法和非理性的参与绑架政府谋取不正当的权利，对少数人跨越法制边界的参与行为和过高的利益索求不能一味地做出让步，参与必须遵循一定的行为规范，合作型参与建构一定是参与主体在社会制度框

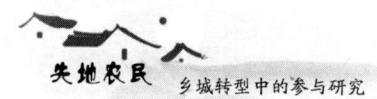

架内进行的参与。除此之外,政府和社区等主体也应当摆脱强势的管理模式,树立包容与合作的理念,尊重失地农民的自我选择。虽然失地农民的参与会降低决策效率,增加时间成本,但在合作基础上达成共识不仅可以减少相关政策执行时间,而且可以降低执行风险,包括征迁过程爆发矛盾和冲突带来的短期风险和失地农民陷入城市融入困境带来的长期风险。正如托马斯所言,公共管理者花费一定时间邀请各个行动者参与公共决策,但可以减少政策执行过程中所花费的时间,凭借各方行动者的力量参与进入最初的决策,更可能达到广泛支持甚至促进政策执行的功效。① 因此政府行政官员在心理和行动上都需要经历一个开放、理解、宽容、接纳、欢迎、协商促进与共同合作的历程。② 公共部门的决策制定者和执行者应认识到,在征迁安置和回迁社区管理的过程中与失地农民建立伙伴式的合作关系有助于抑制征迁后遗症的产生,形成稳定和健康的社会治理环境。各主体必须形成合作互利的价值共识,要充分认识到只有在平等协商基础上才能实现利益共赢,如此才能真正实现各利益相关主体的利益共享,也才能使乡城转型在良性的轨道上稳步前行。

其次,合作型参与建构离不开特定的社会结构条件。公共部门应当赋予失地农民广泛而平等的参与权利。地方政府和社区等主体应顺应社会发展变迁的现实情境,开放参与领域,与失地农民建立合作关系,并且建立相应的激励机制,引导失地农民积极有序参与。政府在征迁安置和公共服务等领域应合理授权,主动回应失地农民的参与诉求,建立和失地农民共同生产与合作的公共事务发展模式,改变强势的权力直接干预和支配方式。回迁安置社区在公共事务管理中应鼓励失地农民参与其中,发挥其主体作用,为失地农民的经济、社会、政治和文化领域的参

---

① 〔美〕约翰·克莱顿·托马斯:《公共决策中的公民参与》,孙柏瑛等译,中国人民大学出版社,2014,第 26 页。
② 孙柏瑛、杜英歌:《地方治理中的有序公民参与》,中国人民大学出版社,2013,第 16 页。

第五章 合作型参与：乡城转型的理想态

与提供更多的渠道。地方政府和社区应积极营造一种合作型参与的文化氛围，使参与、合作、共赢的理念得到公众推崇，并深入了解失地农民的参与状况和参与意愿，提供必要的资源和激励措施鼓励其参与。在现阶段，失地农民参与的目的较为明确和单一，仅局限于经济利益的共享，对政治权力兴趣不大，而且绝大多数利益的诉求具有一定的合理性，这与他们所处的需求层次密切相关。今后随着失地农民物质生活水平的稳定和提高，随着他们参与范域的不断拓展，他们必然对权利的需求愈加多元化并逐步增长。因此，在合作型参与基础上针对失地农民建立一个渐进式增长的参与权利供给机制和财富分配机制也是非常必要的，以使其获得感逐年提升，相对剥夺感下降。未来对于因低度参与而全面陷入社会底层的失地农民，应防止出现这种边缘状态"结构化"[①]，遏制边缘化的生活状态在下一代延续，破除阶层和身份的固化，这不仅需要该群体自身增强参与意识而且需要外部力量如政府、社区给予有效的激励和扶持，从主观方面增强失地农民的参与动力和信心，从客观方面扩大失地农民的参与广度和深度，使其以个体或团体的形式全面参与到城市化过程并共同享有改革和社会发展红利。另外，合作型参与还应当具有制度化保障。当一个社会中的弱者能用正式制度所赋予自身的"权利"来生产相应的"权力"，或者能以无形权力的生产为契机来促进自身"权利"的再生产并获取正式制度的承认时，就开始进入现代性的进程了。[②] 只有失地农民群体中无论是强者还是弱者均能够借助正式的制度获得应得的权利，他们才具有合作参与的动机，对处于权力链低端的失地农民以制度的形式予以赋权就显得尤为必要了。同时还应以法律制度形式为失地农民的参与设置边界和范围，明确哪些领域可以参与、哪些领域不可以参与，合作型参与并非全领域的参与，非参与越多

---

① 冯晓平：《城市化进程中失地农民风险与分化研究》，中国社会科学出版社，2017，第192页。
② 肖瑛：《从"国家与社会"到"制度与生活"：中国社会变迁研究的视角转换》，《中国社会科学》2014年第9期。

越好,既不能低度也不能过度,要以正式的制度设计参与的适宜范围及合作参与的方式。再者,合作型参与需要依托社会组织建立参与的载体。无论个体公民还是聚众,都不具有有效和理性参与的能力,一个可能的解决途径是将这些分散的和未经组织的利益组织化。① 分散的个体利益多元化、碎片化,难以形成参与共识,应当通过社会组织统一利益诉求,聚合参与力量。失地农民以组织的形式参与合作,不仅可以增强参与能力,而且可以防范参与行动的无序化,保障各主体在正常的轨道上进行沟通合作。公民开始越来越多地借助于各类非营利组织,进入公共政策制定、执行以及社区公共事务的管理过程,以此表达自身利益倾向,影响政府公共政策导向,并作为政府的合作伙伴,承担社区一部分共同产出公共服务的责任。② 从近年来大量体制外、失范的参与行动来看,失地农民在面对利益剥夺时参与的意愿较强,借助社会组织这个载体可以使其与政府和社区建立良好的合作关系,因此应当引导和鼓励失地农民基于利益或兴趣成立社会组织并形成组织规范,以组织而非个人形式有序并理性地参与征迁安置和社区治理。

最后,利益和信任是合作型参与建构的动力机制。当前地方政府陷入经济压力和民众信任下降的双重困境:一方面各地政府面临极大的财政压力,公共支出不断增长,他们亟须通过土地出让金获取财政收入,满足城市基础设施和公共服务需求;另一方面在土地征收中不平衡的利益分配,使失地农民遭遇剥夺,他们对政府的信任度降低甚至产生不满和对抗情绪。如何解决这两难困境?需要通过失地农民的参与和政府建立合作型关系,消除彼此偏见,达成利益共识。然而合作的动力是什么?如何让政府摆脱强势管理惯习放低姿态与失地农民合作?如何让失地农民强化主体意识敢于并乐于和政府等主体合作?背后的动力机制源

---

① 杨成虎:《政策过程中的公民参与》,天津人民出版社,2015,第79页。
② 〔美〕约翰·克莱顿·托马斯:《公共决策中的公民参与》,孙柏瑛等译,中国人民大学出版社,2014,第2页。

第五章　合作型参与：乡城转型的理想态

于利益和信任这两个关键要素。托马斯指出，合作关系成功与否可以表现在两个方面：一是满足合作关系中各方利益实现的结果；二是对如何达成上述结果抱有的良好愿望和情感。[①] 其中良好愿望和情感是建立在信任基础上的心理感受。然而在现阶段，从失地农民主体特性和现实政治环境来看，公民精神和信任关系尚未完全建立，利益成为失地农民参与的核心动力，前面已有分析，这是无法改变的事实，因此合作型参与的建构注定离不开利益的激励。应当对"利益"这一动力机制进行有效运作，围绕"利益"这一中心，设计合作型参与的主题领域，使各主体在预测可得的利益后愿意主动参与并走向合作。同时有必要厘清利益的范畴，使各主体认识到利益的多维度和广领域，其中既有短期利益又有长远利益，既有物质利益又有精神利益，既有个体利益又有公共利益，各主体合作的过程应当是对各类利益的权衡和博弈过程，不能仅考虑眼前的个体私利。而且在合作参与中一定要坚持利益互惠逻辑，通过参与吸纳分散的利益，使无论失地农民还是政府和社区等主体均能在参与中分享利益，有所获得，如此才能真正激发各主体的合作动力。利益是直接的刺激因素，是合作型参与初期阶段的原动力，但若要实现长久而稳定的合作关系，信任就成为不可或缺的动力机制，没有信任就谈不上长久的合作。所有征地拆迁中的冲突和对抗均源于彼此的不信任，只有在各主体间建立信任关系，才能使他们相互支持、积极配合，否则失地农民就会怀疑政府等组织的动机，而政府等也会反过来质疑失地农民的能力，另外失地农民群体内部及失地农民与原市民之间也会因为彼此不信任而难以通过合作的方式共同参与公共领域。当然信任的建立非短期内的说教可以实现的，其来自各主体经长期生活体验后的心理判断。在失地农民群体内部因彼此熟识，信任通常已经存在，合作动员相对较为容易，而亟须建立的是失地农民与政府和社区间的信任关系。只有失

[①] 〔美〕约翰·克莱顿·托马斯：《公共决策中的公民参与》，孙柏瑛等译，中国人民大学出版社，2014，第109页。

地农民在与政府社区等组织经由长时期的交往获得了预期的利益,感受到社会的公平,他们才会形成对该类组织的信任,同样只有失地农民在参与中能够保持诚信、坚守规则,政府社区等组织才会对失地农民产生信任而愿意继续放权。因此,政府及社区在失地农民的乡城转型各个阶段需要真正赋权,而不是政绩使然、做表面文章;失地农民也需要理性参与,而不是"胡作非为"、漫天要价。双方经由长期的合作互动,逐步建立良性关系。通过频繁的参与潜移默化地塑造失地农民与政府及社区组织间的信任关系,培育公民精神,进一步激发失地农民的参与动力,使被动型参与转向主动型参与、利益型参与转向价值型参与、象征性参与转向实质性参与,从而建构起稳定的合作型参与机制。

第六章

结论与探讨

从20世纪90年代加速启动征地运动到今天,中国乡村社会面临着工业化和城镇化双重力量的持续冲击,大量的村落共同体走向解体,与村落解体相伴而生的是上亿失地农民以及规模庞大的回迁安置社区的出现。对于这些被动转型的失地农民而言,他们的城市化意味着自己被连根拔起,是一场没有退路的城市化,能否顺利地融入城市、获得生理和心理上的转变取决于他们在城市的获得。近年来,失地农民的主体意识不断被唤醒,他们中的一部分积极行动起来,开始参与到征迁安置和城市生活中,从而也获得了更多的城市发展红利。虽然今日失地农民获得了越来越多的土地收益和社会福祉,城市及其市民也以越来越开放和包容的姿态接纳失地农民,但是现阶段失地农民被动的格局依然没有根本改变,他们的乡城转型仍是基于城市逻辑下的被动适应。未来若使失地农民真正以主人的身份平等参与城市建设和社会发展还需要不断提升其参与意识和能力,使其在城市迁移和城市融入阶段更多地发挥主体作用,这是本研究重点探索的领域。

第一节 结论

乡城转型不同于市民化，失地农民的乡城转型也不同于农民工的转型，它是一场双重阶段下独特的角色转型过程。在这一过程中，现实格局更多地表现为权力话语下的被动转型和"去乡村化"，失地农民虽然不乏参与行动，但参与仍呈现碎片性、异质化等方面特征，参与的合力、理性化程度和主动性有限，因此以合作型参与构建乡城转型的参与格局理应成为一种最优的选择。本书通过对 H 市的大量调查与研究，真实再现了失地农民在乡城转型中的参与图景，进而提出了以下研究发现和理论思考。

一 失地农民集群式和断根式的乡城转型

自 20 世纪 90 年代开始，在城市化机器的轰鸣声中大量的城郊土地被征收、村落被强制性地纳入城市，由此催生了特殊的群体和区域，即失地农民及回迁社区。这些群体由乡村进入城市，必然面对着角色的转移过程。农民的乡城转型较为复杂，既包括居住环境、就业领域等物理空间的转变，也包括生活方式、社会关系、身份等社会空间的转化，还包括心理和价值观等方面的转型。失地农民的乡城转型包括两个发展阶段：一是由乡村迁移到城市的阶段，历经土地征收、房屋拆迁和住房安置等过程，也即由农民到失地农民的角色转型过程；二是在经济、社会、政治、文化心理等层面逐步融入城市并最终与城市融合的阶段，也即由失地农民到市民的角色转型过程，城市迁移是乡城转型的起点，而城市融入是乡城转型的最终结果。两个阶段的转型相互关联、交替推进。第一阶段的角色转型历时较短，也相对较为容易，通过制度的强制力即可使失地农民同步迅速完成转型，但这一阶段最易诱发显性的社会矛盾和冲突，倘若这一阶段转型不顺不仅会为第二阶段埋下矛盾的隐患带来后遗症，而且会致使第二阶段转型滞后。反之，若失地农民通过第一阶段的转型在主客观层面均获得较多，则显然能够助推其下一阶段的转型。第二阶段的转型历时较长，难度较大，涉及全方位、多领域的转型，而且受到内外因素的综合影响，不同主体转型的动力和能力差异显著，因此失地农民最终的城市融入程度也千差万别，会呈现差序化的转型格局。只有这两个阶段的转型都能够完成，才可以说彻底实现了乡城转型。

对于这些乡城转型的主体，亦被称为"被动城市化群体"的失地农民，他们具有不同于"主动城市化群体"即农民工的典型特征。本书在前人研究的基础上结合本次研究对这两类群体做了精细的区分（见表6-1），由此可见，两者在迁移动因、迁移范围、迁移距离、迁移频次、城市居所以及返乡机会等各个方面均存在典型的差异，因此对于失地农民来说，他们在两个阶段的乡城转型中也面临着一系列特殊问题。

表6-1 失地农民和农民工的差异

群体类别	迁移动因	迁移范围	迁移距离	迁移频次	城市居所	返乡机会
农民工（主动城市化群体）	主体选择	个体迁移部分迁移	长距离短距离	多次	无固定居所	有退路
失地农民（被动城市化群体）	制度或政策安排	举家迁移	短距离	一次性	有固定居所	无退路

从转型动因方面看，失地农民第一个阶段的转型是在制度或政策安排下的迁移，并非个体的自主和自由流动。与农民工为了追求更美好的城市生活和提高收入水平而自我选择性地多次多地流动不同，失地农民自身无法选择迁移时间和地点，而且他们往往是一次性地从乡到城的短距离迁移。在第二阶段的转型中，失地农民在征地后自然获得了融入城市的诸多客观条件，但主观心理方面的转型动力不强。与农民工大多居无定所相比，失地农民在城市拥有了属于自己的住房，所以绝大多数失

地农民欣然定居下来,不再具有向外流动的动力,他们在身份、职业和居住空间等客观方面已经实现了城市的融入,但也正因为如此反而弱化了他们在社会和文化心理等层面的融入意愿,被动性和依附性相对较强。从转型特征来看,失地农民的乡城转型既是一场以家庭和原村落为单位的集群式的转型,也是一场没有退路的断根式的转型过程。与农民工大多是个体或部分家庭成员的迁移不同,失地农民是整村和举家搬迁,这一集群性的乡城转型既是条件也是羁绊:一方面可以聚集转型合力,在新的境遇下实现抱团取暖、缓解因新环境带来的心理震荡;但另一方面在传统性较强、农耕文化影响深厚、同质性的回迁社区共同生活,不利于提升失地农民的转型动力而主动快速地融入城市。另外,不同于农民工的乡城之间无限次往复式的迁移,失地农民第一阶段的转型是一次性的、单向度的由乡到城的迁移过程,他们也可被称为"断根的城市化群体",祖居的传统村落已不复存在,他们被彻底割断了与乡村社会的联系。这一特征决定着,无论失地农民在迁入城市境遇如何,他们只能面对,无法再退回到乡村,因此他们第二个阶段的转型也是必然要经历的过程,不管他们愿意与否,都会随着时间的推移而慢慢地融入该城市之中,只是不同群体存在不同的融入速度和程度。

二 权力话语下的被动转型和"去乡村化"

从世界范围来看,村庄的消失和失地农民的产生是在城市日渐兴起背景下的必然趋势,但中国的城市化具有一定的特殊性,这是一场人为加速推动下的由乡及城的被动转型过程,它的速度远远超过了自然生长速度,而且这个过程是与土地息息相关的,"经营土地"成为各地政府推动城市化的主要驱动力。为了获得更多的土地财政、促进城市建设,全国各地加快了城市化的步伐,加大了对集体土地的征收力度,开展了大拆大建运动。这一运动在城市周边的近郊逐渐掀起,并进一步扩展到郊区乃至远郊。在一波又一波的城市扩展浪潮中,大量的村庄消失,原先居住在这些土地上的农民因为失去土地和房屋而大规模地向城市迁移。这些群体失去土地、上楼居住，集体经济瓦解，原有的生产资源消失殆尽，被动地卷入城市化的进程中，也因此出现了诸多不适应，带来了一系列的后遗症。这一乡城转型是一个不可逆转的过程，其力图消除乡村和城市在文化、社会和地理等上的分离和差异，用城市特征取而代之。李培林对这一乡城变迁过程进行了形象的描绘，他指出："从乡土的平稳社会到市场的风险社会，农民和村落的终结是一个巨变，但也是一个漫长的过程，其间伴随着无数不足以为外人道的喜怒哀乐，既有摆脱农耕束缚、踏上致富列车的欣喜和狂欢，也有不堪回首的个体和集体追忆。"① 由于城市和现代化的诱惑以及乡村相对落后与封闭，绝大部分的农民主观上乐意土地被征，实现身份转变，但是一旦当他们真正踏入城市，他们会发现理想与现实之间存在距离，他们无限向往的市民身份和城市生活也会给其带来系列困扰和忧虑，甚至很多人长期作为城市的过客而非主人在城市的夹缝中生存。在这一变迁过程中不乏少部分的抵制者，这些人或者由于能够依靠土地种植获得更多的收益或者乡村的惯习已经根深蒂固而惧怕变革，但是反对的声音在城市化的大潮中甚是微弱，无论赞成与否，最终都无法抗拒政府权力强制下的征迁力量，他们对承包的土地没有决定权，只能被动地实现迁移。农业的现代化和农村的社区化的确是农民参与城镇化进程的结果，但这是一个被动参与的结果。② 虽然今日失地农民在土地征收和房屋拆迁等方面获得了越来越多的参与权，但是这一参与仍是基于政府权力话语下的被动参与，失地农民依然无法以平等的主体身份参与利益博弈，因此由土地征收带来的被动乡城转型成为必然。在土地的征收、房屋的拆迁和安置房的建设等各个阶段，失地农民的主体地位微弱，这一系列过程基本是在政府主导

---

① 李培林：《村落的终结——羊城村的故事》，商务印书馆，2004，第26页。
② 周飞舟、王绍琛：《农民上楼与资本下乡：城镇化的社会学研究》，《中国社会科学》2015年第1期。

下自上而下推进的,安置社区大多也是按照城市和现代化的逻辑统一规划设置,农民的声音、个性与文化被忽略、被湮没。失地农民不仅是"被迁移",而且是"被融入"。从传统建制村到多样性过渡社区的转型,都是政府主导变迁的结果,这就意味着转型社区空间内居民居住场所、生活方式以及治理形态的变化都伴有政府活动的影子。[①] 大部分的失地农民在经济、社会、政治与文化心理等方面未能积极发挥自身的主体能动作用,依附性和被动性依然明显。一些地方政府为了消除矛盾隐患,使失地农民尽快在城市安居,也将权力触角延伸到回迁社区的每一个角落,试图用权力话语继续支配失地农民的城市生活,但是这一强势干预是本末倒置的,不仅未能有效地激发失地农民的内生动力,而且政府在多领域的介入反而促使失地农民被动依附性更强,参与能动性式微。政府全方位主导及失地农民参与不足的乡城转型,长此以往不但会使政府负担过重而力不从心,而且会因政策低效需要在后期不断弥补由此对失地农民造成的利益损失,并会导致失地农民对政府决策的不满及不信任,从而带来经济、政治和社会风险。

现阶段大多数地区失地农民的乡城转型过程依然是在政府指挥下的"去乡村化"的过程。在某些权力支配者看来,乡村即意味着落后的、粗俗的、与城市格格不入的,失地农民迁入城市定居就必须去除与乡村关联的一系列生活惯习和文化。在这场特殊的乡城转型中,农民失去的不仅仅是土地和居所,还有长期在潜移默化中形成的代表着乡村根与魂的文化。城市天然的优势地位和政府惯性的权力支配是显而易见的,城市的主体性突出。这一城市优势视角先入为主地确定了失地安置小区农民"应然"的生活方式,不仅忽略了农民作为行动主体的自我选择能力,同时也忽略了农民城市融入问题的复杂性以及从农民自身的生活策

---

① 金太军、张国富:《基层政权、社会组织和居民参与社区治理的策略性合作》,《阅江学刊》2019年第2期。

略出发解读农民行动逻辑所具有的学理意义。[①] 在安置社区的设计者与推动者看来，科学规划的社区生活远比承袭的村落传统更先进，农民所继承的习惯与实践都不是基于理性的推理，都需要被重新考察与设计。[②]因此，无论在安置社区的建设方面还是在社区生活规划方面，目的都在于快速消解失地农民长期形成的传统文化和生活方式，使其向现代城市社会融入。但是制度的设计和现实的生活实践之间存在距离，若无视失地农民的主体性和内在需求，强行地现代性植入也是徒劳的。乡村社会的乡土气息和富于人情味成为传统社会的印记，乡村文化的社会调节功能和聚合功能使其无法被完全抹去，现代人回归田园生活的期待和浓浓的乡土情结意味着乡村生活及其文化依然具有留存的价值，为此，"去乡村化"并非一个合理化和最优的过程。与此同时，农民的个性、行为习惯是在乡村社会长期生活中被塑造出来的，这是一个完全不同于城市的社会生态系统，被动的乡城转型人为地打破了他们原有的整个生活体系，期望他们在瞬间转换为市民，实现价值观念和行为方式的转变，这当然也是不可能迅速完成的，必将经历一个长时段的过程。失地农民进入城市面对的是一个新的境况，原有的思维模式和行为模式必然会受到冲击，他们也不得不做出调整以适应新的情境，否则容易被城市社会所淘汰而沦为边缘群体，这是一个痛苦的转换过程。移民的同化是以渐进的方式进行，通常是一种代际延续的过程，它既源自个体的目的，也来自他们的日常决策和行动所带来的意想不到的后果。[③] 传统到现代是一个连续谱，并非二元对立，也无法精准分开，失地农民的社会融合过程也是一个连续的、不断深化的过程。在失地农民及其后代可能有意或无意识寻求融入的情况下，带来思想和行为的累积效应最终实现与城市

[①] 杨雪云：《空间转移、记忆断裂与秩序重建》，《青海民族大学学报》2014年第4期。
[②] 李烊、刘祖云：《拆迁安置社区变迁逻辑的理论解释》，《南京农业大学学报》2016年第6期。
[③] Alba, R., Nee, V., *Remaking the American Mainstream: Assimilation and Contemporary Immigration.* Harvard University Press, 2009: 38.

社会的融合。但是这一变迁过程跨时较长,在现代文明与传统文明的必然冲突、理想与现实的巨大鸿沟以及小农意识催生的自卑感等多重主客观因素的综合作用下,失地农民的社会融入面临重重障碍。① 在这重重障碍背后,由于自主性的缺失、被动迁入城市,失地农民在经济、社会、政治、文化心理等多个层次遭遇更为尴尬的境地。失地农民在很长一段时间内徘徊在乡村与城市之间,成为新的第三类人群,模糊的身份,失望的处境,会使一部分群体产生焦虑、怨恨心理,对社会稳定构成威胁。虽然随着时间的推移,失地农民最终将与城市趋同化,走向社会融合,但这需要二代甚或更多代的负重前行,而且只要失地农民不能以平等的主体身份参与征迁安置和城市发展,他们边缘化的境地就无法得到根本扭转。

三 以合作型参与重构参与格局

失地农民在政府主导下由乡村走向了城市,他们分别经历了征地拆迁、住房安置和城市融入等一系列过程,从土地被征房屋被拆的那一刻起,失地农民就开启了乡城转型过程。他们在从乡村向城市迁移中,始终处于被动地位,主体意识难以得到真正体现,制度化的参与渠道欠缺。当他们迈入城市定居社区后,依然未能摆脱政府的支配,政府试图继续主导并重塑失地农民的日常生活和价值理念。失地农民对于政府的制度安排并非完全认同和接受,他们会以自己的方式遵从或对抗着政府的行为,主体的差异性造就了不同的参与路径,或强或弱,他们在参与中分享着不同的城市化红利。乡村消失和农民嬗变的过程,并不可能一蹴而就,非征地和搬迁即能实现的,其间不仅充满利益的摩擦和文化的碰撞,而且伴随着巨变带来的失落和超越的艰难。② 在这一宏大的变迁过程中,大规模的失地农民被裹挟其中,他们或沉默接受,或积极抗

---

① 张宇:《新型城镇化进程中失地农民的教育补偿研究》,天津大学博士学位论文,2015。
② 李培林:《巨变:村落的终结——都市里的村庄研究》,《中国社会科学》2002年第1期。

第六章 结论与探讨

争,或被动顺应,或主动融合,演绎着一场多姿多彩的参与图景,也呈现了一副差异化的城市融入景象。在乡城转型过程中,地方政府替代失地农民做了很多决定,他们想当然地认定这是其所需所想,而没有尊重失地农民的意愿。如果失地农民的诉求得不到应有的重视,他们则很难真正发挥其主体作用,也很难积极主动地参与到城市建设和发展中来,从而制约了其向城市的融入。对于农民这个群体来说,他们实际上具有独立的思维和判断能力,他们亦有自身的价值取向和利益诉求,因此,他们在主观上并非完全被动、依附,他们也具备一定的参与欲望和能力,但是现实环境给予他们的制度化的参与空间和权利有限,在狭窄的参与通道中,他们只能用自己的方式或积极或消极地展开抗争,建构自己独特的参与方式和参与路径,以期享有更多的土地红利。特别是近年来,随着征迁运动大规模向前推进,某些地区失地农民的成功抗争案例借助媒体或大众的传播,使各地失地农民的参与热情高涨,他们从前期的同类群体处收获了越来越多的参与经验,参与动力和参与能力也同步提升,他们对利益和权利的渴求日益强烈,主体意识渐长,于是获得的城市化福利也呈上升趋势。与此同时,地方政府迫于维稳考核压力和人性化关怀,在征迁安置过程中也逐渐拓宽了参与通道,使失地农民拥有了更多制度化的渠道表达利益诉求。在回迁安置社区治理方面,越来越多的地方政府和社区也意识到需要失地农民的参与才能有效解决社区治理困境,特别是在社区卫生、社区环境、社区文化、社会治安等领域,因此也开始鼓励失地农民在经济、社会、政治和文化层面的参与。但是目前从总体上来看,尤其在欠发达地区,失地农民的参与主要还停留在表层,参与的程度及范域仍受制于政府或社区的价值偏好。尽管法律赋予了失地农民多项参与权利,地方政府也为失地农民提供了一系列参与机会,但对许多地方官员来说,他们并不想开启深层次的参与通道,特别是在征迁过程中他们也不追求失地农民是否有实质性参与,因此失地农民参与的影响力和有效性不强。现时期在乡城转型过程中,失地农民的参与表现出两个典型特征：一是象征主义和形式主义参与显著，失地农民虽然拥有的参与权利较多，但在实际运作中，权利被虚化，他们尚不能以平等的主体身份参与相关政策的制定及社区治理；二是制度化参与和非制度化参与并存，无论在城市迁移还是在城市融入阶段，失地农民并非仅局限在制度边界内活动，他们中的一部分人为了获取更多的利益，常常会打破现有的规则和秩序，出现参与异化现象。这两方面特征表明当前失地农民的参与格局仍处于参与阶梯的初级阶段，还无法在其乡城转型中发挥强有力的促动作用。

党的十九大报告中明确提出要打造共建共治共享的社会治理格局，加强社会治理制度建设，完善党委领导、政府负责、社会协同、公众参与、法治保障的社会治理体制[①]，党的十九届四中全会进一步提出要完善党委领导、政府负责、民主协商、社会协同、公众参与、法治保障、科技支撑的社会治理体系，建设人人有责、人人尽责、人人享有的社会治理共同体[②]。由此可见，今天在社会治理中更加突出人民的主体地位，从而为失地农民的制度化参与提供了根本保障。《中华人民共和国土地管理法》《中华人民共和国土地管理法实施条例》等一系列法律和政策的实施和完善也为失地农民在乡城转型中的参与提供了政策依据。同时随着广大民众参与意识的渐强，参与式发展正在成为一种新的趋向，该模式主张尊重差异和平等协商，通过社会成员积极、主动和广泛的参与，使社会成员共享发展成果，实现社会可持续、健康发展。而若使参与始终在良性的轨道上运转，使失地农民能够通过理性平等的参与顺利完成转型，实现社会融合，则作为参与理想化形态的合作型参与就成为必然的选择。合作型参与是各利益主体以合作者身份共同实施行动、相互施加影响，实现协同互惠、平等享有权利的过程，其包括各主

---

① 习近平：《决胜全面建成小康社会 夺取新时代中国特色社会主义伟大胜利》，人民出版社，2017，第49页。
② 《党的十九届四中全会〈决定〉学习辅导百问》，党建读物出版社、学习出版社，2019，第22页。

体自愿自觉行为、地位平等、在制度框架内理性参与三个构成要素。合作型参与不仅可以消解潜在或显在的社会冲突实现利益共赢和社会有序化，而且可以形成聚合力实现利益最大化。因此未来应当以合作型参与模式重构乡城转型中的参与格局，改变现实状况下参与的异化和碎片化问题。部分地区的实践探索已经证明合作型参与模式的现实成效，表明各主体在自愿、平等基础上建立合作关系无论对失地农民、对地方政府和社区，还是对经济发展和社会稳定，均具有十分重要的意义。不过以合作型参与构建失地农民乡城转型路径仍是一个艰难的探索过程，不可能一蹴而就。如阿恩斯坦的参与阶梯论所述，参与是一个由低级到高级的渐进发展过程，我们不可能指望从低度参与直接跨越到合作型参与。失地农民特别是欠发达地区的失地农民在征迁安置中还主要是政府主导下的较低层次参与，在城市融入中也多停留在表面层次参与或象征型参与阶段，理想中的合作型参与时代尚未到来。若要使参与螺旋式上升，建立共商共赢、合作共享的乡城转型模式，并最终走向福利型征迁和城乡融合发展，还需要一系列条件的供给，包括参与主体的积极回应——塑造合作理念，社会结构的支撑——通过公共部门赋权、合作制度的建构以及社会组织载体等保障合作型参与的实现，动力机制的刺激——从利益和信任两个维度形成合作型参与的动力机制，从而共同构筑起最具亲和型的失地农民乡城转型参与格局。

第二节　探讨

如何能够减少被动转型对大规模失地农民群体带来的生活和心理震荡，使他们在物理和社会空间实现平稳过渡，成为今天快速城市化过程中不得不面对的问题，也是值得进一步探讨的问题。因此，有必要增强失地农民的主体地位，使其在迈入城市和融入城市的整个过程中全面而主动地参与进来，通过与政府、社区等组织的广泛合作实现乡城角色转型。当然，这一根本转型也是较为艰难的，既需要借助政府、社区等外在力量赋能，也需要城市社会及其公民以包容心态宽容以待，使这些为中国城市化和社会建设做出巨大贡献的人群也能够公正地享有社会发展的成果。失地农民作为城市化的主角，必然要在由乡到城的转型过程中发挥其参与能动性。广大失地农民在城市迁移和城市融入两个阶段的理性参与有助于平衡各方利益，通过他们的普遍参与和作用发挥，最大限度地集中民智、体现民意，一方面可以为失地农民构建一个公平的社会保护系统，满足其多层次、多元化的需求，使失地农民可以无所顾虑地参与到社会发展中，发挥自己的特长，从而消解转型的不适；另一方面也有助于减少因失地农民缺位而带来的一系列社会矛盾和冲突，保障社会安全。农民是城市化实践过程的重要主体，在城市化政策的制定与实施过程中，应强调农民的主体性，尊重其自主性、能动性和创造性，防止仅仅把失地农民看作是政策的被动受众的倾向，以保证政策的科学性和有效性。[①] 因此，在具体的实践操作层面，基于"合作型参与"这一理论框架，通过政策调整建立多元化的、合作互惠的参与机制对失地农民的利益获得及社会融合是非常必要的。

一　构建合作共赢的利益协商和分配机制

征地拆迁涉及失地农民的重大利益，影响着失地农民在城市的生存和发展，而政府又需要通过土地出让获得城市建设和民生发展等资金，双方均期待实现利益最大化；利益的分歧最终需要通过在合作基础上协商解决，若失地农民能够广泛参与其中，不仅有助于利益的公平共享，也有利于使征迁政策在多方认同和支持下得以顺利执行。因此在征地拆迁全过程应该引入合作协商机制使双方在多次的协商沟通下，能够达致利益平衡，确保广大失地农民获得正当的权益。首先，唤醒失地农民的

---

① 张友琴、李一君：《城市化政策与农民的主体性》，《厦门大学学报》（哲学社会科学版）2004年第3期。

主体意识，鼓励失地农民对整个征地安置过程参与协商博弈，充分发挥其自主性。由于文化、制度等一系列因素的作用，失地农民的平等意识、主体意识和法制意识普遍较为薄弱，需要通过宣传教育引导增强失地农民的参与意识，明确其应当拥有的权利和承担的义务，使其在制度化的范域内表达自身合法利益诉求。失地农民参与协商的前提条件是对相关征迁安置信息能够准确把握，为此需要不断拓宽参与领域，实现信息公开透明。失地农民对征地要有知情权，有权知晓征地用途、征地价格、征地范围、补偿安置方式等，这是公民权利和主体地位体现的实践前提。在对信息详细全面了解的基础上，鼓励失地农民参与协商，表达个体诉求，使征地安置政策更能够集中民智、符合民意，满足绝大多数人的需求。为避免后期入住产生的矛盾和问题，在安置房的位置、结构、面积、环境、设施等方面也应鼓励失地农民参与讨论，达成利益共识，并在安置房的建设过程参与监督，保障房屋质量和安全。在信息公开平台的建设方面还需要进一步完善，督促各地进一步细化公开的内容，并使公开的文本通俗化、大众化，易于被农民群体理解，同时在被征地群体中进行宣传，使其熟知这一重要的信息公开平台并可以通过该平台参与互动。其次，应不断拓宽协商参与渠道，为失地农民平等参与搭建平台。今天，征地拆迁矛盾在各类刚性社会矛盾中位居前列，由此引发的群体性事件也最为突出，说明失地农民普遍缺乏制度化的利益表达渠道，或现有渠道运行不畅通。因此，应不断拓展协商渠道，建立常态化、制度化、灵活性的利益表达方式，让失地农民有更多的机会发出自己的声音，通过参与协商与各利益方面反复沟通、反复论证，最终消除争议，在相互妥协中达成共识。不断完善居民会议、调解中心、听证会、民意调查等表达渠道，利用互联网平台建立协商沟通机制，使广大失地农民可以在线上方便快捷地提出问题、参与讨论、发表意见。失地农民可通过居民会议选举自己的代言人或成立社会组织，在征迁政策制定和实施过程中直接参与协商，使自己的需求和权利能够得到体现，突

出自身的主体地位。街道和社区可充分利用意见信箱、网上留言、召开恳谈会等多种形式，大力拓宽民意收集的渠道，广泛征集失地农民对回迁安置社区管理服务的意见与建议，避免相关的制度违背群众意愿、脱离实际。各地规划部门在小区立项规划初期，应提前介入，通过电话、网络或面对面等形式广泛征求专家学者特别是失地农民的意见，参考已经在建的商品房的规划和设计理念，反复商讨、磋商，并及时将相关方案进行公示，征求民意。在规划时应该从城市发展大局出发，考虑到未来若干年的交通、城市布局、城市发展方向等多重因素，结合征迁居民的实际需求，因地制宜地开展规划论证工作。必要的时候，还可以公开进行安置小区规划方案的招标，由专家学者筛选出部分优秀方案后在社会进行公示和投票，让失地农民自己选择最理想的方案。通过失地农民的全程参与不仅能够满足大多数人的住房需求，也可减少日后入住带来的一系列矛盾和问题。

另外还需要建立失地农民合作参与的利益分配机制。建构公平合理的利益分配机制有助于形成一种体制性的激励机制，使其在引导个体和群体的行动方面发挥重要作用，调动失地农民的参与积极性。基于失地农民不断分化的特点，可结合各类群体的需求，通过失地农民的平等协商和参与讨论，建立低风险、多元化、可持续的利益分配机制。在土地补偿方面，探索建立公平合理、可持续的补偿方式，在提高补偿金额的同时，精准设计补偿形式，保障失地农民失地后生活水平不下降。在征地补偿方面，应提高征地单位为失地农民缴纳的社保水平，同时鼓励失地农民参与缴纳，从而为其提供养老和医疗保障，消除后续的矛盾隐患。还可以建立失地农民住房公积金制度，从征地款中预留一部分为失地农民缴纳住房公积金，鼓励个人参与，既能为后期家庭购房提供一定的保障，又能防止现金补偿过多造成非理性消费问题。在安置方面，应根据失地农民的不同意愿，实现集中安置与分散安置相结合，住房安置与货币安置相结合，同时做好就业安置。对于集中安置来说，这一居住空间的集体转换，对失地农民来说有助于其原有社会关系的延续，也为地方政府和社区等外部力量提供了一个加强失地农民城市参与的舞台，有助于外在力量的作用发挥。但是将失地农民集中安置在一起，造就了一个传统性较强、农耕文化影响深厚、同质性强的回迁小区，反而使传统惯习与文化在失地农民群体中彼此传递、强化，甚至产生了一个与原城市小区相隔离、对立的他群体，从而不利于失地农民的全面参与、快速融入城市。而分散安置使失地农民居住于不同的城市小区，在一个异质性较强的生活共同体中，群体多元化，特别是新、老市民以各种方式参与经济社会政治文化活动，可以实现城市文化对失地农民进行显性和潜性的影响和渗透，从而更有利于促进城乡文化的融合，对建立现代城市文化具有重要意义。由此可见，不同的安置方式蕴含着不同的功能，若能够结合失地农民的多层次需求构建多元化的安置模式，将有助于缓解失地农民对城市生活的不适应，减少不同生活空间的区隔化现象。2020年1月1日实施的《中华人民共和国土地管理法》第四十八条规定："对其中的农村村民住宅应当按照先补偿后搬迁、居住条件有改善的原则，尊重农村村民意愿，采取重新安排宅基地建房、提供安置房或者货币补偿等方式给予公平、合理的补偿，并对因征收造成的搬迁、临时安置等费用予以补偿，保障农村村民居住的权利和合法的住房财产权益。"该土地管理法在原有土地管理法的基础上进行了调整，使失地农民能够得到更好的安置。在回迁小区建设方面，应鼓励失地农民参与小区规划设计与监督，提出自己的居住需求，根据群众需求合理规划安置小区，例如为应对转型中的失地农民生活和居住习惯，可以为每户配备地下室用于储藏杂物，开辟晾晒场方便晾晒被褥。同时应预留部分土地出让金，按照城乡一体化建设要求，合理规划、设计与选址，将失地农民集中安置区打造成为规模较大、层次较高、公共服务设施完善的宜居、宜业、宜商、宜学的新型小区。加大对所在社区公共服务和基础设施的投入，如老年活动中心、图书阅览室、文体活动中心、老年大学

等,为失地农民的经济、社会、政治、文化参与创造条件。对发展能力和城市适应能力较强或已有充足城市住房的失地农民,或者在大城市近郊、城中村可采取货币补偿的方式实现分散安置。为了防止一次性货币补偿后期带来安全隐患,应对补偿方式进行有效设计,例如,货币补偿与住房购买相结合,货币补偿与创业相结合,对于购房者或创业者可追加补偿金额,鼓励其将补偿费用于住房保障或个人发展。

二 探索共建共享的城市融入模式

失地农民的参与意识和参与习惯是在实践中逐步形成的,当他们跨入城市后,公共部门应在合作共建的基础上,通过推动一系列活动不断增强失地农民的主观能动性,赋予其更多的资源,使他们能够以平等的市民身份广泛而深层次地在经济、社会、政治、文化心理层面参与社区发展,以积极心态迎接新的生活挑战,实现从物质到精神层面由量变到质变的转化,使全体失地农民在合作参与中同步共享城市发展成果。通过深入挖掘和整合现有资源,构建起社区参与的框架体系,动员失地农民以主体角色重构社区秩序和文化。

一是深化经济层面的参与。在就业创业方面,地方政府应结合本地经济社会发展状况,为失地农民的就业创造条件,提供支撑。首先,要实施精神激励,增强就业创业动力。政府、工会等各类组织应该积极引导和关注失地农民的就业问题,通过深入回迁小区开展广泛而丰富多彩的宣传活动,促使失地农民形成健康的就业心态和财富心理,摆脱"小富即安"的小农意识,积极谋求职业,理性规划未来,主动应对城市生活挑战。努力创造一个公平竞争的就业创业环境,消除新、老市民的就业制度鸿沟。此举不仅有助于增强失地农民的城市认同感,减轻其心理负担和自卑情绪,增强就业的主动性;也可使其在客观上获得更多更公平的就业机会。其次,要开展空间激励,提升就业能力。不断拓展就业渠道,做好就业管理和就业服务,帮助失地农民成功就业。各类组织，特别是劳动部门和工会组织，应重点关注失地农民这个特殊的群体，增加就业途径、提供就业信息、加强劳动权益保护等，减轻失地农民因社会资本缺乏、信息闭塞造成的就业困难。安排更多的公益性就业岗位如保洁、保安、绿化、公共设施维护等，用于解决因年龄和身体等原因就业困难群体的就业，同时回迁社区内部的经营和就业机会也应向失地农民倾斜。在失地农民集中安置点配套建设创业园、劳动密集型工业园，筑巢引凤，同时出台相关优惠扶持政策，引导优势企业进驻园区。紧密依托创业园、工业园庞大的劳动力需求优势，促进失地农民就业。增强失地农民的就业能力还需不断强化职业培训。失地农民文化程度和劳动技能水平普遍偏低，就业能力不足，失地后多从事职业层次、技术含量和收入水平较低的职业，因此在土地征收后应把以劳动技能培训纳入常规和必备项目，提升失地农民的就业能力。根据社区经济或城市经济的发展特点，开发有针对性的就业培训和创业培训，使培训满足行业需求，让受培训者能够进入某一个行业稳定发展，并在发展过程中接受持续的培训，提高其就业潜力，防范失业风险。对具有创业需求和创业能力的失地农民应在资金、技能等方面给予重点关照，并将社区内的经营机会更多地赋予失地农民，提升他们创业的热情。通过这一系列举措使失地农民和各类经济组织建立良性合作关系，在经济参与中获得稳定的利益。

集体经济是失地农民在经济领域实现合作型参与的重要载体，为此在征地后可结合各地实际创造条件发展集体经济，使失地农民以合作方式参与社区经济发展。在尊重失地农民意愿的前提下，探索一条土地补偿款增值收益道路，通过发展各种类型的集体经济，让失地农民不仅能够参与经营和就业，而且在未来也能够获得长期而稳定的收益。对于原有的经营性集体资产应继续保留，并进行体制改革，通过成立股份制集体经济组织使其从居委会中脱离出来。对现有的经营性集体资产进行清产核资和评估量化，量化到每位失地农民手里，使他们在失去土地之后

可以获得长久而稳定的集体资产收益,实现人人持股,人人都有收益。对于征地前没有经营性集体资产或集体资产较少的,在土地征收后,政府要给原村集体预留一定的发展空间,让它不断地、可持续地发展自己的集体经济,再服务于自己本社区的居民。成立独立于社居委的股份合作经济组织,采取留地安置的方式,在优势地段划拨5%~10%的被征土地用于建设写字楼、厂房、商场或农贸市场等,作为集体资产用来出租或自我发展。同时与失地农民进行协商沟通,鼓励其以征地补偿款参股,为经济组织获取建设和发展资金。"村改居"后,社区管理和服务职能由居委会承担,将经济职能剥离出来专门成立股份合作公司或股份合作社用于经营集体资产,进行市场化运作,保持股份公司的独立性。首先,通过正式的法律法规明确集体经济组织的地位和归属。从法律上确定股份公司和股份合作社的属性。《中华人民共和国公司法》规定股份合作公司需要缴纳税收且对注册资金有限制,而股份合作社隶属于村集体组织不用缴纳税收,因此村改居后的集体经济组织为避税,大多仍以股份合作社形式运营,但是基于已经实现了由乡村到城市社区的转型,股份合作社的地位就比较尴尬,并没有明确的法律规定,缺乏法律依据,只能作为一种过渡形式。因此,鉴于欠发达地区原村集体资产大多薄弱、发展条件有限,在引导其成立股份合作公司的同时应给予税收减免,降低登记门槛,使其在失地农民生存保障方面发挥重要作用。对于尚没有能力和条件成立股份公司的,也应该承认股份合作社的合法地位和过渡身份,帮助其发展壮大,在未来转型为股份合作公司。其次,确定股民的范畴以及主体的权利和责任的承担。原村集体资产在产权归属方面只隶属于某个村的全体居民,但征地拆迁后基本是多个村集中安置,因此在产权归属方面应该有明晰的规定,在改制之前对集体资产进行核算并折股量化,使符合条件的原住民全部持股,改制后在保障原住民利益的前提下可再进一步扩大参股范围。同时进一步理顺股份公司内部成员间的关系,清晰界定成员身份,使成员知晓自己的收益情况和需要履行的义务。最后,对改制后的股份合作公司应加强监管。对于具有乡土气息的集体经济组织,存在监管不严的问题、账目不清的问题,对此需要建立由股民参与的监管体系,落实股东的管理权、分配权和监督权,保障集体资产的良性运作,防止集体资产被少数人占有或流失。通过一系列规范化的经营和管理,创造一种既能够代表失地农民利益又能够激励经营者热情的股份合作制经济组织。

二是拓展社会层面的参与。有必要通过各类群体共同的社会参与以及面对面的接触,促进各群体之间的合作,实现社区和谐。首先,应创造新、老市民互动的实体空间。在回迁社区建设之初进行提前规划,设计更多的室内和室外的休闲活动场所,如老年活动中心、青少年活动中心、图书馆、阅览室、文化广场、体育设施等,为不同居民之间的交流提供硬件条件。场所一旦建立,自然会吸引社区内新、老市民前往活动。其次,积极开展多元化的社区活动,为新、老市民的共同参与提供软环境。社区应发挥整合和融合的作用,结合失地农民的特点和需求,开展各类活动,如文化娱乐活动、体育活动、社会事务管理活动、公益活动等,并广泛动员社区居民积极参与各项活动。最后,积极培育居民自己的社会组织。鉴于失地农民的自组织意识和能力较弱,社区应积极介入,鼓励失地农民成立自己的组织,努力培养他们的自我组织、自我管理、自我教育和自我服务能力。同时为社会组织营造良好的成长环境,对社会组织的组建和发展进行指导,提供资金、技术和场所等方面的支持,并实施有效监管,防止社会组织功能异化,被非法势力利用从事违法犯罪活动。社会组织涉面较广,灵活多样,可根据失地农民的不同兴致进行自我组织。例如,针对老年群体融入相对困难的问题可以成立老年协会,通过开展一系列活动提升老年群体的幸福感和认同感,帮助其快速适应城市社会。利用失地农民热心、时间充裕、精力充沛、参与积极性高等特点帮助其组建志愿者服务组织,使他们在社区巡查、文明宣传、困难群体扶助、儿童照料等方面发挥作用。志愿者活动在维护

小区的公共秩序和公共安全、促进社区文明和谐的同时，也可实现传统乡村社会的互助精神在城市延续，为建立新、老居民共建共享的幸福社区创造条件。在一个现代化的社会里，个人和群体的社会整合更主要的是取决于群际间的交往以及由于这种交往而构成的广泛网络所给予的各方面的支持。① 因此，社会应以社区和社会组织为载体，利用软、硬件条件，广泛开展丰富多彩的社区活动，动员失地农民、农民工和原市民共同参与，扩大各类群体之间的交往，加强不同群体之间的沟通与联系，实现邻里互助、友善相待，使各类群体在相互交往过程中获得健康和现代化的生活方式及社会资本，从而为社会层面的融入创造条件。

三是重建政治层面的参与。在回迁社区的治理方面应结合自身典型特点，借鉴传统乡村社会治理和城市社区治理的先进经验，寻找一条适合自己的治理模式。若要实现良治，健全的政治建设是保障。社区的政治建设是在行政权力的辐射和推动下，以社区居民为主导的政治参与活动，通过多元化主体的深层次参与能够不断消解行政权力的强势介入，实现真正意义上的居民合作共治。在加强正式的基层组织建设的同时，还需要改变传统的管理思维模式，发挥社区居民的自主作用，让他们成为社会治理的主体力量，使政府行政力量逐步退出社区的政治场域。农民在乡村社会形成的邻里互助、合作共建的传统决定着他们参与动机较之于原市民更强，因此应发挥其主体价值，使他们不仅仅作为社区服务的受众，被动接受各项服务，而且成为各类服务的提供者和组织者以及社区的治理者，保证他们在相关政策的制定和实施中拥有更多的发言权和主动权。对一个以失地农民为主的回迁社区，应促进他们在治安、环保、城管、卫生等各个领域积极参与管理。通过定期召开居民会议，选举居委会组成人员，代表失地农民管理社区事务，并鼓励失地农民参与社区事务讨论，发表个人意见和建议。对于"村改居"社区空间网络

---

① 〔美〕F. 普洛格、〔美〕D.G. 贝茨：《文化演进与人类行为》，吴爱明、邓勇译，辽宁人民出版社，1988，第283页。

第六章　结论与探讨

的整合,需要注重其"地方性"和"本土性"的传统关系结构,传统风俗习惯和伦理道德在化解"村改居"社区矛盾纠纷依然具有重要作用。[①] 重建内生权威,挖掘和培养社区内部有较高威望或专业的人士,如退休干部和教师、企业家、退役军人等,组建人民调解中心,参与调解社区内部各种矛盾纠纷,使矛盾在社区内部得到化解,减轻政府负担,缓解干群矛盾。对于原乡村社会治理的重要力量——乡贤,应进行重新整合,赋予其新的职能,鼓励其积极参与社区治理,利用其特有的渠道了解居民各类诉求并积极帮助解决问题。与此同时,给予普通失地农民更多的资源,使他们广泛、深入地参与社区事务治理。增强失地农民在社区公共事务、集体资产管理等方面的权力,使他们在利益获得的基础上产生更多地参与兴趣,提升参与能力以及社区归属感。笔者其中一个调查点——金葡萄家园社区的做法值得推荐,该社区在建立之初就重视发挥居民在社会治理中的作用,由全体居民共同选举出社区小组长、楼长,他们作为党和政府联系群众的重要桥梁。社区通过小组长和楼长组织各类娱乐体育活动、志愿者服务等,不但很快与全体居民逐渐熟悉而且赢得了居民的信任,"小事找楼长,大事找社区小组长,觉得不公的还可以去社区投诉"的思想逐渐被全体居民接受。此种建立在相互信任基础上互助式的社区政治参与模式不仅能够提高社区治理效率,而且可增强失地农民的主体责任感和主人翁精神,从而形成了对城市社区的归属感。在基层政治建设实践中,一些城市社区积极探索,创造了值得推广的民主参与形式和经验,如深圳市盐田区建立了社区民主评议会、民主协调会、民主听证会"三会"制度和"居民论坛"制度。一些社区还积极探索网上论坛、民情恳谈、社区对话等形式,通过多种方式开拓了失地农民社区参与的渠道。此外,还需要进一步发挥社区党组织的作用,动员失地农民中的党员在社区建设中积极作为,在宣传党

[①] 周延东:《形象、权力与关系:"村改居"社区安全空间治理新框架》,《社会建设》2017年第4期。

的政策、解决社区问题、团结社区居民、协调社区关系等方面发挥先锋模范作用。"村改居"社区党组织体系建设的目标是要形成党（工）委建在街道、党总支建在社区、党支部建在小区、党小组建在楼院的组织体系[①]，将党组织向纵向延伸，在各类小区、居民小组、集体股份合作公司等内部组建党组织，有效整合社区内部在职党员、退休党员、流动党员等各方力量，共同参与商讨社区事务，做好群众工作，推动社区健康发展。回迁安置社区作为乡村向城市社区的过渡形态，应当以此为平台将失地农民的参与积极性延续下去，发掘新、老居民参与民主决策、民主管理、民主监督的新途径，从而保障失地农民的知情权、参与权、选举权、决策权、管理权和监督权，使失地农民成为社区建设的主体。

四是加速文化层面的参与。文化对每一个人都发挥着潜移默化的渗透作用，同时每一个人又参与其中，通过自己的具体行动使文化得以呈现。对于乡城迁移而造成的文化断裂应当进行文化的重塑，通过失地农民文化层面的参与实现社区融合。由于天然的差异性，农民原有的乡土文化和生活方式、思维方式必将经历一个与城市文明从碰撞、冲突到逐步适应、融合的过程。[②] 为了尽快打破文化边界、实现文化的融合，减少文化冲突带来的风险，一方面应在失地农民群体中积极培育市民文化，提升市民素养，为失地农民建立新的、符合城市社会发展的文化价值导向；另一方面应破除主流社会对乡村文化的偏见，通过对优秀乡村文化的弘扬使其在社区整合和社区认同中发挥重要作用。政府相关部门的领导干部应经常深入回迁小区，了解民声民意，解决失地农民的特殊困难，对失地农民实施心理关怀和精神支持，消除其市民化进程中的心理障碍和相对剥夺感，使失地农民深切感受到来自政府的温暖，进而增强对城市社会和文化的认同。在失地农民及其子女较为集中的社区、工

[①] 杨贵华：《转型与创生："村改居"社区组织建设》，社会科学文献出版社，2014，第146页。

[②] 杨风：《排斥与融入：人口城市化进程中农民市民化研究》，山东大学出版社，2014，第65页。

厂、学校等区域应加强市民文化建设，扩大城市文明、市民素质宣传教育，为失地农民的心态转换提供积极健康的文化氛围。针对失地农民的特殊性——乡土观念重、文化层次低，设计契合其内在精神需求的宣传内容，采用诸多新颖、更易被失地农民群体普遍接受的宣传形式，对失地农民进行市民文化的传播和渗透，使其在持续的社会化过程中提升对城市融入的自信心和自主性。通过定期开办社区讲堂，宣传党的政策方针，弘扬优秀文化，使社区各类居民遵从社会道德规范，履行市民义务。同时为解决老年人的精神生活单调问题，社区可充分利用和整合内部的物质和人力资源开办老年大学，使老年人群体的精神文化生活得到满足。通过各类媒体宣传、社区课堂授课、戏曲表演、电影播放等形式，对失地农民的心态进行调适和引导，使城市文化在失地农民群体中广泛传播渗透，让失地农民由小富即安的守成意识转变为永不知足、勇往直前的超越意识，改变"日出而作，日落而息"的慢节奏、低效益的自由散漫意识，摒弃陈旧、不健康的生活观念，建立新型的生活方式。例如合肥包公街道青年社区卫生服务中心定期邀请专家授课、接受居民咨询，他们在心理辅导室还设立了谈话室和舒心室，为失地农民提供心理咨询及心理疏导服务，有助于他们走出心理困境，摆脱对传统文化的依赖，逐渐适应城市文化。此外，还应充分发挥各类社会主体的作用，做好价值宣传和引领。在社区文化建设方面，政府是经费提供者和宏观管理者，而不应事无巨细亲力亲为，应和社区居民建立合作共建关系，把主动权交给社区居民，吸引和动员各类居民参与社区文化建设，组织社区文化娱乐活动。失地农民群体中的党员、村干部、教师、致富能手等有一定威望或文化水平较高的人员，他们的价值观念和行为更易被其他身份相同群体关注并模仿，因此应重点培育，树立典型，使他们在文化价值观念塑造方面发挥示范引领和教育渗透作用，带动其他同类群体共同形成文明的生活理念。另外，不断挖掘乡土文化中的积极因素，弘扬乡贤文化，对于失地农民群体中的道德模范和优良品质，应以

各种形式加以强化和宣传，在新、老市民中形成示范效应，消除文化偏见，使乡城文化中的精华都能得到留存。通过一系列的宣传、教育和引导，使失地农民逐渐增强自信，适应城市，并得到原市民的理解、信任和接纳，消除两类群体的差异与隔阂。通过各类群体积极的文化参与，在合作互惠中彼此影响，使不同文化经由碰撞、磨合并最终融为一体。

参考文献

〔英〕安东尼·吉登斯、〔英〕菲利普·萨顿:《社会学》(第七版),赵旭东等译,北京大学出版社,2016。

〔美〕彼特·布劳:《不平等和异质性》,王春光、谢圣赞译,中国社会科学出版社,1991。

蔡定剑:《公众参与及其在中国的发展》,《人民之友》2010年第3期。

蔡定剑:《公众参与:欧洲的制度和经验》,法律出版社,2009。

陈利根:《论征地过程中集体和农民的参与》,《中国土地》2006年第2期。

陈良瑾:《人文精神与社会福利》,《中国民政》2002年第11期。

陈林、林凤英:《失地农民市民化:文化价值观的变迁——以福州市淮安村失地农民为例》,《福建农林大学学报》2009年第6期。

陈映芳:《征地农民的市民化——上海市的调查》,《华东师范大学学报》2003年第3期。

陈映芳等:《征地与郊区农村的城市化——上海市的调查》,文汇出版社,2003。

陈映芳等:《都市大开发:空间生产的政治社会学》,上海古籍出版社,

2009。

程思炜：《四年来增速最快 2017 年全国土地出让收入增长超 40%》，《南方都市报》2018 年 1 月 25 日。

崔艺红：《中国"后征地时代"的特点》，《山东省农业管理干部学院学报》2013 年第 4 期。

戴中亮：《城市化与失地农民》，《城市问题》2010 年第 1 期。

丁开杰：《西方社会排斥理论：四个基本问题》，《国外理论动态》2009 年第 10 期。

董海军、高飞：《承继与变迁：城市住房功能分析》，《城市问题》2008 年第 9 期。

费孝通：《乡土中国》，上海世纪出版集团，2007。

费孝通：《乡土中国 生育制度》，北京大学出版社，2007。

风笑天：《"落地生根"？——三峡农村移民的社会适应》，《社会学研究》2004 年第 5 期。

风笑天：《生活的移植——跨省外迁三峡移民的社会适应》，《江苏社会科学》2006 年第 3 期。

风笑天：《安置方式、人际交往与移民适应：江苏、浙江 343 户三峡农村移民的比较研究》，《社会》2008 年第 2 期。

风笑天：《社会研究方法》，中国人民大学出版社，2013。

冯晓平：《城市化进程中失地农民风险与分化研究》，中国社会科学出版社，2017。

〔美〕F. 普洛格、〔美〕D. G. 贝茨：《文化演进与人类行为》，吴爱明、邓勇译，辽宁人民出版社，1988。

葛金田：《我国城市化进程中的失地农民问题》《山东社会科学》2004 年第 8 期。

顾永红、向德平、胡振光：《"村改居"社区：治理困境、目标取向与对策》，《社会主义研究》2014 年第 3 期。

参考文献

国家统计局:《中华人民共和国 2017 年国民经济和社会发展统计公报》,《中国统计》2017 年第 3 期。

〔法〕H. 孟德拉斯:《农民的终结》,李培林译,社会科学文献出版社,2010。

〔英〕弗里德希·奥古斯特·哈耶克:《自由宪章》,杨玉生等译,中国社会科学出版社,2012。

洪大用:《农民分化及阶层化研究的回顾与展望》,《社会学与社会调查》1992 年第 5 期。

胡锦涛:《坚定不移沿着中国特色社会主义道路前进 为全面建成小康社会而奋斗》,《人民日报》2012 年 11 月 18 日。

胡书芝:《从农民到市民:乡城移民家庭的城市融入之路》,社会科学文献出版社,2014。

黄光国:《儒家关系主义:文化反思与典范重建》,北京大学出版社,2006。

黄家亮:《当前中国农村社会变迁与基层治理转型新趋势》,《社会建设》2015 年第 6 期。

黄建伟、喻洁:《失地农民关键自然资本的丧失、补偿及其对收入的影响研究》,《探索》2010 年第 4 期。

贾西津:《中国公民参与——案例与模式》,社会科学文献出版社,2008。

吉朝珑:《农民权益保障视野下的农村土地征收制度重构》,《河北法学》2008 年第 26 期。

吉孝敏:《城镇化进程中失地农民的价值观分析与重建》,《农村·农业·农民》2013 年第 7 期。

冀县卿、钱忠好:《失地农民城市适应性影响因素分析:基于江苏省的调查数据》,《中国农村经济》2011 年第 11 期。

冀县卿、钱忠好:《人力资本、物质资本、社会资本与失地农民城市适应性》,《江海学刊》2011 年第 6 期。

江立华、胡杰成:《社会排斥与农民工地位的边缘化》,《华中科技大学

学报》2006年第6期。

江维国、李立清:《失地农民社会融入路径异化与内卷化研究》,《华南农业大学学报》2018年第1期。

金丽馥:《中国失地农民问题的制度分析》,高等教育出版社,2007。

金太军、张国富:《基层政权、社会组织和居民参与社区治理的策略性合作》,《阅江学刊》2019年第2期。

〔美〕卡罗尔·佩特曼:《参与和民主理论》,陈尧译,上海人民出版社,2012。

〔美〕克拉克·威斯勒:《人与文化》,钱岗南等译,商务印书馆,2004。

〔美〕理查德·A. 克鲁杰、〔美〕玛丽·安妮·凯西:《焦点团体:应用研究实践指南》,林小英译,重庆大学出版社,2007。

孔祥智、顾洪明、韩纪江:《我国失地农民状况及受偿意愿调查报告》,《经济理论与经济管理》2006年第7期。

〔法〕雷米·勒努瓦:《社会空间与社会阶级》,杨亚平译,《东南学术》2005年第6期。

李飞、钟涨宝:《城市化进城中失地农民的社会适应研究》,《青年研究》2010年第2期。

李国梁、钟奕:《城镇失地农民市民化:现状、影响因素与对策——基于广西荔浦县的个案调查》,《人民论坛》2013年第20期。

李华、蒋华林:《论三峡工程移民的社会融合与社会稳定》,《重庆大学学报》(社会科学版)2003年第2期。

李励华:《决策者在加快经济发展中的理性把握》,《经济工作导刊》1994年第12期。

李明:《美国地方政府预算参与:理论与实践》,《金陵科技学院学报》2007年第3期。

李明欢:《欧洲华侨华人史》,中国华侨出版社,2002。

李培林:《巨变:村落的终结——都市里的村庄研究》,《中国社会科学》2002年第1期。

李培林:《村落的终结——羊城村的故事》,商务印书馆,2004。

李强、王昊:《什么是人的城镇化?》,《南京农业大学学报》2017年第2期。

李生校、娄钰华:《失地农民市民化的制约因素分析及其对策研究》,《农村经济》2004年第9期。

李雪阳:《科层视阈中的"合作参与型"激励机制批判性考察》,《社会科学管理与评论》2012年第2期。

李烊、刘祖云:《拆迁安置社区变迁逻辑的理论解释》,《南京农业大学学报》2016年第6期。

李一平:《加强非正式制度建设,推进城郊失地农民市民化进程》,《中共杭州市委党校学报》2005年第5期。

李永友、徐楠:《个体特征、制度性因素与失地农民市民化——基于浙江省富阳等地调查数据的实证考察》,《管理世界》2011年第1期。

联合国开发计划署驻华代表处和中国社会科学院城市发展与环境研究所:《中国人类发展报告2013:可持续与宜居城市——迈向生态文明》,中国对外翻译出版有限公司,2013。

梁波、王海英:《国外移民社会融入研究综述》,《甘肃行政学院学报》2010年第2期。

梁漱溟:《乡村建设理论》,上海人民出版社,2011。

梁亚荣、陈利根:《新农村建设背景下的征地制度改革》,《学海》2006年第4期。

廖晓军:《中国失地农民研究》,社会科学文献出版社,2005。

刘翠霄:《中国农民社会保障制度研究》,法律出版社,2006。

刘德炳:《哪个省更依赖土地财政?本刊首次发布23个省份"土地财政依赖度"排名报告》,《中国经济周刊》2014年第14期。

刘守英:《从"乡土中国"到"城乡中国"》,《中国乡村发现》2016年

第 6 辑。

刘先莉：《失地农民市民化中角色转换问题的思考》，《安徽农业科学》2008 年第 3 期。

〔美〕刘易斯·芒福德：《城市发展史——起源、演变和前景》，宋俊岭、倪文彦译，中国建筑工业出版社，2005。

刘源超、潘素昆：《社会资本因素对失地农民市民化的影响分析》，《经济经纬》2007 年第 5 期。

刘震、雷洪：《三峡移民在社会适应性中的社会心态》，《人口研究》1999 年第 2 期。

陆学艺、李培林：《2013 年中国社会形势分析与预测》，社会科学文献出版社，2013。

陆益龙：《乡土重建：可能抑或怀旧情结》，《学海》2016 年第 3 期。

路小昆：《资源剥夺与能力贫困——失地农民市民化障碍分析》，《理论与改革》2007 年第 6 期。

〔美〕罗伯特·D. 帕特南：《使民主运转起来》，王列、赖海榕译，江西人民出版社，2001。

《马克思恩格斯选集》第 1 卷，人民出版社，2012。

〔美〕R. E. 帕克等：《城市社会学——芝加哥学派城市研究文集》，宋俊岭、吴建华等译，华夏出版社，1987。

秦启文、罗震宇：《城市居住空间分异与群体隔阂》，《城市发展研究》2009 年第 1 期。

任远、邬民乐：《城市流动人口的社会融合：文献评述》，《人口研究》2006 年第 3 期。

〔美〕塞缪尔·P. 亨廷顿：《变革社会中的政治秩序》，李盛平等译，华夏出版社，1988。

〔美〕塞缪尔·P. 亨廷顿：《变化社会中的政治秩序》，王冠华等译，生活·读书·新知三联书店，1989。

沈关宝、李耀锋：《网络中的蜕变：失地农民的社会网络与市民化关系探析》，《复旦学报》（社会科学版）2010年第2期。

沈菊：《失地农民社会支持网研究——以重庆市北碚区失地农民为例》，西南大学硕士学位论文，2009。

〔美〕埃文·塞德曼：《质性研究中的访谈：教育与社会科学研究者指南》，周海涛译，重庆大学出版社，2009。

施芸卿：《再造城民：旧城改造与都市运动中的国家与个人》，社会科学文献出版社，2015。

〔英〕赫伯特·斯宾塞：《社会学研究》，张宏晖译，华夏出版社，2001。

孙柏瑛：《公民参与形式的类型及其适用性分析》，《中国人民大学学报》2005年第5期。

孙柏瑛、杜英歌：《地方治理中的有序公民参与》，中国人民大学出版社，2013。

孙希旦：《礼记集解》（中），中华书局，1989。

谭术魁：《中国频繁暴发征地冲突的原因分析》，《中国土地科学》2008年第6期。

汤夺先、张莉曼：《城市化进程中失地农民市民化的路径选择——以合肥市滨湖新区X小区为例》，《济南大学学报》（社会科学版）2010年第5期。

田凯：《关于农民工的城市适应性的调查分析与思考》，《社会科学研究》1995年第5期。

田毅鹏：《"村落终结"与农民的再组织化》，《人文杂志》2012年第1期。

童星：《交往、适应与融合》，社会科学文献出版社，2010。

万静：《征地信息公开申请量居高不下，复议诉讼案件逐年攀升》，中国新闻网，2018年3月29日，http://www.chinanews.com/sh/2018/03-29/8478599.shtml。

王春光:《城市化中的"撤并村庄"与行政社会的实践逻辑》,《社会学研究》2013年第3期。

王慧博:《从农民到市民——城市化进程中失地农民市民化问题抽样调查研究》,上海社会科学院出版社,2015。

王慧博:《失地农民市民化社会融入研究》,《江西社会科学》2011年第6期。

王慧敏、冯益华:《拆迁后"一夜暴富"是福是祸?》,《人民日报》2012年7月15日。

王娟:《促进失地农民社会融合的实践路径研究》,《中国行政管理》2017年第4期。

王巍、牛美丽编译《公民参与》,中国人民大学出版社,2009。

王颖:《城市社会学》,上海三联书店,2005。

魏建:《嵌入和争夺下的权利破碎:失地农民权益的保护》,《法学论坛》2010年第11期。

〔美〕威廉·怀特:《街角社会:一个意大利贫民区的社会结构》,黄育馥译,商务印书馆,1994。

文军:《农民市民化:从农民到市民的角色转型》,《华东师范大学学报》(哲学社会科学版)2004年第3期。

文军:《论农民市民化的动因及其支持系统——以上海市郊区为例》,《华东师范大学学报》(哲学社会科学版)2006年第4期。

文军:《农民的"终结"与新市民群体的角色"再造"》,《上海市社会科学界第五届学术年会文集》,上海人民出版社,2007。

文军:《"被城市化"及其问题——对城郊农民市民化的反思》,《华东师范大学学报》(哲学社会科学版)2012年第4期。

翁定军:《冲突的策略——以S市三峡移民的生活适应为例》,《社会》2005年第2期。

吴利红、刘君雨:《人际型心理资本书献综述》,《现代商贸工业》2019

年第 21 期。

吴莹：《空间变革下的治理策略——"村改居"社区基层治理转型研究》，《社会学研究》2017 年第 6 期。

习近平：《决胜全面建成小康社会 夺取新时代中国特色社会主义伟大胜利》，人民出版社，2017。

夏甄陶：《人在对象性活动中的主体性》，《人文杂志》1995 年第 4 期。

肖瑛：《从"国家与社会"到"制度与生活"：中国社会变迁研究的视角转换》，《中国社会科学》2014 年第 9 期。

谢华、李松柏：《失地农民城市适应困境与对策研究》，《乡镇经济》2008 年第 10 期。

谢立中：《西方社会学名著提要》，江西人民出版社，2003。

许佳君、彭娟、施国庆：《三峡外迁移民与浙江安置区的社会整合现状研究》，《西南民族大学学报》（人文社科版）2006 年第 7 期。

严蓓蓓、杨嵘均：《失地农民市民化的困境及其破解路径——基于江苏省 N 市 J 区的实证调查》，《学海》2013 年第 6 期。

杨成虎：《政策过程中的公民参与》，天津人民出版社，2015。

杨发祥、茹婧：《村域空间转型与生活世界的流变》，《新视野》2015 年第 6 期。

杨风：《排斥与融入：人口城市化进程中农民市民化研究》，山东大学出版社，2014。

杨贵华：《城市化进程中的"村改居"社区居委会建设》，《社会科学》2012 年第 11 期。

杨贵华：《转型与创生："村改居"社区组织建设》，社会科学文献出版社，2014。

杨菊华：《从隔离、选择融入融合：流动人口社会融入问题的理论思考》，《人口研究》2009 年第 1 期。

杨娟、蒋婕等：《央地关系视角下的土地财政问题》，《时代金融》2019

年第 28 期。

杨善华、谢立中：《西方社会学理论（下卷）》，北京大学出版社，2009。

杨善华、孙飞宇：《作为意义探究的深度访谈》，《社会学研究》2005 年第 5 期。

杨善华、王纪芒：《被动城市化过程中的村庄权力格局和村干部角色》，《广东社会科学》2005 年第 3 期。

杨雪云：《空间转移、记忆断裂与秩序重建》，《青海民族大学学报》2014 年第 4 期。

杨宜勇：《千方百计扩大再就业》，《文汇报》2002 年 9 月 24 日。

杨毅涵：《老年协会"民生·民声"》，《福建日报》2011 年 10 月 14 日，第 1 版。

姚华松、许学强：《西方人口迁移研究进展》，《世界地理研究》2008 年第 3 期。

于昆：《共享发展研究》，高等教育出版社，2017。

余敏江：《共享发展与共享型政府构建》，《毛泽东研究》2018 年第 4 期。

俞可平：《走向善治》，中国文史出版社，2016。

郁晓晖、张海波：《失地农民的社会认同与社会建构》，《中国农村观察》2006 年第 1 期。

〔美〕约翰·克莱顿·托马斯：《公共决策中的公民参与》，孙柏瑛等译，中国人民大学出版社，2014。

〔美〕约翰·罗尔斯：《正义论》，何怀宏等译，中国社会科学出版社，1988。

〔美〕约翰·奈斯比特：《大趋势：改变我们生活的十个新方向》，梅艳译，中国社会科学出版社，1984。

翟学伟：《个人地位：一个概念及其分析框架——中国日常社会的真实建构》，《中国社会科学》1999 年第 4 期。

张海波、童星：《被动城市化群体城市适应性与现代性获得中的自我认同》,《社会学研究》2006年第2期。

张海波、童星:《我国城市化进程中失地农民的社会适应》,《社会科学研究》2006年第1期。

张青:《农民集中居住区——居住形态与日常生活》,上海古籍出版社,2009。

张铁军:《城市化进程中失地农民市民化研究》,《宁夏党校学报》2008年第7期。

张维:《大力培育社区社会组织》,《法制日报》2018年1月9日。

张文宏、雷开春:《城市新移民社会融合的结构、现状与影响因素分析》,《社会学研究》2008年第5期。

张友琴、李一君:《城市化政策与农民的主体性》,《厦门大学学报》(哲学社会科学版)2004年第3期。

张宇:《新型城镇化进程中失地农民的教育补偿研究》,天津大学博士学位论文,2015。

章光日、顾朝林:《快速城市化进程中的被动城市化问题研究》,《城市规划》2006年第5期。

赵国利:《严查群众身边的不正之风和腐败问题,中央纪委23次"每月通报"点名道姓3333人》,中纪委国家监委网站,2017年5月11日,http://www.ccdi.gov.cn/toutiao/201705/t20170511_125590.html。

赵静:《专家:中国失地农民1.12亿 耕地保护迫在眉睫》,搜狐网,2015年11月21日,http://www.sohu.com/a/43367159_184627。

赵旭东:《变奏中的乡土设计》,《社会科学》2019年第10期。

折晓叶:《村庄的再造:一个"超级村庄"的社会变迁》,中国社会科学出版社,1997。

浙江省人民政府研究室课题组:《城市化进程中失地农民市民化问题的调查与思考》,《浙江社会科学》2003年第4期。

曾粤兴、魏思婧：《构建公众参与环境治理的"赋权-认同-合作"机制》，《福建论坛》（人文社会科学版）2017年第10期。

郑杭生：《农民市民化——当代中国社会学重要的研究主题》，《甘肃社会科学》2005年第4期。

郑杭生：《社会学概论新修》，中国人民大学出版社，2013。

郑也夫：《城市社会学》第1版，中国城市出版社，2002。

郑一省：《多重网络的渗透与扩张——外华侨华人与闽粤侨乡互动关系研究》，世界知识出版社，2006。

《中共中央关于全面深化改革若干重大问题的决定》，《求是》2013年第22期。

周爱民：《征地拆迁中矛盾化解的社会认同机制建构》，《中共中央党校学报》2017年第3期。

周大鸣：《论都市边缘农村社区的都市化》，《社会学研究》1993年第5期。

周飞舟、王绍琛：《农民上楼与资本下乡：城镇化的社会学研究》，《中国社会科学》2015年第1期。

周飞舟等：《从工业城镇化、土地城镇化到人口城镇化：中国特色城镇化道路的社会学考察》，《社会发展研究》2018年第1期。

周国：《博弈失衡与公众参与——我国征地制度的政治学分析》，南京农业大学硕士学位论文，2010。

周连根：《基于集体行动理论视角的群体性事件因应机制探略》，《河南师范大学学报》2013年第5期。

周平梅、原新：《流动老年人口经济参与及其影响因素分析》，《南方人口》2019年第2期。

周尚意、龙君：《乡村公共空间与乡村文化建设——以河北唐山乡村公共空间为例》，《河北学刊》2003年第2期。

周晓虹：《传统与变迁：江浙农民的社会心理及其近代以来的嬗变》，

生活·读书·新知三联书店，1998。

周晓虹：《现代社会心理学》，上海人民出版社，1997。

周延东：《形象、权力与关系："村改居"社区安全空间治理新框架》，《社会建设》2017年第4期。

朱迪：《混合研究方法的方法论、研究策略及应用——以消费模式研究为例》，《社会学研究》2012年第4期。

朱江：《国土资源部：大力推进生态型土地整治 助力乡村振兴》，人民网，2017年11月14日，http://finance.people.com.cn/n1/2017/1114/c1004-29644564.html。

朱静辉、马洪君：《村社消解背景下失地农民的日常抗争》，《南京农业大学学报》2014年第6期。

朱力：《关于社会矛盾内涵、研究视角及矛盾性质的探讨》，《中共中央党校学报》2018年第3期。

朱力：《论农民工阶层的城市适应》，《江海学刊》2002年第6期。

朱力等：《现阶段我国社会矛盾演变趋势、特征及对策》，中国社会科学出版社，2018。

朱力等：《中外移民的城市适应》，江苏人民出版社，2009。

Akand, M. M. K., Folk Culture and Urban Adaptation: A Case Study of the Paharia in Rajshahi. *Asian Folklore Studies*, 2005, 64 (1): 39-52.

Alba, R., Nee, V., *Remaking the American Mainstream: Assimilation and Contemporary Immigration*. Boston Harvard University Press, 2009.

Arnstein, S. R., A Ladder of Citizen Participation. *Journal of the American Institute of planners*, 1969, 35 (4): 216-224.

Berman, Y., Phillips, D., Indicators of Social Quality and Social Exclusion at National and Community Level. *Social Indicators Research*, 2000, 50 (3): 329-350.

Berry, J. W., Acculturation: Living Successfully in Two Cultures. International *Journal of Intercultural Relations*, 2005, 29 (6): 697 – 712.

Berry, J. W., Acculturation as Varieties of Adaptation. *Acculturation: Theory, Models and Some New Findings*, 1980, 9: 25.

Burnaby B. Language for Native, Ethnic, or Recent Immigrant Groups: What's the Difference? *TESL Canada Journal*, 1987: 9 – 27.

Cao, G., Feng, C., Ran, T., Local "Land Finance" in China's Urban Expansion: Challenges and Solutions. *China & World Economy*, 2010, 16 (2): 19 – 30.

Davids, T., Van Houte, M., Remigration, Development and Mixed Embeddedness: An Agenda for Qualitative Research? *The Conditions of Modern Return Migrants*, 2008, 10 (2): 169 – 193.

Duffy, K., *Social exclusion and Human Dignity in Europe: Background Report for the Proposed Initiative by the Council of Europe*. Srtasbourg Council of Europe, 1995.

Dustmann, C., The Social Assimilation of Immigrants. *Journal of population economics*, 1996, 9 (1): 37 – 54.

Erman, T., Becoming "Urban" or Remaining "Rural": The Views of Turkish Rural-to-Urban Migrants on the "Integration" Question. *International Journal of Middle East Studies*, 1998, 30 (4): 541 – 561.

Fix, M., Zimmermann, W., & Passel, J. S., The Integration of Immigrant Families in the United States (http://www.urban.org/publications/410227.html).

Graves, N. B., Graves, T. D., Adaptive Strategies in Urban Migration. *Annual Review of Anthropology*, 1974, 3 (1): 117 – 151.

Goldlust, J., Richmond, A. H., A Multivariate Model of Immigrant Adaptation. *International Migration Review*, 1974, 8 (2): 193 – 225.

Goldscheider, C., *Urban Migrants in Developing Nations: Patterns and Prob-*

lems of Adjustment. Boulder, CO: Westview Press, 1983, 1983, 38 (3): 515.

Grzymala-Kazlowska, A., Social Anchoring: Immigrant Identity, Security and Integration Reconnected? *Sociology*, 2016, 50 (6): 1123 - 1139.

Nelli, H. S., Italians in Urban America: A Study in Ethnic Adjustment. *The International Migration Digest*, 1967, 1 (3): 38 - 55.

He, S., Liu, Y., Webster, C., et al., Property Rights Redistribution, Entitlement Failure and the Impoverishment of Landless Farmers in China. *Urban Studies*, 2009, 46 (9): 1925 - 1949.

Hsing, Y. T., Hall, E. C., *The Great Urban Transformation: Politics of Land and Property in China*. Oxford: OUP Catalogue, 2010.

Jacobs, D., Tillie, J., Introduction: Social Capital and Political Integration of Migrants. *Journal of Ethnic and Migration Studies*, 2004, 30 (3): 419 - 427.

Junger-Tas, J., Ethnic Minorities, Social Integration and Crime. *European Journal on Criminal Policy and Research*, 2001, 9 (1): 5 - 29.

Laurentsyeva, N., Venturini, A., The Social Integration of Immigrants and the Role of Policy — A Literature Review. *Intereconomics*, 2017, 52 (5): 285 - 292.

Nagasawa, R., Qian, Z., & Wong, P., Theory of Segmented Assimilation and the Adoption of Marijuana Use and Delinquent Behavior by AsianPacific Yout. *Sociological Quarterly*, 2001, 42 (3): 22.

Karst, K. L., Paths to Belonging: The Constitution and Cultural Identity. *NCL Rev.*, 1985, 64: 303.

Kearney, M., From the Invisible Hand to Visible Feet: Anthropological Studies of Migration and Development. *Annual review of anthropology*, 1986, 15 (1): 331 - 361.

Linton, R., *Acculturation in Seven American Indian Tribes*. New York: Appleton-Century, 1940.

Lucas, Jr, R. E., Life Earnings and Rural-urban Migration. *Journal of Political Economy*, 2004, 112 (S1): S29 – S59.

Ryan, K., *Social Exclusion and the Politics of Order*. Manchester Manchester University Press, 2007.

O'Brien Kevin, J., Deng Yanhua, The Reach of the State: Work Units, Family Ties and "Harmonious Demolition". *China Journal*, 2015 – 7, 74 (74).

Papillon, M., *Immigration, Diversity and Social inclusion in Canada's Cities*. Ottawa: Canadian Policy Research Networks, 2002.

Pawson, R., Method Mix, Yechnical Hex, Theory Fix. *Advances in Mixed Methods Research*, 2008: 120 – 137.

Penninx, R., Integration of Migrants: Economic, Social, Cultural and Political Dimensions. *The New Demographic Regime: Population Challenges and Policy Responses*, 2005, 5: 137 – 152.

Portes, A., Children of Immigrants: Segmented Assimilation and Its Determinants. In Portes, A. (ed) *The Economic Sociology of Immigration: Essays on Networks, Ethnicity and Entrepreneurship*. New York: Russell-Sage Foundation, 1995.

Park, R. E., Burgess, E. W., *Introduction to the Science of Sociology*. Chicago: University of Chicago Press, 1924.

Park, R. E., Human Migration and the Marginal Man. *American Journal of Sociology*, 1928, 33 (6): 881 – 893.

Sauvy, A., *General Theory of Population*. New York: Basic Books, 1969.

Xiubin, L. I., Farmland Grabs by Urban Sprawl and Their Impacts on Peasants' Livelihood in China: An Overview, *International Conference on*

Global Land Grabbing. 2011: 6 – 8.

Whitaker, Coproduction: Citizen participation in service delivery. *Public Administration Review*, 1980, 40 (3): 240 – 246.

Willems, E., Peasantry and City: Cultural Persistence and Change in Historical Perspective, A European Case. *American Anthropologist*, 1970, 72 (3): 528 – 544.

Wilson, L., Developing a Model for the Measurement of Social Inclusion and Social Capital in Regional Australia. *Social Indicators Research*, 2006, 75 (3): 335 – 360.

Wirth, L., Urbanism as A Way of Life. *American Journal of Sociology*, 1938, 44 (1): 1 – 24.

Yanhua Deng., "Autonomous Redevelopment": Moving the Masses to Remove Nail Households. *Modern China*, 2017, Vol. 43 (5) 494 – 522.

Zhou, M., Bankston Ⅲ C. L., Social Capital and the Adaptation of the Second Generation: The Case of Vietnamese Youth in New Orleans. *International migration review*, 1994, 28 (4): 821 – 845.

Zimmermann, K. F., Bauer, T. K., Lofstrom, M., Immigration Policy, Assimilation of Immigrants and Natives' Sentiments towards Immigrants: Evidence from 12 OECD-countries (No. 187). *IZA Discussion Paper Series.*

附录一

访谈提纲

一 失地农民

1. 您家土地是哪一年被征的？共征了多少亩？补偿标准是多少？

2. 您今年多大了？征地前您是做什么工作的？家庭收入来源有哪些？年收入大概多少？

3. 您现在从事什么工作？家庭收入来源有哪些？年收入大概多少？

4. 您土地被征后住房问题是怎么解决的？政府集中安置的还是自己购买的？如果是政府安置的那么当时标准是什么？

5. 征地后政府为您购买了养老和医疗等保险吗？如果购买了那么保险费用是如何缴纳的？

6. 您是怎么知道自家土地要被征收的？土地被征前您了解有关征地和安置的政策吗？如果了解您是通过什么渠道知道的？

7. 您愿意土地被征吗？如果不愿意原因是什么？您当时有没有想过反抗？有没有采取什么方式反抗？您周围有其他人反对征地吗？如果有那么他们当时是怎么反对的？结果怎么样？

8. 您有没有参加过政府或村里组织的一些有关征地的会议或活动？

您知道有其他人参加过这些活动吗？

9. 您是什么时候搬到这个小区的？您对现在的生活满意吗？您目前生活还面临哪些问题？

10. 您搬过来以后，政府或社区组织了哪些活动？给你们提供了哪些帮助？

11. 您有没有参加过社区组织的活动？如果参加那么主要是哪些活动？如果没有参与原因是什么？

12. 您希望政府或社区给您提供哪些帮助？您最想参加社区的哪些活动？

二 社区工作人员

1. 你们这儿的回迁小区是什么时候开始建设的？什么时候完工？什么时间搬迁的？有多少户人？总人口有多少？

2. 当时征地拆迁补偿标准是什么？是如何安置的？

3. 你们在征地前和征迁安置过程中对农民进行了哪些宣传？

4. 在征地拆迁和安置过程中遇到些什么问题？你们是怎么解决的？

5. 该小区居民在就业、教育、医疗、社会保障等方面情况如何？与老市民在社会待遇方面有没有差别？

6. 该小区居民有没有集体资产？如果有每年大概收益有多少？是如何分配的？

7. 该小区在搬迁后出现了哪些问题？产生这些问题的原因是什么？你们是如何解决这些问题的？

8. 您所在的社区为失地农民提供了哪些参与社区活动机会，比如说经济的、政治的、社会的、文化的等方面活动？

9. 失地农民的参与情况如何？他们愿不愿意参与社区活动？他们参与的主要是哪些活动？

10. 你们希望他们在哪些方面有更多的参与？你们采取了哪些方式

鼓励他们参与？

11. 你们社区内部有没有社会组织？如果有的话这些社会组织主要开展哪些活动？

三 政府相关工作人员

1. 您所在地区目前征地补偿标准是多少？安置方式是什么？

2. 征地前你们针对农民做了哪些工作？通过哪些渠道让他们了解征地和安置相关信息的？

3. 农民中有反对征地的吗？如果有那么他们的诉求是什么？他们是如何表达自己的诉求的？你们是怎么解决的？

4. 你们这个地区这些年来有没有发生过因征地而产生的恶性事件或群体性事件？您周边地区发生过类似事件吗？

5. 失地农民安置以后你们在就业、职业培训等方面对他们提供了哪些支持？他们的参与情况如何？

6. 安置后有没有出现矛盾和问题？如果有主要是哪些方面的问题？你们是怎么解决的？

附录二

访谈对象信息列表

编码	身份	性别	年龄	征迁时间	职业
A001	社区主任	男			
A002	社区工作人员	男			
A003	街道党工委书记	男			
A004	社区工作人员	男			
A005	社区主任	男			
A006	原村支部书记	男			
A007	社区工作人员	男			
A101	失地农民	女	42	1992年征迁	社区工作人员
A102	失地农民	女	53	2006年征迁	无业
A103	失地农民	男	43	1993年征迁	建筑公司老板
A104	失地农民	男	67	1993年征迁	无业
B001	社区工作人	男			
B002	乡镇镇长	男			
B101	失地农民	男	76	2008年征迁	村小学退休校长
B102	失地农民	男	82	2006年征迁	无业
B103	失地农民	男	72	2006年征迁	无业
B104	失地农民	女	36	2012年征迁	饭店服务员
C001	社区书记	男			

续表

编码	身份	性别	年龄	征迁时间	职业
C002	社区书记	女			
C003	街道党委委员	男			
C004	街道办主任	男			
C005	街道党工委书记	男			
C101	失地农民	男	72	2008年征迁	无业
C102	失地农民	男	53	2008年征迁	保安
C103	失地农民	男	42	2013年征迁	超市老板
C104	失地农民	女	32	2013年征迁	个体商贩
D001	乡长	男			
D002	县人社局局长	男			
D003	街道办主任	男			
D004	社区主任	女			
D005	镇长	男			
D006	社区书记	男			
D007	乡党委书记	男			
D101	失地农民	女	52	2006年征迁	无业
D102	失地农民	女	47	2006年征迁	饭店服务员
D103	失地农民	男	67	2006年征迁	无业
D104	失地农民	男	73	2013年征迁	无业
D105	失地农民	男	56	2013年征迁	清洁工
E001	社区书记	男			
E002	社区书记	男			
E003	社区书记	女			
E004	乡镇党委书记	男			
E101	失地农民	男	67	2014年征迁	无业
E102	失地农民	男	56	2014年征迁	个体商贩
E103	失地农民	女	39	2014年征迁	企业员工
H001	H市国土资源局局长	男			
H002	H市人社局局长	男			
H003	H市信访局局长	男			

附录三

H市征收集体所有土地办法

（2008年）

第一章　总则

第一条　为规范征收集体所有土地工作，维护集体土地所有权人和使用权人的合法权益，保障城市建设顺利进行，根据《中华人民共和国物权法》、《中华人民共和国土地管理法》及实施条例、《安徽省实施〈中华人民共和国土地管理法〉办法》等法律法规的规定，结合本市实际，制定本办法。

第二条　本市市区范围内征收集体所有土地（以下简称征地）适用本办法。

第三条　市国土资源部门负责统一管理本市征地工作，其所属的市征地事务机构受市国土资源部门委托负责统一征地的事务性工作。

市劳动保障、财政、公安、建设、房地产等有关部门按照各自职责协同做好征地相关工作。

各区人民政府负责组织本级政府有关部门和乡（镇）人民政府、

街道办事处，实施辖区内征地事宜。

H市高新技术开发区、经济技术开发区、新站综合开发实验区（以下统称开发区）范围内征地组织实施工作，以及按照本办法应由乡（镇）人民政府、街道办事处办理的事项，由各开发区管委会负责。

建立征地保障联席会议制度，由市国土资源部门牵头，市劳动保障、财政、公安、建设、房地产等有关部门及区人民政府、开发区管委会参与，定期研究解决征地保障工作中的有关问题。

第二章　征地实施程序

第四条　征地按下列程序办理审批手续。

（一）申请征地单位按照征地报批要求准备报件，向市国土资源部门申报。申请征地单位指各区人民政府、开发区管委会、市土地收购储备机构以及可以按划拨或协议出让方式供地的项目建设单位。

（二）市征地事务机构会同区劳动保障部门、拟征土地所在地公安派出所，开展对拟征土地的权属、地类、面积、涉及农业人口以及地上附着物权属、种类、数量等现状调查，调查结果需经被征地农村集体经济组织（或村民委员会、社区居民委员会，以下统称农村集体经济组织）、农户和地上附着物所有权人共同确认。

（三）市国土资源部门会同市劳动保障部门将拟征地的用途、位置、补偿标准、安置途径和被征地农民参加养老保障意见等，以书面形式告知被征地农村集体经济组织和农户。当事人申请听证的，按照规定的程序和要求组织听证。

（四）市国土资源部门编制农用地转用方案、补充耕地方案和征地方案，经市人民政府审核后上报审批。

（五）根据建设用地报批缴费通知，市财政部门负责转付新增建设用地土地有偿使用费，申请征地单位转付其他报批税费。

第五条 征地经依法批准后，按下列程序实施征地补偿安置工作。

（一）自征地批文下达之日起15日内，市国土资源部门会同市劳动保障部门，将征收土地和补偿安置方案（以下简称征地方案），在被征土地所在地予以公告（涉及国家保密规定等特殊情况除外）。

征地方案包括下列内容。

1. 批准征地机关、批准文号、征收土地的用途；
2. 征地范围、面积、位置、地类、需要安置和参加被征地农民养老保障的农业人口数量；
3. 征地补偿费用的标准、数额、分配使用方式；
4. 农业人口安置途径及安置补助标准、数额、资金支付方式；
5. 地上附着物及青苗补偿标准和支付方式；
6. 被征地农民参加养老保障的方式；
7. 征询意见的期限；
8. 其他有关事宜。

被征地农村集体经济组织和农民对征地补偿安置相关内容有异议的，应在公告规定的期限内提出。

（二）被征地农村集体经济组织和农民对征地补偿安置有异议的，市国土资源部门应当会同市劳动保障部门、被征土地所在的乡（镇）人民政府、街道办事处，对提出的意见进行研究处理，对征地补偿安置方案进行修改完善，报市人民政府批准实施。其中，被征地农村集体经济组织或农民对征地补偿标准有争议的，由市人民政府组织协调；协调不成的，由批准征收土地的人民政府裁决。征地补偿标准争议在裁决前不停止征地行为的实施，裁决后按裁决的结果执行。

（三）自征地方案公告届满之日起30日内（征地方案修改的，经市人民政府批准后30日内），市国土资源部门会同市劳动保障、财政、公安部门核定征地安置农业人口数和具体安置对象、保障对象，核算应支付的征地补偿费用，并抄送区人民政府（开发区管委会）。自核定确

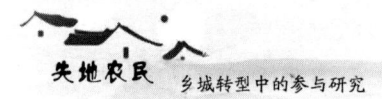

认之日起 20 日内,申请征地单位将抚养补助费、自谋职业补助费、地上附着物及青苗补偿费转入区(开发区)财政专户,由区(开发区)将资金直接划入被征地安置人员个人银行卡;用于建立被征地农民养老保障的资金,统一转入被征地农民养老保障基金财政专户。

(四)被征地农村集体经济组织和农民应当自征地各项补偿费用付清之日起 30 日内交付被征收的土地。

第三章 征地补偿费用管理

第六条 征地补偿费用包括土地补偿费、安置补助费、地上附着物及青苗补偿费。

土地补偿费、安置补助费按照省人民政府批准的征地补偿标准执行。房屋和其他地上附着物以及青苗的补偿标准按照本市有关规定执行。

第七条 土地补偿费按以下规定支付。

(一)总额的 70% 用于被征地农民养老保障,直接转入被征地农民养老保障基金财政专户;

(二)总额的 30% 支付给拥有土地所有权的农村集体经济组织。其使用管理由区政府负责监督,具体办法另行制定。

第八条 安置补助费用于支付抚养补助费、自谋职业补助费,剩余部分用于被征地农民养老保障,统一转入被征地农民养老保障基金财政专户。

第九条 地上附着物和青苗补偿费归地上附着物和青苗的所有权人所有。

在征地告知后,凡在拟征土地上抢栽、抢种、抢建的地上附着物和青苗,征地时一律不予补偿。

第四章 被征地农业人口安置

第十条 建立区(开发区)、乡(镇、街道)、村(社区)农业人口及耕地动态统计制度。

第十一条 征地需安置的农业人口,是指征地告知公布前,被征土地范围内依法享有土地承包经营权并承担农业义务的在籍常住农业人口,包括在籍子女、合法婚姻的婚入人员以及户口未迁出且在农村集体经济组织仍享有土地承包经营权的婚出人员。

下列人员视为需安置的农业人口。

(一)户口暂时迁出的现役军人(不含军官)、在校大中专学生;

(二)被注销户口的劳改劳教人员;

(三)捐资转户前属本集体经济组织成员,转户后仍以原承包土地谋生且历次征地未进行安置的人员;

(四)户口虽已迁出该集体,但在本集体仍享有土地承包经营权,在迁入地未取得承包土地且未曾享受过征地安置的人员。

第十二条 安置人口数量按照被征耕地面积除以征地前被征地农村集体经济组织人均耕地面积计算,以前征地已安置的人员不得重复计算。

具体安置对象按以下方法确定。

(一)本户承包土地被全部征完的,该户全部人口纳入安置范围;

(二)本户承包土地部分被征的,该户应安置人口=本次被征收耕地面积÷被征地户人均耕地面积;

(三)本户承包土地部分被征,但征地后户人均耕地不足0.3亩的或户承包土地被征收70%以上的,在自愿放弃剩余承包土地交由本集体经济组织重新安排使用后,该户全部人口可纳入安置范围。

应安置人员由农村集体经济组织提出,在被征地村民小组公示不少

于5天以后，由乡（镇）人民政府（街道办事处）审核，并报区人民政府（开发区管委会）确认后，由市国土资源部门会同市劳动保障、财政、公安部门审定。

第十三条 以征地书面批复时间为基准时点，不满16周岁人员，一次性发给抚养补助费1.2万元；16岁以上（含16周岁，下同）人员统一纳入被征地农民养老保障体系，并一次性发给自谋职业补助费1.2万元。

被征地农民养老保障具体办法另行制定。

第十四条 公安部门应当及时为被征地农民办理户口农转非手续。

转户后符合享受城市最低生活保障待遇条件的，民政部门应当将其纳入城市最低生活保障体系。

第十五条 被征地农民转户后，纳入城镇就业服务体系。

各级政府和相关部门应当积极采取措施，鼓励引导各类企事业单位、社区吸纳被征地农民就业，支持被征地农民自谋职业、自主创业，督促指导用地单位优先安置被征地农民就业。

未就业的被征地农民可到各区、开发区的公共就业服务机构办理失业登记，领取《就业服务卡》，凭《就业服务卡》享受免费职业介绍、一次性职业培训补贴。对享受城镇最低生活保障人员或农村生活困难救助对象，给予一次性职业技能鉴定补贴。

被征地农民参加有关就业扶持和免费就业服务所需资金，从再就业资金中列支。

第五章 法律责任

第十六条 有下列情形之一的，由有关部门责令改正，依法追究主管人员和其他直接责任人员的行政责任；构成犯罪的，依法追究刑事责任。

（一）被征地单位或有关部门谎报有关数据，在征地过程中弄虚作假、冒名顶替骗取征地补偿费用，或者截留征地补偿费用的；

（二）侵占、挪用征地补偿费用的；

（三）国家机关工作人员在实施征地补偿工作中玩忽职守、滥用职权、徇私舞弊的；

（四）建设用地单位和个人擅自进行征地补偿安置的；

（五）阻挠和破坏征地工作，妨碍国家机关工作人员依法执行公务的。

附录四

H 市被征收集体土地上房屋补偿安置办法

（2018 年印发）

第一章　总则

第一条　为规范我市被征收集体土地上房屋补偿安置工作，维护当事人合法权益，保障城市建设顺利进行，根据《中华人民共和国土地管理法》及《中华人民共和国土地管理法实施条例》、《中华人民共和国农村土地承包法》、《A 省实施〈中华人民共和国土地管理法〉办法》等法律法规的规定，结合本市实际，制定本办法。

第二条　本办法适用于本市 Y 区、L 区、S 区、B 区行政区域内（含高新技术产业开发区、经济技术开发区、新站高新技术产业开发区，以下统称市区）被征收集体土地上房屋补偿安置工作。

第三条　市政府负责市区被征收集体土地上房屋补偿安置总体工作。

各区人民政府（含受市政府委托的高新技术产业开发区管委会、经济技术开发区管委会、新站高新技术产业开发区管委会，下同）负责本区域内被征收集体土地上房屋补偿安置工作。区人民政府组织落实本级有关部门和乡（镇）政府、街道办事处、开发区社区管委会作为实施单位，承担本区域内被征收集体土地上房屋补偿安置的具体工作。

市国土资源管理部门会同市城乡建设管理部门负责被征收集体土地上房屋补偿安置的管理和监督工作。

市农业、公安、监察、民政、财政、人社、审计、规划、房产、土地储备等单位按照各自职责分工，协同做好被征收集体土地上房屋补偿安置相关工作。

第二章 实施程序

第四条 征收集体土地涉及房屋补偿安置工作的，区人民政府应当在《征地补偿安置方案公告》公布后，拟定《被征收土地上房屋补偿安置方案》，并在征地范围内公开征求意见，征求意见时间不得少于15日。

征求意见后，区人民政府应当持下列材料，向市国土资源管理部门申请审核《被征收土地上房屋补偿安置方案》。

（一）征地批准文件及经核准的用地范围图；

（二）《被征收土地上房屋补偿安置方案》及公示材料、照片；

（三）补偿安置方案征求意见情况和修改情况；

（四）其他需要提交的材料。

市国土资源管理部门审核通过后，区人民政府应发布实施公告，内容包括实施单位、实施范围、实施期限、补偿安置方案等事项。

第五条 实施公告发布之日起，下列情形不作为补偿的依据。

（一）新建、扩建、改建房屋；

（二）改变房屋、土地用途；

（三）房屋析产、转让、租赁、抵押；

（四）迁入户口或者分户（因婚姻、出生、大中专毕业、退役军人、刑满释放等原因迁入户口的除外）；

（五）新申领的工商营业执照、民办非企业单位法人登记证书或事业单位法人资格；

（六）其他不当增加补偿利益的行为。

区人民政府应当将前款所列事项及时通知有关部门停止办理相关手续。

第六条 实施单位应当依照市相关规定将房屋补偿安置内容，在征地范围、区人民政府和市国土资源管理部门门户网站、《H晚报》或《H日报》进行公示。

第三章 补偿安置

第七条 个人在宅基地上建设的房屋，按照住宅房屋认定。乡（镇）村公共设施、公益事业以及乡镇企业在集体建设用地上建设的房屋，按照非住宅房屋认定。

征收集体土地涉及宅基地上房屋补偿，按照下列规定情形计算有效面积。

（一）房屋面积大于人均60平方米建筑面积的，按照人均60平方米建筑面积计算有效面积。若房屋已办理《建设工程规划许可证》或者《农房建筑执照》等合法证照且证载面积大于人均60平方米建筑面积的，按照证载面积计算有效面积。

（二）房屋面积小于人均60平方米大于人均30平方米建筑面积的，按照人均实有面积计算有效面积。

（三）房屋面积小于人均30平方米建筑面积的，房屋安置对象可按200元/平方米申请补齐至人均30平方米建筑面积后计算有效面积。因私自交易等原因造成房屋面积小于人均30平方米建筑面积的，按照实有面积计算有效面积。

计算有效面积的人员为符合本办法规定的房屋安置对象。

乡（镇）村公共设施、公益事业以及乡镇企业的房屋应当依据县级（含）以上人民政府批准文件确定合法有效面积。1987年《土地管理法》实施前，已使用集体土地兴办乡（镇）村公共设施、公益事业或者乡镇企业，经所在农村集体经济组织同意，由乡（镇）人民政府审核后，可确定为有效面积。

第八条 征收集体土地涉及宅基地上房屋补偿安置的，对同时符合下列条件的人员认定为房屋安置对象，予以住宅房屋补偿安置。但已在其他征地项目中获得房屋补偿安置的，不得重复安置。

（一）依法享有家庭联产承包土地；

（二）补偿房屋属于自有产权；

（三）公告时属于征地范围内常住户籍人口（含全日制在读大中专学生、现役士兵、正在服刑人员和就地征地"农转非"人员）。

国家和省级水利水电工程建设移民，经县级（含）以上人民政府批准落户的人员，可在迁入地认定为房屋安置对象。

第九条 符合本办法第八条房屋安置对象的家庭户中，有属于下列情形的直系亲属，可视为房屋安置对象。但已在其他征地项目中获得房屋补偿安置或者已享受房改售房（含全额或差额集资建房、经济适用房）等住房福利政策的人口除外。

（一）本办法第八条规定人员的具有中国国籍的配偶及共同婚生子女，在公告前户籍已迁入征地范围内依法收养的子女。

（二）原在当地享有承包土地，从征地范围迁出后在城市落户的人员本人。本人、配偶及其共同生活的未初婚子女户籍在H市的，配偶、子女可按建筑安装综合成本价人均购买30平方米建筑面积。现役军官的补偿参照本项规定执行。

（三）符合计划生育政策的胎儿（其生母应当属于房屋安置对象，

并且在实施公告前已怀孕）。

第十条 被征收集体土地上房屋补偿安置以实施公告发布之日作为界定房屋安置对象的截止时间。

第十一条 房屋安置对象可以选择产权调换，也可以选择货币补偿。

（一）选择产权调换的，原房屋依据本办法第七条规定计算有效建筑面积后，对房屋安置对象按照人均30平方米建筑面积实行产权调换，产权调换后的剩余有效建筑面积按照单位平方米造价予以补偿。因交易等原因造成原房屋面积小于人均30平方米建筑面积的，按照交易后剩余面积实行产权调换。单位平方米造价按照市政府公布的标准执行。

产权调换后，房屋安置对象可按800元/平方米人均申请增购15平方米建筑面积。

（二）选择货币补偿的，按对应安置房屋所在区域房地产市场评估基准价乘以应安置面积予以补偿。应安置面积依据本条第（一）项规定进行计算（含按800元/平方米人均申请增购15平方米建筑面积）。

依据第九条第（二）项规定按建筑安装综合成本价购买30平方米建筑面积的，应扣减未支付的建筑安装综合成本价款。

第十二条 对不符合本办法第八条、第九条规定房屋安置对象认定的人员，由各区人民政府结合项目和区域政策情况，妥善解决搬迁问题。

第十三条 征收集体土地涉及乡（镇）村公共设施、公益事业以及乡镇企业非住宅房屋，对合法有效面积按房屋造价评估结果予以补偿，不予房屋安置。

第十四条 房屋补偿涉及不可拆卸的附属物、构筑物，按照市政府公布的补偿标准协商补偿。协商不成的，按照公告之日市场评估价予以补偿。

第十五条 住宅房屋实行产权调换的，过渡期限由房屋安置对象与实施单位在补偿安置协议中约定。实际过渡期自房屋安置对象交房之月起，至实施单位发布房屋安置公告时止。实际过渡期内，房屋安置对象自行过渡的，实施单位应当按照以下方式计算支付临时安置费。

（一）过渡期限18个月以内按照规定标准支付；

（二）超过18个月不满30个月的，自第19个月起按照规定标准的50%增付临时安置费；

（三）超过30个月的，自第31个月起按照规定标准的100%增付临时安置费。

实行现房安置或者房屋安置对象选择货币补偿的，按照规定标准支付3个月临时安置费。

住宅房屋临时安置费，按照应安置房屋建筑面积（不含按建筑安装综合成本价购买的面积）计算。集体性质非住宅，不予临时安置费补偿。临时安置费按照市政府公布的标准执行。

第十六条 住宅房屋按规定支付2次搬迁费，搬迁费按照市政府公布的标准执行。

对公告时仍利用住宅房屋开展生产经营活动，并已取得工商营业执照且符合安全生产等规定的，可由实施单位委托有资质的资产评估机构对生产经营设施现值进行评估（已报废设施不予评估），经所在村（居）委会公示5个工作日且无异议后，可按照评估结果的10%一次性支付搬迁费。集体性质非住宅搬迁费，参照执行。

第十七条 房屋安置对象应当在实施公告确定的期限内按时搬迁，并与实施单位在签约期限内依照本办法就安置方式、安置人口、安置地点和应安置面积、补偿金额、搬迁费、过渡方式和过渡期限、临时安置费、搬迁期限等事项订立补偿安置协议。

第十八条 房屋安置对象按时搬迁的，实施单位可给予奖励。具体奖励标准由各区人民政府自行制定。

第十九条 房屋安置对象对补偿行为不服的，可以依法申请行政复

议，也可以向法院提起诉讼。

第二十条 违反土地管理法律、法规规定，阻挠国家建设征收土地的，由区人民政府提请市国土资源管理部门责令交出土地；拒不交出土地的，由项目所在区人民政府提请市国土资源管理部门申请法院强制执行。

实施强制执行前，区人民政府应当责成实施单位就申请执行房屋补偿的有关事项，向公证机关办理证据公证。

第二十一条 各级财政、审计部门应加强对房屋补偿安置资金管理使用情况的监督检查。

第四章 法律责任

第二十二条 实施单位及其工作人员、相关部门及其工作人员及房屋安置对象，应严格遵守本办法相关规定。违反本办法相关规定的，依照有关法律法规进行处理；构成犯罪的，依法追究刑事责任。

图书在版编目(CIP)数据

失地农民乡城转型中的参与研究 / 李琼英著. -- 北京：社会科学文献出版社，2021.6
ISBN 978-7-5201-8555-4

Ⅰ.①失… Ⅱ.①李… Ⅲ.①土地征用-农民-城市化-研究-中国 Ⅳ.①D422.6

中国版本图书馆 CIP 数据核字(2021)第 112112 号

失地农民乡城转型中的参与研究

著　　者 / 李琼英

出 版 人 / 王利民
责任编辑 / 薛铭洁

出　　版 / 社会科学文献出版社·皮书出版分社 (010) 59367127
　　　　　地址：北京市北三环中路甲 29 号院华龙大厦　邮编：100029
　　　　　网址：www.ssap.com.cn
发　　行 / 市场营销中心 (010) 59367081　59367083
印　　装 / 三河市龙林印务有限公司

规　　格 / 开　本：787mm×1092mm　1/16
　　　　　印　张：18　字　数：247 千字
版　　次 / 2021 年 6 月第 1 版　2021 年 6 月第 1 次印刷
书　　号 / ISBN 978-7-5201-8555-4
定　　价 / 98.00 元

本书如有印装质量问题，请与读者服务中心 (010-59367028) 联系

版权所有 翻印必究